国家社科基金丛书
GUOJIA SHEKE JIJIN CONGSHU

重新犯罪防控机制研究

Research on the Mechanism of Prevention and
Control of Re-crime

江华锋 著

人民出版社

责任编辑：邵永忠
封面设计：石笑梦
版式设计：胡欣欣

图书在版编目（CIP）数据

重新犯罪防控机制研究 / 江华锋　著 . —北京：人民出版社，2021.10
ISBN 978-7-01-023735-0

Ⅰ . ①重…　Ⅱ . ①江…　Ⅲ . ①惯犯—预防犯罪—研究　Ⅳ . ① D917.6

中国版本图书馆 CIP 数据核字（2021）第 177639 号

重新犯罪防控机制研究
CHONGXIN FANZUI FANGKONG JIZHI YANJIU

江华锋　著

人民出版社出版发行
（100706　北京市东城区隆福寺街 99 号）

北京中科印刷有限公司印刷　新华书店经销

2021 年 10 月第 1 版　2021 年 10 月北京第 1 次印刷
开本：710 毫米 ×1000 毫米 1/16　印张：17.25
字数：280 千字

ISBN 978-7-01-023735-0　定价：60.00 元

邮购地址　100706　北京市东城区隆福寺街 99 号金隆基大厦
人民东方图书销售中心　电话（010）65250042　65289539

序

　　犯罪作为一种社会现象并非是孤立存在的，它与社会政治、经济、思想文化的变化始终相连。重新犯罪作为社会犯罪的一个组成部分，始终与我国经济改革大形势下的社会、政治、经济及思想文化变迁有着千丝万缕的关联。预防和减少刑释人员重新犯罪是一个世界性的社会难题，也一直是我国社会治理的重点之一。

　　当前，我国既处于发展的重要战略机遇期，又处于社会矛盾的凸显期，表层和深层的、显性和隐性的、现实和潜在的矛盾与问题，都在威胁着我国的治安和稳定，都是酿成犯罪问题的社会土壤。重新犯罪在我国仍处于新中国成立以来的大幅上升阶段。

　　本书以社会互构论为理论视角。社会互构论认为，个人与社会的关系问题是现代社会一切问题的根源。只要个人和社会还存在，个人与社会的二元关系就是无法回避的事实。现代性过程赋予了个人与社会关系的"问题性"意义：个人与社会的关系问题成为现代社会一切问题的根源。现代的个人与社会的关系并不是前现代的推演或展开，而是随现代性而来的断裂过程的产物。重新犯罪就是随现代性而来的断裂过程的产物之一。

　　本书在社会互构论的理论基础上，采用"实践结构主义"的视角，对发生再次犯罪的生成链条与社会结构的变迁和其他社会问题相关性进行了研究。

本书认为，"最好的社会政策也就是最好的刑事政策"，提出对重新犯罪预防机制的设计，从对刑事法律制度的关注扩展到对整个社会制度的关注，提倡加强社会建设和创新社会管理，标本兼治，对重新犯罪问题的解决战略延伸到整个社会战略的全局型谋划。

在提出"四位一体"重新犯罪防控机制观点的基础上，本书进一步提倡要加强社会建设，关注民生，化解社会矛盾，优化社会结构，改善社会环境，合理配置社会资源，实现社会的公平正义，体现了作者独特的社会学视角和对社会建设的关注。本书的出版凝结了作者的心血，体现了作者远大的学术抱负，望该书的出版能为重新犯罪防控机制研究添砖加瓦！

中央财经大学：杨敏

目　　录

第一章　导　论

第一节　问题的提出

犯罪作为一种社会现象并非是孤立存在的，它与社会、政治、经济及思想文化的变化始终相连。重新犯罪作为社会犯罪的一个组成部分，它始终与我国经济改革大形势下的社会、政治、经济及思想文化变迁有着千丝万缕的关联。预防和减少刑释人员重新犯罪是一个世界性的社会难题，也一直是我国社会管理综合治理的重点之一。

当前，我国既处于发展的重要战略机遇期，又处于社会矛盾的凸显期，表层和深层的、显性和隐性的、现实和潜在的矛盾与问题，都在威胁着我国的治安和稳定，都是酿成犯罪问题的社会土壤。重新犯罪在我国仍处于新中国成立以后的大幅上升阶段。就目前的情况来看，在数量方面，重新犯罪刑事案件数量大幅上升的趋势有增无减，且尚未达到最高峰值；就其危害程度而言，近年来社会上发生的一些大案、要案及恶性案件，多出自重新犯罪人员所为。2012年8月凤凰网评出新中国成立以来十大悍匪，其中7人都是刑释解教人员。一系列杀人犯罪的研究显示，超过60%的犯罪人过往具有监狱服刑或被行政处罚的经历。刑释人员这类特殊的社会群体，一方面他们在生存、就业、就学等方面是弱势群体，另一方面他们又是社会上大案、要案的骨干力量。据统计，在杀人、抢劫、强奸、放火、爆炸、贩卖毒品等重大恶性案件中，刑释人员占 70%。① 例如，2013 年 11 月 6 日在太原市迎泽大街山西省委附近发生了震惊全国的爆炸案，这起案件发生在机关单位和学校相对集中区域，而且爆炸发生的时间是上午七点四十分左右，恰是人流拥挤的上班高峰期，该案件严重危害到公共安全，对人们心理上造成了极大冲击，在国内造成了恶劣的影响。而这起案件的制造者丰志均，1989 年 11 月曾因盗窃罪被判有期徒刑 9 年，在其被抓捕后，坦然承认此次作案的目的就是蓄意报复社会。很明显，一些重新犯罪人员具有报复社会的明显倾向性、犯罪经验丰富、手段恶劣和狡猾、易教唆和诱惑他人犯罪、常扮演犯罪团伙头目的角色等特征。是拉高全国犯罪率的重要因素，也引起了全社会对重新犯罪的关注程度。

准确、完整地掌握重新犯罪人员的概况，是深入研究重新犯罪的前提和基础。我国还没有建立关于重新犯罪相关数据的信息发布平台，例如，现在中国的重新犯罪率是多少，没有官方公布的具体数据，只有半官方机构或有关工作人员非正式发表的数据，这样的数据不够权威，而且缺乏连续性。加之国内相关研究机构和实务部门对重新犯罪未有统一的概念界定，诸多问题没有达成共识，并缺乏进一步的深入研究，我国重新犯罪现在就存在着"底数"不十分清楚的问题。

为了对重新犯罪状况有所简要了解，不妨对我国与重新犯罪及其数据相关的文件简单进行一番梳理：对国家公布的 1992 年国务院新闻办公室发布的《中国改造罪犯状况》白皮书公布"中国是世界上重新犯罪率最低的国家之一，多年来一直保持在 6%—8% 的水平"。1997 年，《中华人民共和国刑法》（以下简称《刑法》）和《中华人民共和国刑事诉讼法》颁布。这其中，刑法从 1979 年的 179 个基本罪名增加到 432 个的基本罪名。2011 年 2 月 25 日，十

---

① 张兵：《新形势下刑释解教人员管控新机制》，《公安研究》2005 年第 9 期。

一届全国人大常委会第十九次会议审议通过《中华人民共和国刑法修正案（八）》，明确规定了对判处管制、缓刑以及假释的罪犯依法实行社区矫正，标志着我国社区矫正法律制度的确立，为改革完善我国刑罚执行制度奠定了重要基础。2008 年 6 月 16 日，中央政法委专题研讨班决定把刑释解教人员重新违法犯罪率作为衡量监管工作的首要标准（这是"首要标准"的第一次提出）。由于理论的推动，更出于现实的需要，2013 年 10 月 9 日中华人民共和国国务院新闻办公室发表《中国的司法改革》白皮书："2002—2011 年，经过各方努力，中国未成年人重新犯罪率基本控制在 1%—2%。近年来，未成年人犯罪案件呈现下降趋势，未成年罪犯占全部罪犯的比例逐渐减少"；"2018 年，全国办理新接收社区服刑人员 54.7 万人，办理解除矫正 54.9 万人，在册社区服刑人员 70 万人，社区服刑人员在矫期间再犯罪率保持在 0.2% 左右的较低水平，取得了良好的法律效果和社会效果"；"监狱服刑人员刑满释放后的重新犯罪率始终保持在较低水平"。但我国"重新犯罪率始终保持在较低水平"的"较低水平"具体是多少，那就不得而知了。

我国重新犯罪现在存在着"底数"不十分清楚的问题，这将会影响到对重新犯罪问题的正确认识与深入分析，继而影响到相关政策的制定。重新犯罪是一种特殊的犯罪类型，它既具有一般犯罪的总体特征，同时又在发生、演变规律方面具有自身的特殊性。研究此类犯罪，对于我们预防和控制犯罪无疑可以提供巨大帮助。但从现实来看，重新犯罪的研究成果与现实社会的期望存在着巨大的反差，远远不能满足国家控制和预防犯罪高峰的急迫需要。

第二节　研究意义

一、理论意义

首先，从社会学视角研究重新犯罪有助于犯罪理论的整体发展和完善。

任何一门学科理论的建立，都源于社会实践的需要，实践提出了必须加以解释的课题，相应的理论才会丰富和发展起来。理论来源于实践，又指导实践。重新犯罪研究既是犯罪学研究中的重点之一，也是社会学研究的重要组成部分，是伴随着社会犯罪总量的整体增长而日益引起人们关注的。因此，如果不重视对重新犯罪现象并对其规律加以研究，就会成为防控犯罪的一个重要缺项。从这个意义上讲，应从多学科、多视角对重新犯罪现象加以研究，准确解释重新犯罪的概念，探索重新犯罪规律，建立更趋完备的防控重新犯罪的社会体系，为预防和控制重新犯罪提供依据。只有不断地丰富和创新研究视角和方法，才能弥补犯罪研究方面的不足，有助于犯罪理论的整体发展和不断完善。

其次，重视重新犯罪研究对刑事政策的制定和调整具有重要意义。通过对重新犯罪的研究，总结出带有规律性的特点，对制定有关预防重新犯罪的刑事政策和法律法规具有重要的指导意义。特别是在执行刑罚处罚和改造罪犯的工作中，在刑满释放后的安置帮教和社区矫正工作中，针对重新犯罪人员的人格心理特征和改造后的具体情况，有许多政策和法律问题不仅需要重新研究和调整，同时也需要与社会实践发展相融合，并在此基础上实现理论创新。

最后，重视重新犯罪研究有利于国内外学者的交流和沟通。重新犯罪研究在国外经过一百多年的发展，理论丰富，流派众多，学科已是相当成熟。西方学者注重实证研究，在研究活动开始之前，要提出理论假设、制订调查方案、设计问卷、统计数据、搜集典型案例等，然后进行总结归纳，通过分析验证假设，从而得出结论。重新犯罪研究是西方学者长期研究并高度关注的课题，取得了大量的学术成果。我国可以在借鉴国外先进理论和研究方法的基础上，通过实证研究与国外学者寻找研究的契合点，便于重新犯罪研究方面的学术交流和沟通，取长补短，共同发展。

二、实践意义

第一，重新犯罪率是衡量社会治安状况的一项重要指标，重视重新犯罪研究有利于社会治安综合治理的决策不断趋于科学化。重新犯罪既是一种社会现象，又是重要的社会安全问题。重新犯罪率是衡量社会治安状况、分析和评价国家刑事司法政策以及社会管理综合治理成效的重要指标之一。

犯罪与社会治安之间有着密切的关系，即犯罪率是衡量社会治安状况的一项重要指标，而重新犯罪率则是衡量社会犯罪与社会治安的一项重要指标。当累犯、惯犯的比重达到足以在很大程度上决定社会犯罪的数量和危险程度的时候，当累犯、惯犯的年龄结构达到成年人为主的时候，这就告诉人们重新犯罪现象已经出现固定化的趋势。研究重新犯罪与社会犯罪和社会治安之间相互作用的规律，掌握经济体制转轨和社会转型时期重新犯罪的行为、心理特点、犯罪主体的特征，可以提前运用研究所得规律，适时调整刑事政策和打击力度，及时动员社会力量，实施有效的防控措施，尽可能减少社会治安的隐患，遏制犯罪的上升势头，维护社会的和谐稳定。

第二，重新犯罪率是衡量监管工作的首要标准，也是衡量刑释人员改造质量的一项重要指标。

2008年6月16日，中央政法委专题研讨会上强调："要把刑释人员重新违法犯罪率作为衡量监管工作的首要标准，确保教育改造工作取得实效。"罪犯来自社会，产生于社会，除了少数被处以极刑者外，绝大多数仍要回归社会。而监狱如果不在教育改造上下大功夫、真功夫，那些没有改造好的罪犯回归社会后重新走上违法犯罪的道路的概率就相当大，甚至变本加厉，为害更烈。因此，把重新犯罪率作为衡量监管工作的首要标准，作为衡量改造质量的一项重要指标是完全正确和科学的，我们应该静下心来，认真调查研究，提出改进工作的具体措施，切实提高改造质量，这一点对行刑实践有着十分重要的意义。

第三，重视重新犯罪研究有利于实现预防犯罪的目的。

重新犯罪是社会总体犯罪中一个重要组成部分，研究预防重新犯罪对预防犯罪理论和实践具有重要意义。国内一些大案、要案多为重新犯罪成员所为。因此，重视重新犯罪研究，将那些具有危险人格、屡教不改且不断危害社会的重新犯罪人员，改造成守法公民，顺利回归社会，有效预防重新犯罪人员对社会的再次危害，对社会的良性运行有着重要意义。

第三节　理论基础与研究视角

一、理论基础

社会互构论是郑杭生先生在反思西方旧式现代性、社会学的分裂传统与重建努力基础上，提出的一种关于当代中国社会转型期的个人与社会的关系的社会学基本理论。[①] 该理论不同于西方式个人与社会二元对立的旧式现代性思维，而将个人与社会之间的互构共变视为新型现代性应当确立的基本关系。[②]

之所以将重新犯罪问题纳入社会互构论的理论框架中予以分析和解释，是由于我国社会转型时期诸多不稳定因素综合作用的结果，无论是微观个体行为主义理论，还是宏观结构主义理论，都无法全面、系统、辩证地予以解释和分析。当前，现代性因素与旧式现代性因素相互交织，旧式现代性与新型现代性相互影响。社会治理方式从伦理社会和人治社会走向法治社会。社会向个人开放了选择和发展的机会，带来了社会的进一步整合与秩序，然而也带来了诸多现实的困境，如社会信任缺失、制度规则变动不居、社会分配不均衡及犯罪增多问题等。

---

① 郑杭生、杨敏：《社会互构论的提出——对社会学学术传统的审视和快速转型期经验现实的反思》，《中国人民大学学报》2003 年第 4 期。

② 杨敏、郑杭生：《社会互构论：全貌概要和精义探微》，《社会科学研究》2010 年第 4 期。

郑杭生先生还指出，一切现代社会生活的现象都是个人与社会互构共变关系的产物，但是在旧式现代性的桎梏下，很多互构共变关系呈现出来的却是畸形的。重新犯罪行为正是个人与社会互动中的畸形产物。西方建构主义学者试图消除二元对立的努力不但徒劳无功反而适得其反，掩盖了二元对立畸形发展的真实存在。因此，对于重新犯罪问题的分析，只有遵循社会互构论的理论视域，才能准确发现个人与社会关系中那些畸形发展的关系性状，找出其背后赖以生存的互构机制，进而重新构建个人与社会之间的互构共变关系，促进社会良性运行和协调发展机制的呈现。

二、研究视角

布迪厄的实践社会学理论具有强大的分析解释能力，它从"实践结构主义"视角对于重新犯罪问题进行了分析研究。

首先，重新犯罪问题具有复杂性，在现实生活中，一切社会机体和环境都是不断变化流动的，任何事件的产生发展都是特定主体、特定时间、特定情境下的结果，因此，对于重新犯罪问题的解释，想要采用简单而独断的理论逻辑予以说明只是一种理想状态，无法实现。

其次，重新犯罪行为与行为主体的"惯习"密不可分。布迪厄指出，"惯习"是人们在实践过程中经久形成的持久而又潜在的行为倾向系统，它存在于实践者的身体和行为之中，对于重新犯罪问题，惯习成为连接历史、现实和未来的桥梁和纽带，在行为倾向系统中予以解释和分析，为本研究提供了一个新的研究视角。

最后，重新犯罪行为是在具体的"场域"中进行的。场域被定义为在各种位置之间存在的客观关系网络，行动者在这个网络中占据特定的位置，并在特定的位置中掌握着不同类型的资本和权力。重新犯罪行为也是在具体场域中发生的行为，往往是因为在关系网络系统中的对立和不适应，或者为了获取非合法性和非正当性的资本和权力而采取的行为。如果说惯习代表了个体行为的实践层面，那么场域则表征着社会结构层面，两者结合而成的"实践结构主义"构成了解读重新犯罪问题最具说服力的研究视角。

第四节　研究思路与研究方法

一、研究思路

从社会学角度观察重新犯罪现象，就是把重新犯罪现象看作一种经验事实来作为研究对象。重新犯罪是犯罪的一种特殊形式，同样以承认其不可避免为其展开研究的逻辑起点。犯罪是任何社会都不可避免的常态现象，然而重新犯罪和犯罪规律具有可知性，决定了它们预防的可能性；犯罪原因的客观性，决定了犯罪和重新犯罪预防的可控性，为此对犯罪和重新犯罪归因以及犯罪机制的揭示具有重要意义。当前重新犯罪防控机制存在社会防控、法律防控、条件防控及安置帮教防控之间发展不平衡、不协调问题，突出表现为对重新犯罪的法律防控和条件防控较为重视，而对社会防控和安置帮教防控重视不足。

在本书中，首先在梳理当前学者关于重新犯罪已有的研究成果与不足的基础上，进而分析转型时期中国重新犯罪的状况与存在的问题，试图从"三位一体"框架对重新犯罪展开归因分析，即通过个体、社会和条件三大因素相互作用对重新犯罪的影响分析，总结当前中国犯罪防控机制存在的问题与不足。同时，面对当前社会结构的分化与社会环境的复杂化，重新犯罪凸显特殊性与复杂性趋势，建立重新犯罪防控机制具有重要的现实意义和理论意义。本研究基于社会转型背景下，依托社会互构论的视角，重点强调社会因素与个体因素之间的复杂互构关系对重新犯罪防控机制建构的意义，试图建构以社会防控为基础、法律防控为关键、安置帮教防控为重点及条件防控为补充的四位一体的重新犯罪防控机制，从而有利于最大限度地调动社会各方力量有效地防控重新犯罪，增强社会宽容度，减少重新犯罪，以促进社会良性运行和协调发展。

二、方法和资料

（一）文献法。文献研究文献法严格意义上说不是一种资料收集方法，而是一种研究方法。所谓文献，指的是包含我们希望加以研究的现象的任何信息形式。根据文献具体来源的不同，我们既可以把文献资料分为历史文献、官方及个人文献和大众传播媒介三大类，也可以把文献资料分为原始文献和第二手文献两大类。本书所使用的资料是梳理司法部监狱管理局资料和地方监狱各类统计资料中的相关资料，分析研究国内外关于重新犯罪防控研究的文献，对重新犯罪问题进行纵向的历时性比较研究和横向的局域比较研究。（二）类型学研究方法。即韦伯提出的"理想类型"，它既是一种社会学方法，也是社会学分析的工具，该方法强调通过理想类型的主观构建去理解社会行动的客观意义。利用类型学方法将重新犯罪现象作为研究对象，通过选择适当的标准对重新犯罪现象并构建出具体的犯罪类型，进而在类型间进行比较研究，以求更好地分析重新犯罪现象的特点和规律。（三）个案访谈和深度访谈。主要对监狱重新犯罪人员进行个案访谈，了解其犯罪及重新犯罪自我归因；对监狱领导和干警进行深度访谈，获取他们对罪犯改造的一些观点。（四）对收集到的资料进行定量和定性分析。

具体获取资料的方式则包括个案访谈法、电话访谈、问卷调查、文献法等。2012 年 7 月中旬，笔者利用去西南地区某监狱授课的机会，在该监狱进行为期两周的预调研。在此期间，笔者分别对 10 位男性重新犯罪服刑人员和该监狱女子监狱区的 6 名女性重新犯罪服刑人员进行访谈，整理出宝贵的15000 字左右的文字材料。查阅了大量的重新犯罪服刑人员的档案资料，为下一步调研和问卷调查打下了良好的基础。2013 年 5 月，笔者又利用三天假期时间，在华北地区某监狱访谈了 18 个重新犯罪人员，整理出 10000 多字的访谈材料。2013 年 7 月借用到东南地区某监狱授课的机会，笔者在该监狱查阅了部分重新犯罪服刑人员的档案，并获得了该监狱一些书面材料。

2013 年 8 月至 10 月期间，笔者先后对中南地区三所监狱（一所为省属男子监狱、一所是市属监狱，还有一所女子监狱）进行为期 40 天的调研。先后访谈了 16 位男性重新犯罪服刑人员和 8 位女性重新犯罪服刑人员。对两位监狱领导和四位一线干警进行了不记录访谈，整理出两万多字的访谈材料。在这三所监狱共发放 493 份调查问卷，收回有效问卷 80% 左右。本书除了文献数据外，其他都是这三所监狱调查所获数据。

另外为了求证一些数据，笔者还通过电话对一些在全国各地监狱工作的学生和朋友进行了访谈。本书中一些观点是笔者和在中央司法警官学院进行警衔晋升培训的部分监狱领导私下交流时获得。

第五节　概念的厘清与辨析

一、重新犯罪概念的演变历程

在我国，法律文件中最早出现重新犯罪这四个字是 1955 年 9 月 29 日公安部下发的《关于刑满留场（厂）就业人员逃跑及重新犯罪的处理问题的批复》，之后 1956 年 7 月 5 日最高人民检察院在《关于处理劳动改造队加、减刑等法律程序的通知》中，原司法部 1956 年 9 月 4 日在《关于劳改犯刑期届满前或届满后留场（厂）重新犯罪如何确定其罪名的函》中，还有在 1963 年 7 月 29 日最高人民法院、最高人民检察院，公安部下发的《关于监外执行的罪犯重新犯罪是否履行逮捕手续的批复》中，1963 年 11 月 7 日公安部《关于严防刑满释放分子重新犯罪的通知》中[1]，以及最高人民法院于 1979 年 9 月 24

---

① 何成兵：《论单位重新犯罪的定性》，《政治与法律》2009 年第 8 期。

日下发的《关于留场（厂）就业人员重新犯罪后在劳改机关禁闭审查日期应否折抵刑期的批复》等文件中都使用了重新犯罪这一概念。1979 年 7 月 1 日第五届全国人民代表大会第二次会议通过了《中华人民共和国刑法》，《中华人民共和国刑事诉讼法》，并分别于同年 7 月 6 日和 7 月 7 日颁布这两部法律。但是这两部法律没有给重新犯罪概念下定义。不过，全国人民代表大会常务委员会在 1981 年 6 月 10 日下发的《关于处理逃跑或者重新犯罪的劳改犯和劳教人员的决定》文件中，对重新犯罪的处理问题作了具体规定，并且正式使用了重新犯罪一词。这些文件对当时《中华人民共和国刑法》起到了重要补充作用。

重新犯罪这个概念尽管早就提出来了，而司法各部门对重新犯罪都没有统一的标准，实务部门对此也没有一个统一的理解。例如，司法行政部门基本上是按累犯的标准来统计重新犯罪情况的，即把刑罚执行完毕后又犯罪的称为重新犯罪。而公安机关的统计则比司法行政部门要宽得多，只要是受过公安部门打击处理后（这种打击处理既包括刑事处理，也包括一部分行政处罚）再犯罪又被抓获都称为重新犯罪；法院把历史上受过刑罚，又被判刑的称为重新犯罪。这些部门对这一概念不同的理解和使用情况，使得重新犯罪概念变得十分混乱。由于对重新犯罪缺乏一个统一的、科学的概念界定和统计标准，致使对同一时间、同一地区调查出来的重新犯罪的数据相差悬殊，有的重新犯罪率为百分之几、百分之十几，有的达百分之二十几，甚至百分之三十几。重新犯罪的概念和统计标准的不统一、不科学，对提高罪犯改造质量、重新犯罪的防控、社会治安综合治理工作都十分不利。

为了给中央和各级党委在决策重大问题时提供科学依据，正确衡量劳改机关对罪犯的改造质量，正确衡量社会犯罪与重新犯罪的关系，也为了准确考察和检验社会治安综合治理工作，必须提供一个科学权威的重新犯罪概念，确立科学准确的统计标准。为此，1985 年 1 月 8 日，中央政法委员会批准了司法部《关于刑满释放、解除劳教人员重新犯罪、违法问题的几点意见》这一规范性文件。这个文件对重新犯罪的概念和统计标准作了两条明确的规定。

（一）罪与非罪的界限。我国 1979 年的刑法第 10 条规定："依照法律应当受刑罚处罚的，都是犯罪；但是情节显著轻微危害不大的，不认为是犯罪。"劳动教养是指有违法行为，尚不够刑事处罚的强制性的教育改造措施。因此，在进行重新犯罪问题的调查时，不要把解除劳动教养后又被劳教的人员统计在重新犯罪率之内，而应另立一个档次，以示区别。

（二）重新犯罪的时间限制。1979 年的刑法第 61 条规定："被判处有期徒刑以上刑罚的犯罪分子，刑罚执行完毕或者赦免以后，在 3 年以内再犯应当判处有期徒刑以上刑罚的，是累犯，应当从重处罚；但是过失犯除外。"第 62 条规定："刑罚执行完毕或者赦免以后的反革命分子，在任何时候再犯反革命罪的，都以累犯论处。"据此，刑事犯的重新犯罪的时间限制，应以释放后 3 年以内为期。这个规定，是我国第一次提出重新犯罪的概念和统计标准。后来，司法部又重申这个规定，并作了补充。1987 年 4 月 13 日，司法部批转的，司法部劳改局、劳教局、预防犯罪与劳动改造研究所联合制发的《关于统一组织对提高改造质量和预防重新犯罪问题调查研究的意见》中又指出："刑满释放人员重新犯罪的标准，请按中央政法委员会 1985 年 1 月 8 日批准司法部《关于调查刑满释放、解除劳教人员重新犯罪、违法问题的几点意见》执行。"以《刑法》第 10 条、第 61 条和第 62 条的规定，为确定刑满释放人员重新犯罪的法律标准。1997 年，根据修订后的刑法规定，是否为重新犯罪的标准也相应变化，将其应该表述为：刑满释放或赦免以后，在 5 年以内再犯应判处刑罚的犯罪是重新犯罪，但原犯为危害国家安全罪的，刑罚执行完毕或赦免以后，在任何时候再犯危害国家安全罪的或 5 年以内再犯其他普通刑事犯罪而应被判处刑罚的，也是重新犯罪。迄今为止，司法部门没有相关文件进行规范，恐怕也是一件值得商榷之事。

在 2011 年 5 月 1 日《刑法修正案（八）》正式公布实施，其第 6 条规定"被判处有期徒刑以上的犯罪分子，刑罚执行完毕或赦免以后，在五年再犯应当判处有期徒刑以上刑罚之罪的，是累犯，应当从重处罚，但是过失犯罪和未满 18 周岁的人除外"。其第 7 条规定："危害国家安全犯罪、恐怖活动犯罪、黑社会性质的组织犯罪的犯罪分子，在刑罚执行完毕或者赦免以后，在任何时候再犯上述任一类，都以累犯论处。"

二、相关学科中的重新犯罪概念

人类学家弗雷泽曾云："一个时代对于新知识积累的总和所贡献的数量是很小的，更不用说一个人所能增添的数量了；忽视那些大量积累起来的知识，吹嘘我们自己可能增加上去的点滴知识，这种做法除了不知感恩以外，还暴露出愚蠢或不诚实。关于现代甚至古希腊罗马时代对人类总的进展所做的贡献，目前不会有低估的危险。"① 以此，无论在实践中还是在理论界，对以往的重新犯罪概念的界定都具有一定的合理性和科学性，都是对重新犯罪的更进一步研究"增加上去的点滴知识的积累"。因此，将实务部门和学术界关于重新犯罪概念已有的具有代表性的界定予以呈现是十分有必要的。目前，我国理论界和实务部门对重新犯罪概念大致有三类表述，一类是从刑法学意义上的表述，另一类是从犯罪学意义上的表述，还有一类表述是从监狱行刑学意义上对重新犯罪的概念进行界定。三类表述都有广义和狭义之分。

（一）刑法学意义上表述的重新犯罪概念

从广义的角度看有以下两种表述：第一种，重新犯罪是指第一次实施犯罪行为后又犯新罪。第二种，全国人民代表大会常务委员会于 1981 年 6 月 10 日制定了《关于处理逃跑或者重新犯罪的劳改犯和劳教人员的决定》，从其总体精神来看，重新犯罪应理解为：劳动教养解教后三年内犯罪、逃跑后五年内犯罪的，劳改犯逃跑的或逃跑后又犯罪的，刑满释放后有犯罪的，劳教、劳改罪犯对检举人、被害人、司法工作人员及有关干部群众行凶报复的。

---

① ［英］詹·弗雷泽：《金枝精要——巫术与宗教之研究》，刘魁立译，上海文艺出版社 2001 年版，第 243 页。

1985 年 1 月 8 日经由中央政法委员会批准的司法部《关于刑满释放、解除劳教人员重新犯罪、违法问题的几点意见》将重新犯罪法律标准规定为：原犯普通刑事罪的，刑罚执行完毕或者赦免以后，在三年以内再犯应当判处刑罚的为重新犯罪；原犯反革命罪的，刑罚执行完毕或者赦免以后，在任何时候再犯反革命罪的，或者三年以内再犯其他普通刑事罪而被判处刑罚的都是重新犯罪。[①]

从狭义的角度看有以下三种表述（也就是累犯的定义）：第一种，1979 年的刑法第 61 条规定：“被判处有期徒刑以上刑罚的犯罪分子，刑罚执行完毕或者赦免以后，在 3 年以内再犯应当判处有期徒刑以上刑罚的，是累犯，应当从重处罚；但是过失犯除外。”第 62 条规定：“刑罚执行完毕或者赦免以后的反革命分子，在任何时候再犯反革命罪的，都以累犯论处。”

第二种，1997 刑法（97 修订）第 65 条第 1 款规定：“被判处有期徒刑以上刑罚的犯罪分子，刑罚执行完毕或者赦免以后，在 5 年以内再犯应当判处有期徒刑以上刑法之罪的是累犯，应当从重处罚，但是过失犯罪除外。”刑法（97 修订）第 66 条规定：“危害国家安全的犯罪分子在刑罚执行完毕或者赦免以后，在任何时候再犯危害国家安全罪的，都以累犯论处。”第 66 条规定：“危害国家安全的犯罪分子在刑罚执行完毕或者赦免以后，在任何时候再犯危害国家安全罪的，都以累犯论处。”

第三种，在 2011 年 5 月 1 日《中华人民共和国刑法修正案（八）》正式公布实施，其第 6 条规定：“被判处有期徒刑以上的犯罪分子，刑罚执行完毕或赦免以后，在五年再犯应当判处有期徒刑以上刑罚之罪的，是累犯，应当从重处罚，但是过失犯罪和未满 18 周岁的人除外。”其第 7 条规定：“危害国家安全犯罪、恐怖活动犯罪、黑社会性质的组织犯罪的犯罪分子，在刑罚执行完毕或者赦免以后，在任何时候再犯上述任一类，都以累犯论处。”

[①] 李均仁：《中国重新犯罪研究》，法律出版社 1992 年版，第 27 页。

（二）犯罪学意义上的重新犯罪概念

广义的观点认为重新犯罪不仅包括刑满释放人员的再犯罪和正在服刑期间的罪犯犯罪，而且还包括经公安机关处理的正在进行劳动教养或已经解除劳动教养的人员进行的犯罪。

重新犯罪是指除已经人民法院判刑并投入监狱服刑的犯罪人员或刑满释放的犯罪人员的再次犯罪外，还包括经公安机关处理正在劳动教养或已经解除劳动教养的人员进行的犯罪，即使未被司法机关抓获而未受刑事制裁的犯罪人员又多次犯罪的也应作为重新犯罪。①

狭义的观点认为重新犯罪是已经解除劳动教养和刑满释放人员实施的再犯罪行为。

重新犯罪可定义为，解除劳动教养或刑罚执行完毕的人员在任何时间内再实施刑法规定的犯罪行为并接受刑罚处罚的为重新犯罪。②

重新犯罪定义为：重新犯罪是指行为人实施了两次以上独立犯罪的行为或被劳动教养后又犯罪的行为。③

（三）监狱行刑学意义上的重新犯罪概念

重新犯罪是刑满释放人员的再犯罪。重新犯罪的概念可归纳为：是指触犯刑事法律并受到刑罚处罚回归社会后，又重新故意实施犯罪活动，依法应当追究其刑事责任的行为。

重新犯罪则是指已受过刑罚处罚的犯罪行为人在刑罚执行完毕之后一定期限内又犯新罪。

重新犯罪是指因犯罪受过一定的刑罚（有期徒刑以上刑罚）处罚的人，

---

① 康树华：《犯罪学通论》，北京大学出版社1996年版，第254页。
② 周路：《当代实证犯罪学新编——犯罪规律研究》，人民法院出版社2004年版，第407页。
③ 李学斌：《重新犯罪控制研究》，河北人民出版社1999年版，第10页。

在刑罚执行中或刑罚执行完毕或赦免以后，又犯一定之罪的称为重新犯罪，对重新犯罪应从重处罚。

重新犯罪，是指行为人在相对的时间空间范围内，实施了两次以上的犯罪。重新犯罪的过程：犯罪—被惩罚—被改造—释放—再犯罪—再被惩罚—再被改造，以致往复多次。

三、社会互构视野下的重新犯罪概念

概念是我们理论研究和实践工作的起始点。对概念的厘清不仅是理论研究的基础，而且是实践工作的前提，它不仅可以给我们提供对话交流的同一平台，而且还能有效降低我们行为的成本，提高我们的工作效率。故诚如美国法理学家博登海默所言："概念乃是解决法律问题所必需的和必不可少的工具。没有限定的专门概念，我们便不能清楚地和理智地思考法律问题。没有概念，我便无法将我们对法律的思考转变为语言，也无法以一种可理解的方式把这些思考传递给别人。如果我们试图完全否弃概念，那么整个法律大厦就将化为灰烬。"[①] 由此也可见，概念对人类行为具有非常重要的意义。

以上是关于重新犯罪的概念的一些界定，这些界定是一些部门和个人在不同的社会历史背景下，根据实际需要和不同的研究目的，从不同角度所做出的，都具有一定的道理及合理性。其分歧主要体现在以下几个方面。

首先，罪与非罪的确定问题。

关于什么是犯罪，一个人犯了什么罪，各国法律都有明确而严格的规定。犯罪是指违反国家法律、给社会造成一定危害并根据法律应当受到刑事处罚的行为。我国79年的刑法第10条规定："依照法律应当受到刑罚处罚的，都是犯罪。但是情节显著轻微危害不大的，不认为是犯罪。"法律有关什么样的行为是犯罪的规定，也是处于不断变化之中的，在同一国家，有的行为在某

---

① ［美］E. 博登海默：《法理学、法律哲学与法律方法》，邓正来译，中国政法大学出版社2004年版，第504页。

一历史时期被认为是犯罪，但在另外一个时期就不被认为是犯罪。例如，我国过去犯投机倒把罪的人，现在不仅不认为是犯罪，相反被视为当代经济弄潮儿。所以，这里所指的犯罪是指违反当时生效的刑法法典。重新犯罪的第一次行为必须是触犯刑法并接受刑罚处罚，而且具有二次及以上犯罪行为。我国刑罚体系是由主刑和附加刑组成。附加刑是补充主刑适用的刑罚方法，它既可以独立适用，又可以附加适用。抑或受到以上任何一种主刑或附加刑或者两种共同处罚的行为就是犯罪行为。劳动教养制度在我国实施 40 多年来，应当承认，它在维护社会治安、稳定社会秩序、预防和减少犯罪方面，发挥了积极作用。《国务院劳动教养试行办法》第二条规定：劳动教养，是对被劳动教养的人实行强制性教育改造的行政措施，是处理人民内部矛盾的一种方法。另外，2013 年 11 月15 日，《中共中央关于全面深化改革若干重大问题的决定》公布，其中提出废止劳动教养制度。本书不把劳动教养解教人员再犯罪认定为重新犯罪。

其次，关于重新犯罪主体问题。

重新犯罪的主体是指已经受过至少一次刑事处罚再次犯罪人。劳动教养人员所受处罚不属于刑事处罚，所以，重新犯罪的主体不应该包括劳动教养人员。

关于正在接受刑罚处罚的人员是否构成重新犯罪的主体问题，我们认为正在接受刑罚处罚的人员主要包括三类：罪犯服刑期内脱逃，脱逃后又犯新罪，在监禁服刑或社区矫正期间又犯新罪。我们认为这三类人员第一次犯罪已完成而受到刑事处罚，在服刑期间，不论脱逃或犯罪，都属于再次犯罪，所以应当被视为重新犯罪主体。

关于是否二次或二次以上犯罪未被抓获在逃人员属于重新犯罪主体呢？具有二次及二次以上犯罪经历的罪犯可以分为两种情况：一种是多次犯罪从未被抓获，将来如果被抓获属于数罪并罚，不应当被视为重新犯罪主体；另一种是曾经因犯罪接受过刑事处罚，再次犯罪而至今未被抓获的嫌疑犯和虽再次犯罪，但未被发现或未被司法机关统计，我们认为该种情况也不能被认定为重新犯罪。因为，其一，犯罪嫌疑人将来被抓获后定罪时，可能会因为证据、司法分流及刑事政策调整等原因，未必一定被刑事处罚；其二，犯罪嫌疑人被抓获的时间未知，对重新犯罪相关情况统计不太方便。因此，这些人也不被能认定为重新犯罪主体。

再次，对于前罪和后罪之间应否限制间隔时间。

在对重新犯罪概念的界定中，有观点认为刑满释放后三年再次犯罪，还有的人认为刑满释放后五年之内再次犯罪，才算是重新犯罪。具体理由：因为更能正确衡量对罪犯的改造质量，更能考察和检验综合治理社会治安工作效果。从监狱调查来看，在刑罚执行完毕或者赦免以后的三年或五年之内，是重新犯罪高发期，当然其他时间段发生重新犯罪的也有，只是少数。另一种观点却主张重新犯罪不应有时间的限制，刑满释放后，无论何时再犯，都属于重新犯罪。笔者比较赞同后者的观点，不认同重新犯罪有时间的限制。因为有时间限制不便于将来重新犯罪率的调查和统计，反而不能更好衡量对罪犯的改造质量；对重新犯罪设定时间的限制，人为缩小了重新犯罪的外延，这样一来不利于对重新犯罪的深入研究和探讨，反而影响对重新犯罪防控策略的制定。

最后，前后两次犯罪是否是故意犯罪问题。

在对重新犯罪概念的探讨中，前后两次的犯罪行为在主观上是否出于故意颇有争议，有的观点认为前后两次犯罪只要有一次是故意犯罪，即可认定为重新犯罪；还有观点认为不论第一次是否故意犯罪，只要第二次及以后犯罪是故意犯罪，都属于重新犯罪；也有观点认为两次犯罪都必须是出于故意的，如果前后两次犯罪行为中有一次或都是过失犯罪，则不能认定为重新犯罪，其理由是过失是由于行为人主观上疏忽大意，或者出于过于自信而造成的，所造成的后果在行为人的故意之外，是行为人所不希望看到的。与故意犯罪直接追求或放任犯罪结果发生的主观恶性有明显的质的区别，只有前后两次犯罪都是故意的行为方才被认定为重新犯罪比较妥当。本书比较认同第二种观点，即无论第一次是过失犯罪还故意犯罪，只要第二次及以后犯罪是故意犯罪，就都属于重新犯罪。因为行为人经过第一次刑罚处罚后，不管是基于故意还是过失而受到处罚，均不影响其受处罚的过程以及刑罚改造的经历，此后，仍然实施故意犯罪行为，当然应被视为重新犯罪。

对重新犯罪概念的界定，就是对重新犯罪的本质特征、概念的内涵和外延有一个明确而简要的说明。要给一个概念下定义，我们必须明确以下几点：首先，要清楚为什么要界定某一个概念，也就是说界定这个概念的目的是什么；其次，要在什么范围内界定该概念，即在何种学科领域定义这个概念；最后，要实事求是，根据事物的实际情况，科学、客观地给概念下定义，即界定概念时不能脱离实际情况。依据这三条原则，在我国法律规定的框架内，运用社会学的方法和理论给重新犯罪概念进行界定。

我们界定重新犯罪概念的目的是能够构建重新犯罪防控机制，有效减少和预防控制我国重新犯罪的发生。重新犯罪属于特殊社会现象，而不是法律现象，这种现象是先于法律而存在于社会的客观事实。因此，要正确认识重新犯罪，必须拓宽视角，用社会学的观点来研究重新犯罪，揭示其社会属性。重新犯罪的社会性表现在：它产生于社会，具有反社会性和危害社会，是各个国家在不同历史时期都存在的普遍现象，也是社会发展中的必然现象。作为刑法规定的重新犯罪概念本身，也是社会生活的产物。所以，应以犯罪的法律定义为基本出发点，但不受其定义的限制，没有必要刻意划分重新犯罪的法律定义与社会学定义，应将二者有机地结合起来。

重新犯罪是指触犯刑事法律并受到刑罚处罚的人员在其刑罚执行期间、刑满释放回归社会、解除社区矫正及特赦①后，又重新故意实施犯罪活动，依

---

① 特赦是指对国家特定的犯罪分子免去其刑罚的部分或全部的执行，它只能消灭其刑，不能消灭其罪。新中国成立以来我国有过 8 次特赦。分别于 1959 年、1960 年、1961 年、1963 年、1964 年、1966 年对确认改恶从善的蒋介石集团、伪满洲国和伪蒙疆联合自治政府的战犯进行赦免，直至 1975 年赦免全部在押战犯。2015 年 8 月 29 日，国家主席习近平根据十二届全国人大常委会第十六次会议 29 日通过的全国人大常委会关于特赦部分服刑罪犯的决定，签署主席特赦令，对参加过抗日战争、解放战争等四类服刑罪犯实行特赦。2019 年 6 月 29 日，国家主席习近平签署发布特赦令，根据十三届全国人大常委会第十一次会议通过的全国人大常委会关于在中华人民共和国成立七十周年之际对部分服刑罪犯予以特赦的决定，对九类服刑罪犯实行特赦。

法应当追究其刑事责任并受到刑罚处罚的行为。

这一概念的含义：第一，重新犯罪必须是具有前后两次或两次以上反社会性、危害社会的独立的犯罪行为。第二，前后两次犯罪没有处刑轻重的限制，犯罪均是《刑法》所规定的犯罪即可。第三，前罪和后罪之间没有时间间隔限制。第四，只要两次或两次以上的犯罪经历的都应属于重新犯罪，不论是在前罪的刑罚执行完毕或者赦免以后，抑或是发生在刑罚执行期间。第五，第二次及以后犯罪行为必须是故意犯罪。无论初次犯罪是过失犯罪还是故意犯罪，只要二次及以上是故意犯罪行为，都应认定为重新犯罪。第六，社区矫正对象在接受矫正期间或解除矫正后再犯罪的同属于重新犯罪。第七，单独接受附加刑处罚的，例如，受到罚金，没收财产等处罚的，在接受处罚期间或处罚完毕再犯罪的，也属于重新犯罪。第八，重新犯罪还应该包括未被抓获的犯罪分子重新犯罪问题。这方面包括两种情况：一是犯罪行为已被发现或证实，犯罪分子在逃尚未抓到，这种情况不属重新犯罪范畴。二是重新犯罪暗数，这些暗数就是未被发现或者未被司法机关统计的犯罪。在国内外犯罪学界已经对重新犯罪暗数进行研究，在国内无论学术界，还是实际工作部门也都承认重新犯罪隐数或犯罪暗数是一种客观存在的事实。我们可以通过对不同地区、不同社会环境、不同类型人的重新犯罪人的详细调查分析，大致推算出各地、各市、各省乃至全国的重新犯罪暗数，从而为制定刑事政策时把这种因素考虑进去，以期形成对重新犯罪更好的预防和控制。

四、重新犯罪的分类

要明确概念就是要明确概念的内涵和外延，那么怎样才能使概念的内涵和外延明确呢？在逻辑学里，定义就是明确概念内涵的逻辑方法，而划分是明确概念外延的逻辑方法。

首先，确立分类标准，建立"理想类型"，在概念层面上对重新犯罪现象进行分类，确立分类标准是犯罪类型化的首要问题。

马克斯·韦伯主张建立起"理想类型"这一参照系，然后将不同的法律现象通过"理想类型"为中介进行联系，从而进行比较的。当前之所以存在如此多的不同分类，根本问题就在于分类标准的不统一。所谓的重新犯罪类型，是根据重新犯罪的性质、特征和危害程度等，按照各种稳定的非法律一定的标准，将它们划分为不同的类型，以便将其复杂的重新犯罪现象条理化、系统化，从而客观地认识重新犯罪发生的规律，有针对性地采取防控措施。

其次，选取研究对象，以"理想类型"为参照，将具体犯罪现象予以归类。

法国的著名社会学家迪尔凯姆就曾指出"所谓分类，是在开始研究时用科学的方法从众多的不确定的个体中抽出一部分确定的个体，作为类型的标准，然后对这些确定的标准进观察，而不必对各个个体进行全部考察"。换言之，就是在选取分类标准的基础上建立"理想类型"，从而对具体研究对象按照其隶属程度进行归类，即将"理想类型"作为分析问题的工具系统和参照系，从"理想类型"出发，对现实中某类成分进行抽象，作为对比的参照。迪尔凯姆在《社会学方法的准则》一书中也指出，社会学应当有一个分支学科来研究社会总的构成及其划分。分类不仅使我们能把已有的全部知识初步条理化，而且还有助于我们形成新的知识①，并指出，要对社会现象进行分类，就必须选择本质的特征。根据不同的分类标准，重新犯罪可以划分为不同的类型。

第一，根据犯罪人的不同情况来划分重新犯罪的类型，这是学者们经常采用的一种分类方法。依据犯罪人的性别可将重新犯罪划分为：男性重新犯罪和女性重新犯罪；依据犯罪人的年龄特征可将重新犯罪划分为：未成年人重新犯罪、青年重新犯罪、中年人重新犯罪和老年人重新犯罪；根据罪犯刑满释放时年龄段的不同，可划分为刑释成年人重新犯罪和刑释少年重新犯罪；

---

① ［法］迪尔凯姆：《社会学方法的准则》，狄玉明译，商务出版社 2004 年版，第 93—97 页。

根据犯罪人先前受到的刑罚次数，可划分为一次重新犯罪和多次重新犯罪；根据刑法上的犯罪主体，可分为自然人重新犯罪和法人重新犯罪；按犯罪人的心理动机和目的，可分为物欲型重新犯罪、性欲型重新犯罪、情绪型重新犯罪和信仰型重新犯罪等。

第二，从犯罪行为的角度来划分重新犯罪类型。常见的划分方法有以下几种：

按犯罪的组织形式，可分为个人重新犯罪、结伙重新犯罪、团伙重新犯罪、集团重新犯罪、黑社会性质组织重新犯罪和黑社会重新犯罪；按犯罪的动机和目的，可分为贪利型重新犯罪、色情型重新犯罪、报复型重新犯罪和过失型重新犯罪等；按犯罪形成的特点，可分为预谋型重新犯罪、突发型重新犯罪、随机型重新犯罪和胁从型重新犯罪；按犯罪行为的手段，可分为暴力重新犯罪和非暴力重新犯罪；依据实施犯罪行为的方式，可分为体能型重新犯罪和智能型重新犯罪。

第三，依据空间维度来划分重新犯罪的类型。依据城乡地域状况可分为：城市重新犯罪、农村重新犯罪和城乡接合部重新犯罪；按照地理方位状况可划分为：东部沿海地区的重新犯罪、中部内地的重新犯罪和西部地区重新犯罪；依据国界线范围可分为：国内重新犯罪、跨国重新犯罪、区际重新犯罪和国外重新犯罪。

第四，依据时间情况来划分重新犯罪的类型。依据犯罪时间间隔期限的长短可划分为：一年内重新犯罪、二年内重新犯罪、三年内重新犯罪和五年内重新犯罪等；根据犯罪的前后类型是否相同可分为：同类型的罪名重新犯罪（前后犯有相同类型的罪行）和不同类型罪名重新犯罪（前后犯罪类型不相同）；根据历史时期不同可分为：传统型重新犯罪和现代型重新犯罪。

我们认为，类型学在对现象进行分类后，能在两个或多个事物之间，根据一个事物与另一个事物的相似或相同，推测它们之间可能存在的另一些相似或相同，从而把一类事物的知识类推到另一事物上。这样就充分地扩大了分类的使用价值，并通过比较建立了事物与事物之间乃至类型与类型之间的联系，有助于整体上认识和全面把握重新犯罪现象。

五、与重新犯罪相似的概念

在完成对重新犯罪概念厘清和界定之后，我们必须认真区分和重新犯罪概念相似又容易混淆的几个概念。

（一）重新犯罪与累犯。累犯是一个历史性的概念，从刑法学的角度来看，累犯就是"法律认可的"累犯。不同的历史时期，它的定义也不尽一样，或者说会有一些变化和不同。正如任何一种法律制度都不是立法者随意创制的，而都是社会现实和社会需要在法律上的反映一样。历史上累犯制度的产生源自人类社会出现的重新犯罪现象，也可以说，重新犯罪现象的存在，是累犯制度产生的现实条件。

关于累犯的定义在新中国成立后的第一部刑法典，即 1979 年刑法的第 61 条、62 条中明确规定："被判处有期徒刑以上刑罚的犯罪分子，刑罚执行完毕或者赦免以后，在 3 年以内再犯应当判处有期徒刑以上刑罚之罪的，是累犯，应当从重处罚；但是过失犯罪除外。前款规定的期限，对于被假释的犯罪分子，从假释期满之日起计算"；"刑罚执行完毕或者赦免以后的反革命分子，在任何时候再犯反革命罪的，都以累犯论处"。

在对 1979 年刑法典修订的十余年间，累犯制度，如累犯的时间条件、刑度条件、特殊累犯的范围以及累犯的处罚等，一直都是修改的重点，这从多次颁布刑法修订稿中就可看出。

第一次修订的 1997 年刑法，针对此前的多次修改，做出规定："累犯是指初判处有期徒刑以上刑罚的犯罪分子，在刑罚执行完毕或者赦免以后，在 5 年以内再犯应当判处有期徒刑以上刑罚之罪的，是累犯，应当从重处罚。但是过失犯罪除外。前款规定的期限，对于被假释的犯罪分子，从假释期满之日起计算，危害国家安全的犯罪分子在刑罚执行完毕或者赦免以后，在任何时候再犯危害国家安全罪的，都以累犯论处。"将前后罪的时间间隔由"3年以内"修改为"5年以内"，将反革命罪累犯修改为危害国家安全罪累犯，并明令废止《全国人民代表大会常务委员会关于惩治泄露国家秘密犯罪的补充规定》。

第八次修订的2011年刑法，对累犯制度又进行了修改与完善。将刑法第65条第一款规定为："被判处有期徒刑以上刑罚的犯罪分子，刑罚执行完毕或者赦免以后，在5年以内再犯应当判处有期徒刑以上刑罚之罪的，是累犯，应当从重处罚，但是过失犯罪和不满十八周岁的人犯罪的除外。"将第66条规定为："危害国家安全犯罪、恐怖活动犯罪、黑社会性质的组织犯罪的犯罪分子，在刑罚执行完毕或者赦免以后，在任何时候再犯上述任一类罪的，都以累犯论处。"将刑法第74条规定为："对于累犯和犯罪集团的首要分子，不适用缓刑。"还将刑法第81条规定为："对累犯以及因故意杀人、强奸、抢劫、绑架、放火、爆炸、投放危险物质或者有组织的暴力性犯罪被判处十年以上有期徒刑、无期徒刑的犯罪分子，不得假释。"刑法第八次修正案使得我国累犯制度更加趋于合理和完善。同时，又对年龄不满18周岁的未成年人犯罪做出从宽处理的规定。

由此，我们可以将累犯划分为两种：一是指一般累犯；二是指特殊累犯。一般累犯是指因故意犯罪而被判处有期徒刑以上刑罚，在刑罚执行完毕或者赦免以后，又在五年内再犯应当判处有期徒刑以上刑罚之罪的犯罪分子。从刑法学角度认为一般累犯构成条件是：

第一，前罪和后罪必须都是故意犯罪是其主观条件。如果前后两罪都是过失犯罪，或者前后两罪中之一是过失犯罪的，则都不能构成一般累犯。

第二，刑罚条件，前罪已被判处的刑罚和后罪应当判处的刑罚，必须都在有期徒刑以上，而且前后两罪之中有一个是一般刑事犯罪，但危害国家安全罪、恐怖活动犯罪、黑社会性质的组织犯罪的其他犯罪除外，或者前后两罪都是一般刑事犯罪。

第三，年龄条件：不满十八岁的人，在任何条件下，都不能构成一般累犯。

第四，时间条件，后罪必须发生在前罪被判处的刑罚已经执行完毕或者被赦免以后的五年之内。"刑罚执行完毕"是指主刑执行完毕而不包括附加刑。如果在主刑执行完毕的五年以内又犯新罪，即使附加刑尚在执行中，仍构成一般累犯。构成一般累犯的条件是被假释的犯罪分子，在假释的考验期满的五年以内又犯新罪。除此之外，则不能构成一般累犯。即在假释考验期内又犯新罪，或者在假释考验期满五年以后又犯新罪，都不能构成一般累犯。但是被判处有期徒刑和宣告缓刑的犯罪分子，在缓刑考验期内再犯新罪，或者在缓刑考验期满后又犯新罪，均不能构成一般累犯。

特殊累犯是指因犯危害国家安全罪、恐怖活动犯罪、黑社会性质的组织犯罪的犯罪分子，已受过刑事处罚，在刑罚执行完毕或者被赦免以后的任何时候，再犯上述任何一类罪的，都以累犯论处的犯罪分子。

特殊累犯的构成条件：首先，定罪和时间条件，前后两次所犯之罪均为犯危害国家安全罪、恐怖活动犯罪，或者是黑社会性质的组织犯罪，并且前后两罪时间间隔的长短不受限制。换言之，后罪可以发生在前罪刑罚执行完毕或者被赦免之后的任何时候，都构成特殊累犯。

其次，刑罚条件，前罪已被判处的刑罚和后罪应被判处的刑罚，不受轻重的限制。即使前后两罪中的其中一罪，已被判处或者应被判处管制、拘役或者某一种附加刑，均能构成特殊累犯。

从累犯的定义和构成条件来看，它和重新犯罪二者之间既有共同之处，也有不同之处。

从概念方面讲，重新犯罪和累犯属于包含和被包含的关系，换言之，累犯属于重新犯罪的一个子概念。重新犯罪包括的范围广于累犯。二者共同之处在于：首先，两者前后两次行为都构成刑法所规定的犯罪；其次，两者在犯罪的次数上都具有多发性、反复性。

从构成条件看，累犯和重新犯罪二者又有不同之处：首先，重新犯罪的第一次被处罚的行为可以是过失犯罪，也可以是故意犯罪，而累犯前后两次，甚至多次犯罪必须是主观故意。其次，重新犯罪前后两次犯罪之间没有时间上的限制，而累犯的时间限制是 5 年以内。再次，重新犯罪的前后两次犯罪都是被判处刑罚的，没有处刑轻重的限制，而累犯的前后两次犯罪必须是被判处有期徒刑以上刑罚的。复次，正在服刑期间犯罪，包括在监狱、看守所及符合社区矫正条件在社区服刑的罪犯在社区矫正期间脱逃或犯罪的也属于重新犯罪，但不属于累犯。最后，不受不满十八周岁条件的限制，凡是受到刑事处罚后再犯罪的都属于重新犯罪。而不满十八岁的人，在任何条件下，都不能构成一般累犯。

（二）重新犯罪与惯犯。惯犯又称"惯性犯""常习犯"，是指以某种犯罪为常业，以犯罪所得为其主要生活来源，或者犯罪已成习性，在较长时间内反复多次实施某种犯罪的犯罪类型。根据惯犯的主、客观特点的不同，理论上一般把惯犯分为两种，即常业惯犯和常习惯犯。常业惯犯指行为人以犯罪为常业，以犯罪所得为其主要的生活来源的犯罪类型。常习惯犯指犯罪已成习性，并在较长时间内反复多次实施某种犯罪的犯罪类型。1979 年《刑法》中共有 4 个条文规定了 6 种属于惯犯的具体犯罪，即以走私、投机倒把为常业的；惯窃、惯骗；以赌博为常业的；一贯制造、运输、贩运毒品的。这 6 种惯犯既有常业性惯犯，也有常习性惯犯。不过，1997 年修订后的《刑法》第303 条中只规定了赌博罪的常业性惯犯。惯犯的主要特征是：1. 现行行为已经构成犯罪。2. 行为人在相当长的一段时间内反复多次实施同种犯罪的行为。3. 主观上具有实施某种特定犯罪的倾向或者目的，并具有反复持续地实施同种犯罪的故意。换言之，惯犯的犯罪恶习已经很深，乃至形成了某种病态的职业心理习惯，且行为人形成的通常是犯某种特定犯罪的习性，而不是犯其他或者多种犯罪的习性。4. 刑事法律明文规定以一罪论处。这是将惯犯列入法定的一罪，与同种数罪、连续犯相区别的根本性条件和重要标志。

惯犯与重新犯罪的相同之处在于：第一，惯犯与重新犯罪在犯罪次数上都具有多发性、反复性；第二，重新犯罪如果具有犯罪习性，并以某同种犯罪为常业的，就是重新犯罪和惯犯的双重身份。但是，两者的成立条件又是有区别的。首先，重新犯罪必须是被判处刑罚的，而惯犯则不要求具有这种身份。其次，刑法分则中规定的任何一种故意犯罪，都可以成为重新犯罪。而惯犯则仅限于几种特定的故意犯罪，如盗窃、诈骗等罪。再次，重新犯罪与惯犯连着的犯罪间隔时间都没有严格要求。最后，重新犯罪既可以是同种罪的重新犯罪，也可以是不同种罪的重新犯罪。譬如，前罪是盗窃罪被判处刑罚，刑罚执行期间或执行完毕后，可以再一次犯盗窃罪，构成同罪的重新犯罪，也可以因犯其他罪构成不同罪的重新犯罪。重新犯罪的后罪既可以是一罪，也可以是数罪。而惯犯必须是同罪，即只能是反复实施同一种犯罪，如果是实施数种犯罪，那是数罪并罚问题，而不是惯犯。

（三）重新犯罪与重新违法。所谓违法，即违反法律，是指不履行法定的作为或不作为义务。从广义上说，违法指违犯了一切有效的法律，包括违反刑法即犯罪；从狭义上说，违法一般指违反刑法以外的其他法律的行为，不包括犯罪。违法只能是行为，不能是思想。这是法制社会违法概念与专制社会违法概念的根本区别所在。违法只能是主体的行为（包括积极的作为或消极的不作为）不为法律所允许，单纯的思想活动，凡未见诸外在行为的思想并不构成违法。因此，在立法执法和司法工作中，必须严格区分思想与行动的界限，防止出现以思想为惩戒对象的情况发生。违法依其性质和程度，可分为：刑事违法、行政违法和民事违法等。其中，在刑事违法中，依法应当受到刑罚处罚的，是犯罪。由此可见，违法行为和犯罪行为属于包含和被包含关系，违法行为不一定是犯罪行为，但是，犯罪行为一定属于违反法律的行为。违法的概念宽于犯罪的概念。相应的重新犯罪一定是重新违法，而重新违法则不一定是重新犯罪。重新犯罪必须是两次以上触犯刑事法律而且同时受到刑事处罚的；重新违法则可以前后两次有一次违反刑事法律或两次都未触犯刑事法律的行为，而只是违反其他法律。

总之，重新犯罪与累犯、惯犯、重新违法这三个概念既有相同点，又有区别。在认定重新犯罪概念时，绝不能混淆重新犯罪与这三个概念。只有这样，才能科学地、准确地认定重新犯罪，才能为决策部门提供真实、客观、准确的相关信息，为预防和控制重新犯罪提供依据。

六、相关概念之界定

与重新犯罪紧密相关的概念就是重新犯罪率。人们在日常谈话中，经常会谈起中国重新犯罪率，询问中国重新犯罪率究竟是多少？中国重新犯罪率是低还是高等问题。特别是在同国外的各种相关学术交流和官方访问交流过程中，也经常会提到中国重新犯罪率的情况。众所周知，多年来西方发达国家重新犯罪率少则20%、30%左右，多则高达50%、60%左右。关于中国重新犯罪率究竟是多少，众说纷纭，重新犯罪率高低不一。国务院新闻办公室于1992年8月发布的《中国改造罪犯的状况》白皮书公布，中国重新犯罪率是6%—8%。当然，这反映的是20世纪八九十年代中国重新犯罪率情况。此后至今，再也没有官方正式公布中国重新犯罪率是多少。

中外重新犯罪率悬殊如此之大，这是否就说明西方发达国家和中国在重新犯罪防控方面存在着巨大的差距呢？我们认为不尽然。因为西方发达国家与中国在重新犯罪概念的内涵和外延的界定方面存在较大差异，自然重新犯罪率的统计标准和含义也就有所不同了。重新犯罪由"重新"和"犯罪"两词组成，我国同西方发达国家在关于"犯罪"在法律规定上就存在着较大的差别。我国刑法对犯罪有定量规定，某种行为如果在数量上没有达到一定量的标准就不能构成犯罪。譬如，在国外一些国家和地区偷窃一美元常常构成了犯罪，但在我国就构不成犯罪。还有，我国治安管理处罚条例和其他法规中所规定的许多违法行为，在国外一些国家和地区就构成犯罪，而在我国属于违法的行为，不构成犯罪。由此可见，国外犯罪的外延较中国相对要宽泛一些。同理，仅仅从犯罪的外延的角度来说，有充足理由认为国外一些国家和地区的重新犯罪的范围比我国要宽。例如，同样都是从刑满释放的盗窃犯，同样是再偷窃了一美元，如果在国外一些国家和地区，则属于重新犯罪，而在我国由于只偷窃了一美元还够不上犯罪标准，当然也就不属于重新犯罪。这一点就是国外重新犯罪率比我国要高得多的一部分原因。

除此之外，在国外的许多重新犯罪研究当中，重新犯罪率是个类概念，重新犯罪率之下还有四个具体概念：重新被捕率、重新被定罪率、重新被量刑率、重新被监禁率。在这四个概念之中，基本上遵循着"漏斗效应"，即从重新被逮捕率到重新被定罪率、重新被量刑率，再到重新被监禁率，在数量的变化好像一个漏斗的形状，逐渐在减少。我国国务院新闻办公室于 1992 年 8 月发布的《中国改造罪犯的状况》白皮书公布中国重新犯罪率是 6%—8%，这里所说的 6%—8%重新犯罪率，大体上相当西方发达国家所讲的重新监禁率。白皮书所讲的重新犯罪率的含义是：某一年度原犯罪被判处刑罚，刑罚执行完毕或赦免以后三年内（反革命罪不受时间限制）再次犯了被判处刑罚之罪的人数与同一年度刑罚执行完毕和赦免人员总数的比例。通常按百分比计算，其计算公式为：

$$重新犯罪率=\frac{某一年度刑罚执行完毕和赦免以后三年内重新犯罪的人数}{同一年度刑罚执行完毕和赦免人员总数}\times100\%$$

当然，这是一个比较狭义的重新犯罪及重新犯罪率的统计公式。在实际的调查中，特别是司法行政部门并不是调查全部受刑罚人在其刑罚执行完毕和赦免之后的重新犯罪率，而仅仅重点调查了被判处有期徒刑、无期徒刑和死缓的罪犯在其刑释或赦免之后的重新犯罪率。例如，从 1986 年起，我国司法部，由原司法部预防犯罪与劳动改造研究所、原司法部劳改局和原司法部劳教局联合通过对 1982—1986 年刑满释放人员进行连续五年抽样调查，调查结果是刑释人员三年内，平均重新犯罪率是 5.19%。也就是说，这个 5.19%重新犯罪率就是被判处有期徒刑、无期徒刑和死缓的罪犯在其刑释或赦免之后三年内的重新犯罪率。这样调查的重新犯罪率显然缩小了重新犯罪概念的内涵，不能全面反映重新犯罪的概况。

依据我们给重新犯罪概念的定义：重新犯罪是指触犯刑事法律并受到刑罚处罚的人员在其刑罚执行期间或者刑满释放回归社会、解除社区矫正及特赦后，又重新故意实施犯罪活动，依法应当追究其刑事责任并受到刑罚处罚的行为。重新犯罪率的含义应是：某一年度原犯罪被判处刑罚，刑满释放回或解除社区矫正后，在一定期限内再次犯了被判处刑罚之罪的人数与同一年度刑满释放或解除社区矫正人员总数的比例。其计算公式为：

$$重新犯罪率=\frac{某一年度刑满释放、解除社区矫正及特赦后在一定期限内重新犯罪的人数}{同一年度刑满释放、解除社区矫正及特赦人员总数}\times100\%$$

在运用上述计算重新犯罪率公式时，必须明确以下几点：

首先，对"一定期限"的理解，取消重新犯罪率计算的具体统计期限，而灵活代之为"一定期限"，这样不仅可以根据工作和研究的需要，按年限的不同具体称为某年内重新犯罪，一定程度上更能更好地满足实际工作和研究的需要，而且让人们对此理解更加容易、更加明白。例如，某一年度刑满释放的人员，一年内重新犯罪率是多少、三年内重新犯罪率是多少、五年内重新犯率是多少，让人们一看就能明白。另外，具体统计期限也不用随着法律条文规定的不断变化而修改变动。譬如说，1997年刑法已经将累犯的期限从3年修改为5年，因此，有学者认为再沿用1985年司法部制定的重新犯罪3年期限标准显然是不合适的。那么，是不是也要将重新犯罪的期限修改为5年，仍存在一定的争议。

其次，单独接受附加刑处罚的（包括罚金，没收财产和剥夺政治权利罪犯），在接受处罚期间再犯罪，社区矫正对象（包括被判处管制、宣告缓刑、裁定假释和被暂予监外执行的罪犯）在服刑期间再犯罪，监禁服刑人员（被判处拘役的罪犯、被判有期徒刑剩余刑期在三个月以下的，由看守所代为执行的罪犯及在监狱服刑的罪犯）在服刑期间脱逃或再犯罪的都属于重新犯罪。

最后，计算刑满释放或解除社区矫正人员总数时，必须是经过全员调查核实的人数。如某监狱或者是某社区矫正中心 2013 年刑满释放或解除社区矫正人员 1000 人，在调查时查实 900 人，有 100 人查无下落。那么，计算重新犯罪率时，分母只能用 900 这个数据，而不能用 1000 这个数据。

在研究重新犯罪过程中，我们经常接触到重新犯罪的比重这个概念。有人认为重新犯罪比重是指在一定时期内，新收押罪犯中判刑二次以上的重新犯罪人数与新收押罪犯总数的比值。例如，1996 年，司法部预防犯罪研究所与监狱管理局依据司法部办公厅 1996 年 10 月 15 日下发的《关于在"严打"期间新收押罪犯中开展重新犯罪调查研究的通知》的司办〔1996〕64 号文，组织对全国部分省市监狱在新收押罪犯中开展了重新犯罪调查研究，这项调查研究要求各地先选取调查点，并要求每个调查点对"严打"期间从 1996 年 5 月 1 日至 12 月 31 日新收押的罪犯进行全员调查。调查结果，"严打"期间抽样调查的重新犯罪比重高达 13.27%。[1] 这次调查的就是重新犯罪的比重，即这次"严打"期间所抽取样本点内，新收押罪犯中判刑两次及两次以上的重新犯罪人数与新收押罪犯总数的比值。

也有认为重新犯罪比重是指在一定时期内，在押罪犯中判刑二次以上的重新犯罪人数与在收押罪犯总数的比值。例如，司法部监狱管理局的统计资料所显示：1984 年全国监狱的在押犯中，有 77765 人判处两次以上刑罚的，重新犯罪的比重为 6.34%；1985 年 79680 人判处两次以上刑罚的，重新犯罪比重为 6.78%……1996 年重新犯罪人数增至 157373 人，比重为 6.78%。[2] 从以上两种定义来看，显然重新犯罪比重不等同于重新犯罪率，这两者之间是

---

① 李均仁、朱洪德等：《在社会主义市场经济条件下预防重新犯罪方略》，中国农业出版社 1998 年版，第 18—23 页。

② 李均仁、朱洪德等：《在社会主义市场经济条件下预防重新犯罪方略》，中国农业出版社 1998 年版，第 23 页。

既有区别又有联系。这两个概念都是对我国重新犯罪状况描述的重要的指标，从不同侧面反映出我国重新犯罪的一些基本状况。重新犯罪比重在统计时比较容易，能够从微观或宏观角度直观反映出某押犯单位或一个国家在某时间段内，重新犯罪者在所有押犯中的比例和结构。重新犯罪率在统计起来比较复杂，人力、物力投入较多，它在一定程度上可以反映出我国社会治安和罪犯改造质量状况。二者都可以为国家刑事政策的制定或调整提供参考。我们也可以从重新犯罪比重的变化，据此计算相对应的重新犯罪率。例如，在1996 年全国在押罪犯中判刑 2 次以上的比重已达 11.1%，比 1990 年的 8.55% 上升 2.55 个百分点，1990 年至 1996 年全国在押罪犯中判刑 2 次以上人员的年平均递增率为 5.66%，据此增速计算相对应的重新犯罪率在 1996 年已突破 6%—8%的水平，达到 10%以上。①

以上两种重新犯罪比重概念的定义，关于重新犯罪的主体仅确定为监狱服刑人员，这明显不够全面。笔者认为重新犯罪比重应为：在一定时期内，被判刑两次及以上重新犯罪的人数与正在接受处罚和服刑人员的总数的比值。其中被判刑两次及以上重新犯罪的人数包括在监狱、看守所（拘役所）和社区服刑的重新犯罪的人数以及接受罚金、没收财产处罚的重新犯罪人数。

重新犯罪暗数又称重新犯罪黑数，也有称为重新犯罪未知数、重新犯罪隐数，通常是指实际发生的重新犯罪数与统计上的重新犯罪数之间的差数，就是重新犯罪暗数。换句话说重新犯罪暗数就是实际上发生的重新犯罪数与公开的重新犯罪统计上记录的重新犯罪数之间的差数。因为它是官方未发现或未掌握的重新犯罪的数字，与官方已掌握的重新犯罪数字（明数）相对称。

19 世纪法国著名社会学家迪尔凯姆提出的犯罪是任何社会都不可避免的常态现象的观点，越来越被我国犯罪学家们所接受。同理，重新犯罪是社会犯罪的一个类型或者说是其一个部分，也是任何社会都不可避免的常态现象。

---

① 李均仁、朱洪德等：《在社会主义市场经济条件下预防重新犯罪方略》，中国农业出版社 1998 年版，第 2 页。

防控机制，包括"防控"和"机制"两个词。"防控"就是预防和控制，前者是对重新犯罪的积极避免和主动出击，后者是对重新犯罪的被动防守和事后处置。重新犯罪预防着眼于犯罪原因的消除，主要目的在于使重新犯罪无从发生；重新犯罪控制着眼于对犯罪场和改造场所的控制。主要目的和作用在于消除犯罪目标，剥夺再犯罪能力，减少再犯罪机会，把重新犯罪控制在正常范围内。优先预防，不济则进行控制，二者紧密配合，互为补充。控制就是操纵、驾驭和遏制的意思，使事物处于自己的占有、管理或影响之下。重新犯罪防控机制就是通过预防和控制使重新犯罪不超出一定范围或使犯罪处于自己的影响之下，即将重新犯罪状况限制在正常度以内的事物内部各部分的机理或相互关系。

重新犯罪防控机制的含义是：重新犯罪是犯罪的一种特殊形式，以承认其不可避免为其展开研究的逻辑起点。即"犯罪控制以犯罪无法消灭为前提，也是一种不得已的理性选择"[1]。它是基于犯罪条件的揭示，由国家与社会采取各种措施与方法，致力减少、限制犯罪发生的致罪因素，对于个体犯罪现象以及社会犯罪现象予以限控的一系列活动。重新犯罪具有规律性，预防有可行性。

---

[1]　储槐植：《任重道远：犯罪学基础理论研究》，载肖剑鸣、皮艺军主编《罪之鉴》（上），群众出版社 2000 年，第 11 页。

第二章　研究述评

第一节　国外重新犯罪问题研究综述

关于犯罪行为为什么会产生以及人们为何要犯罪，为何要重新犯罪，不同学派有不同的回答。

古典犯罪学派坚持"自由意志论"和功利主义论。主要代表人物有贝卡利亚、边沁等。贝卡利亚对此曾做了言简意赅地概括："刑罚的目的仅仅在于：阻止罪犯再重新侵害公民，并规诫其他人不要重蹈覆辙。"[①] 该学派认为上帝赋予了每个人自由选择善恶的权利，每个人都有意识、有意志的选择。犯罪行为也如此，他完全受人的自由意志的选择和支配，与外在的物质或精神无关。边沁认为人类的一切行为都是理性选择的结果，人类一切行为都是追求快乐和避免痛苦的结果，犯罪行为也是这样产生的，"获得快乐的期望或免受痛苦的期望构成动机或诱惑，获得快乐或避免痛苦就构成犯罪的利益"[②]。贝卡利亚认为："对大量无关紧要的行为加以禁止，防止不了可能由此产生的犯罪。相反，是在制造新的犯罪，是在随意解释那些被随意宣传为永恒不变

---

① ［意］贝卡利亚著：《论犯罪与刑罚》，黄风译，中国法制出版社第 2002 年，第 58 页。

② Jeremy Bentham：An introduction to the Principles of Morals and Legislation London：New edition，1823，p. 41.

的美德和邪恶。"① 古典学派认为预防犯罪的主要手段是刑罚预防，通过实施刑罚来达到一般预防的效果，为达到一般预防的效果，刑罚应为当时公开的、确定和及时的。贝卡利亚在《论犯罪与刑罚》的第四十一章《如何预防犯罪》中指出："预防犯罪比惩罚犯罪更高明，这乃是一切优秀立法的主要目的。"边沁以动态的眼光，较为系统、细致地提出了犯罪的预防对策，设计了庞大的预防犯罪计划。他将预防和矫正犯罪统称为补救方法。补救方法可分为四种类型：预防方法、遏制方法、补偿方法、刑罚方法。② 其中刑罚方法有两种，即消除再犯意图和消除行为能力。前者称作改造，后者称作剥夺能力。边沁认为，刑罚方法有利于防止类似的重新犯罪。

古典犯罪学派的"自由意志论"与哲学上的因果论存在着矛盾，用单一的因素解释纷繁复杂的犯罪原因，显然有失偏颇，不够科学，例如它不能解释过失和其他犯罪产生的原因。

实证犯罪学派研究的重点在犯罪行为的"因果关系论"。龙勃罗梭创立了"天生犯罪人"的理论；菲利强调多种因素的作用和结合是犯罪产生的根源所在，诸如生物因素、自然因素和社会因素等；李斯特则认为个人因素和社会因素都是产生犯罪的原因，但是进一步强调社会因素在犯罪形成的过程中起到决定作用。在预防犯罪方面，实证犯罪学派主张对犯罪人进行分类，对不同的犯罪人适用不同的处罚，以便预防重新犯罪；强调特别预防论，其目的在于对犯罪人改造，使其人身危险性逐渐消失，从而不再危害社会；认识到刑罚作用的有限性，主张刑罚的替代性措施；主张消除社会环境中的不良因素才是预防犯罪的根本，李斯特认为最好的社会政策就是最好的刑事政策。

人的心理和行为产生一定影响，但人不仅具有"自然属性的人"，更体现出"社会属性的人"，人的思想意识和心理行为塑造更主要是由后天社会环境

---

① ［意］贝卡利亚著：《论犯罪与刑罚》，黄风译，中国大百科全出版社 1996 年，第 104 页。

② ［英］边沁著：《立法理论——刑法典原理》，孙力等译，中国人民公安大学出版社 2003 年版，第 26—61、94—184 页。

中各种因素对人的综合影响。仅仅从生物学角度不可能从根本上科学揭示犯罪的成因。"天生罪犯人"学说将生理异常作为认识和判断犯罪人的依据，显然这样的理由是不合理的，当然，在实践中也是十分有害的。菲利的"三因素说"虽然比较全面地总结了犯罪的原因，但没有解释三因素在犯罪形成过程中各自所起的作用及三者之间的关系。

国际社会从 20 世纪 50 年代末开始对重新犯罪进行大规模调查研究，到 60 年代中期重新犯罪问题引起了国际社会的普遍关注，理性选择理论无疑是 20 世纪后半叶研究犯罪原因的一个重大进展。理性选择论假设：犯罪人是正常的、理智的，并有分析、权衡、判断能力的人，他们和常人一样，常常使用"益损"的经济杠杆来决定自己的行为方式。理性选择论认为：犯罪是有目的、有利益的蓄谋、设计行为，犯罪前存在着对犯罪对象、犯罪种类、作案方式的"理性选择"，犯罪人总是在权衡由犯罪所带来的利益与犯罪失败所造成的损失之后，再选择是否犯罪，以及犯罪的方法、对象等。一次次的成功或失败使犯罪人会逐渐在自己心目中形成自己评估犯罪收益或损失的标准，这些评估的结果往往是今后他们行为的指南性因素。该理论有两个基本的思想内核：第一，犯罪不是任意实施的行为，犯罪行为的可能性来自犯罪动机，而对犯罪机会的分析与评估决定着是否形成犯罪动机。第二，有了犯罪动机也并不意味着可以任意实施犯罪，对犯罪后果的益损分析与评估决定着是否实施和如何实施犯罪。这些思想对其他犯罪学学说和理论有重要的影响，所以该理论认同"性恶说"，主张矫治的刚性与司法的强硬来预防重新犯罪。

理性选择论的缺陷在于，理性选择的过程并不能涵盖所有的犯罪行为。因精神疾病、人格障碍等非正常因素导致的犯罪，以及偶然因素激发的失控型犯罪等，无法用该理论解释。

标签理论的代表性学者有美国的弗兰克、坦南鲍姆、埃德温·雷蒙特和霍华德·贝克尔。1963 年，贝克尔的《局外人：对越轨行为的社会学研究》较为系统地论述了标签学说。该学说的基本观点是："犯罪人标签"对犯罪的生成具有一定的作用。如果一个人被政法机构和社会贴上违法犯罪的标签后，就会被排斥于主流社会之外，选择机会变少，极易发生再次犯罪，最终沦为职业犯罪人。标签说的理论前提是犯罪源于社会问题，各种社会力量的互动引发了犯罪，促使形成了职业犯罪人，最终酿成社会性的犯罪问题。标签学说显然与传统的社会学、心理学观点有密切关系，可以说前者是后者的理论延续和升华。标签学说的启示告诉我们：反省犯罪的社会控制等因素对重新认识犯罪、犯罪人及犯罪原因有积极的重要意义。其提倡的非犯罪化、非监禁化、政策转向和强调正当程序等司法实践主张对 20 世纪 70 年代后的欧美国家的刑事立法、执法等产生了一定影响。

"标签理论"非常适合于解释"重新犯罪"问题，一个人由于"初次越轨"而被关入监狱，他就成为名副其实的"罪犯"，当他走出监狱大门之后，社会偏见并没有给他取消这种称谓，依然把他看成"罪犯"，当一个人被贴上"罪犯"的标签时，他就接受了"罪犯"这个身份，然后按照"罪犯"这个身份的要求去行动。也就是说，这个人的"次级越轨"或者"重新犯罪"正是与人们给他贴上了"罪犯"的标签有很大关系。该学说开拓了重新犯罪研究的视野，批判的矛头更多指向社会乃至司法等，使犯罪学研究提升到一个新的水平。但是该学说对概念定义相对简单，相对而言，标签作用的理解存在不够深刻、不够全面之嫌等，其理论体系还不够系统完整。

默顿的失范理论的基本观点认为，不同阶层和地位的人在获取财富的合法手段方面是不同的。相比较而言，在经济和教育方面处于劣势的群体用合法的手段很难获取金钱和其他方面的成功。尽管成功目标会获得整个社会的一致认可，但是要达到这种成功目标所用的合法手段却因阶层和地位的不同而有所不同。因此，在社会底层的人们，一旦不能通过正当的途径实现社会承认的成功目标时，便会产生挫折感、愤怒等紧张情绪。当这种紧张情绪在那些缺乏合法机会的人中造成一种失范状态时，他们就有可能用犯罪或重新犯罪的手段去实现成功目标。犯罪和重新犯罪是用非法手段去实现合法目标的结果。①

默顿的失范理论所使用的概念和理论缺乏经验性基础。美国社会更准确的特征是价值多样性和价值多元化，不同的地区或亚文化群体有不同的价值体系，这些相互有别的价值体系构成了美国社会的价值观念，并不存在一些像默顿假定的、全社会统一的核心价值观念。

另外，默顿的理论没有回答与犯罪与重新犯罪的产生有关的一些重要问题。例如，默顿没有解释为什么人们在选择行为时有差别？为什么有的人变成了行凶抢劫者，有人重新犯罪，而其他人则成了遵守法律的公民？默顿同样没有解释同处在失范区域的人们之间的行为差异：为什么同样处在失范区域的人，有些变成了犯罪人或重新犯罪，而有些变成了遵从者、造反者或创新者？

塞林在其著作《文化冲突与犯罪》中，论述了文化冲突理论。这一理论的基本观点认为，刑法是主流文化行为规范的表现，犯罪则是与主流文化相冲突的下层阶级和少数民族群体文化的产物；由于下层阶级和少数民族群体文化与主流文化相冲突，所以，遵从下层阶级和少数民族群体的文化，就必然会产生违反刑法的犯罪行为。②

塞林的文化冲突理论缺陷在于不能提供检验其能验证理论假设的方法，使后来的研究者难以验证其理论假设的科学性。认为塞林所使用的一些概念含义是模糊的，例如行为规范。

保安处分理论是在 18 世纪末由德国刑法学家库莱茵首先提出。从保安处分理论和法律制度产生的过程而言，它是在累犯和重新犯罪大量增加的背景下提出的，一方面说明当时刑罚制度和行刑政策失败，另一方面说明报应刑主义和自由主义主导的刑罚制度已经不能适应时代发展的需要。在这种背景

---

① 朱孜：《承实证主义之雄风，启科际整合之大势——对迪尔凯姆、默顿、赫希犯罪学研究之解读》，《铁道警官高等专科学校学报》2011 年第 5 期。

② 邹广文：《论改革开放中的文化价值冲突》，《求是学刊》2001 年第 3 期。

下，教育刑主义和目的刑主义迅速发展，并与报应刑主义和自由主义之间进行理论竞争。最终结果是报应刑主义和自由主义惨遭败仗，教育刑主义占领了一部分刑罚阵地，由此一种新的刑罚制度及保安处分理论应运而生。其顺应了时代的发展，在客观上弥补了报应刑主义思想和刑罚制度的不足，对预防重新犯罪及防卫社会具有一定的贡献。它的根本宗旨是防卫社会及预防重新犯罪。这项法律制度对控制重新犯罪具有极其重要的意义。

保安处分主要内容有以下两个方面：一方面从避免重新犯罪的角度出发来确定自己的适用对象。从处分对象来看，大部分都是又重新犯罪危险的人。另一方面，以预防重新犯罪的目标为出发点，来确定自己的实施办法。总体来讲，保安处分方法对人的处分主要通过剥夺和限制自由来实现的。此外，对性犯罪，少数国家还规定，在自愿的情况下，用去势和断种的特殊处理方法。这些方法主要强调对罪犯的教育、善导、改造和保护而不是惩罚。主要通过阻断犯罪分子或某些社会危险分子再危害社会的条件为出发根本，使其洗心革面重新做人，顺利回归社会。

更生保护制度，所谓更生保护就是针对出狱犯人或曾受某种刑事司法处分的犯罪人以及其他有不良行为的人，在社会上给予保护和辅导，使其彻底改变不良性格、习性和心理，帮助其克服生活上的困难，使其自力更生顺利适应社会，不致重新犯罪的一种制度。它本质上是一种社会福利措施，源于对出狱人的保护事业。1776 年美国的理查德·威斯特发起成立人类第一个更生保护组织——费城出狱人保护会，扶助出狱人的生活和就业，使他们重新适应社会生活，过正常人的生活，避免重新犯罪。

"二战"后，各国动荡不安，监狱人满为患，行刑实践又证明，受刑人出狱时是最容易重新犯罪的危险期，唯有实行更生保护才能摆脱上述困境。刑罚经济主义理论的出现，要求摒弃报应刑主义而应以最小支出获取最大社会效益。再加上教育刑主义认为刑罚不是惩罚赎罪，而是一种教育，狱外的更生保护无疑是教育刑理论的具体体现。后来世界多国，如英国、法国、德国、日本等纷纷效仿，不少国家还专门制定了出狱人保护法或更生人保护法。

更生保护把有可能重新犯罪的人作为保护的对象，大体包括刑满释放、赦免、假释、保释者，以及保护观察的少年等。更生保护从有利于控制重新犯罪确定自己的工作方法。更生保护的方法是根据其保护的对象和目的来确定的综合各国更生保护立法规定的保护方法，主要保护内容有：对需要保护者提供食宿、医疗保健生活辅导等。更生保护的基本精神就是实行人类最高伦理道德，即人类互助互爱、互助同情的精神。

保安处分理论和更生保护制度都以预防重新犯罪和防卫社会为目的。对犯罪人和刑满释放人员处遇的关键是权利义务的合理配置。既要防止对犯罪人和刑满释放人员合理需要的限制，又要防止因这些人需要满足的不受节制的扩大而造成对他人、社会、国家的利益损害。[①] 要充分考虑到这种群体实现权利的弱势地位和其又具有的人身危险性的二重性特点，即"我们能够赞同某些欲望、需要驱动下的行为是权利，而不能赞同另外一些欲望、需要驱动下的行为是权利"[②]。

犯罪生涯理论对于重新犯罪发生的机制有较强的解释力。国外对犯罪生涯理论研究比较关注，犯罪人曾经的行为、经验或者说经历对现在行为选择的影响被当作一项重要的研究内容。与犯罪前科相关的犯罪生涯理论成果主要涉及四个命题：越是曾有过违法犯罪前科的人，越是容易延续过去的行为；违法犯罪生涯越久的人，越容易犯罪或者再犯罪；违法犯罪年龄越早，犯罪违法次数越多，犯罪持久性将越长；犯罪可能性的大小、施害程度的高低，与违法犯罪次数的多少，成正比关系。

犯罪生涯理论对于重新犯罪发生的机制有一定的解释力，但是抛开具体的个人和社会环境因素，放弃刑罚及矫正等因素，空谈犯罪人的再犯罪难免

---

① 王志强：《论刑满释放人员社会处遇的法律调整机制——预防重新犯罪法治化的再分析》，《中国人民公安大学学报》（社会科学版）2006 年第 6 期。

② 张恒山：《法理论要》，北京大学出版社 2002 年版，第 401—402 页。

有失偏颇，不够全面。

犯罪控制理论社会控制和自我控制是控制犯罪的主要因素，当社会处于社会控制松弛和自我控制弱化状态时，就容易产生犯罪。其基本观点是"控制的松弛与弱化生成犯罪"，"控制犯罪"是解决犯罪问题的关键。[①] 社会控制理论的代表学者当属托维斯·赫希，他认为，人与社会之间依赖社会链建立人的社会联系，社会链薄弱或断裂时，人就会失去社会控制，就有可能做出越轨或犯罪行为。反之，社会链的加固可以有效抑制任意作为的冲动和欲望，将人的行为约束在社会规范允许的范围内。自我控制理论集中表现在米切尔·R. 戈特弗雷德森和赫希于 1990 年合作出版的《关于犯罪的一般理论》一书。他们在肯定社会控制作用的同时，进一步深入研究了自我控制的弱化对犯罪的影响，认为如果在机会适当，加之自我控制弱化时，犯罪就会容易发生。假如社会控制的缺失是导致青少年犯罪的外部因素，那么自我控制的弱化则是更为关键的犯罪人的内在因素。他们还提出，犯罪是人的犯罪性的显现。有犯罪性的人，如果有机会，就会实施犯罪；没有犯罪性的人，即使有机会，也不实施犯罪。

犯罪控制理论忽视了在经济和政治上有权势者的犯罪行为，这些人尽管与传统社会有牢固的联系，但是仍然进行犯罪行为或重新犯罪；没有解释社会联系是如何形成的，社会联系为什么削弱，社会联系的成分之间的关系，哪一种成分受到削弱会导致犯罪，社会联系一旦受到削弱后是否还会得到恢复与加强等问题。

犯罪预防二元模式理论是由荷兰司法部的捷帕·迫·沃德及同事 1991 年提出，他们从动态和立体的视角来认识犯罪和犯罪预防，全面考虑犯罪人、被害人、社会环境及司法制度、执法活动及其在不同时空条件下的相互作用的关系，从犯罪和被害产生、发展的过程和犯罪发生的环境角度来构筑预防

---

① 王发曾：《我国城市犯罪空间防控研究二十年》，《人文地理》2010 年第 4 期。

犯罪的理论框架，建立了犯罪预防的二元模式。其理论基础是公共卫生模式和行为发生机制。具体目标包括三个方面：从预防犯罪人犯罪的角度，减少犯罪人犯罪倾向；从减少和消除易导致犯罪发生的环境角度，加大犯罪人犯罪风险；从被害人角度，避免被害人被害。该模式把三个目标从发展的角度划分为三个阶段，对不同阶段采取不同的预防措施。

该理论更多地注重犯罪的情景预防，忽视了社会预防，不能从根本上起到预防犯罪的作用，结果只能是治标不治本。

综上所述，对待重新犯罪预防及控制的态度要有所转变，应将刑罚的作用发展为社会防卫的需要并以预防犯罪为限，刑罚并非对付重新犯罪的唯一手段，注重预防、超越刑法、科学精神、批判精神、公共选择及兼容并蓄。在刑事立法、司法及行刑的各环节应充分考虑犯罪人的人身危险性，吸收主体间性理论的合理内核。相信科学，把一些世界先进的科技成果应用到重新犯罪预防与控制中。

第二节　国内重新犯罪问题研究综述

在中国知网中国期刊全文数据库使用篇名搜索"重新犯罪"，时间跨度从1979年至2013年，共查询到论文163篇；同样方法以"累犯"为篇名，时间跨度从1980年至2013年，共查询到论文301篇。在中国知网硕博学位论文数据库使用"题名"进行查询，时间和论文级别不限，共查询到硕士论文11篇，博士学位论文0篇；在中国知网会议数据库使用"篇名"进行查询，时间和会议级别不限，共搜索到8篇会议论文。新中国成立后，以研究重新犯罪为名的专著共有四部：《中国重新犯罪研究》，李均仁主编，1992年9月法律出版社出版；《重新犯罪控制研究》，李学斌主编，1999年12月河北人民出版社出版；《国际视域下的重新犯罪防治政策》，翟中东著，2010年1月北京大学出版社出版；《重新犯罪实证研究》，丛梅著，2011年9月天津社会科学院出版社出版。

　　从不同视角对重新犯罪问题来进行梳理，可以从更广阔的视域了解这一问题的研究进展。从重新犯罪主体的角度，如以未成年人或女性为重新犯罪主体的研究主要有：王志强《未成年人的重新犯罪问题分析》（载《青年研究》2004年第11期），丛梅《未成年人重新犯罪实证研究》（载《河南警察学院学报》2011年第5期），谷世清等《对刑释女性重新犯罪的调查与思考——以河南省郑州女子监狱为例》（载《决策探索》2011年第7期）等。从刑事政策角度进行研究的论文主要有：颜九红《论中国累犯刑事政策的重构》（载《北京航空航天大学学报》（社会科学版）2007年第1期）等。从和谐社会建设角度进行研究的论文主要有：郑祥《防治重新犯罪与构建和谐社会——重新犯罪现状与对策的实证研究》（载《吉林公安高等专科学校学报》2007年第6期），白正春等《论和谐社会视野下重新犯罪问题及对策》（载《南方论刊》2010年第12期）等。从社区矫正和监狱改造角度进行研究的论文主要有：华哲《社区矫正中重新犯罪的风险与控制刍议》（载《理论月刊》2011年第8期），陈文峰《降低社区矫正对象重新犯罪风险之策略——基于社区矫正风险评估的角度》（载《河南司法警官职业学院学报》2011年第4期），狄小华《论行刑社会化——兼谈我国的重新犯罪预防》［载《南京大学学报》（哲学人文科学社会科学版）2003年第4期］，力康泰、韩玉胜、袁登明《刑满释放人员重新犯罪的原因及预防对策思考——兼论监狱的行刑改革》（《法学家》2000年第3期）等。从社会综合治理的角度进行研究的论文主要有：江伟人《社会转型期重新犯罪的综合治理》（载《社会》2004年第8期），靳东祥《"两放"人员重新犯罪与综合治理》（《城市研究》1994年第4期）等。从行为心理学和犯罪心理学进行研究的论文主要有：殷尧《重新犯罪的心理归因分析及其心理预防》（载《中州大学学报》2004年第3期），吴宗宪《累犯行为的心理分析》（载《青少年犯罪问题》1998年第3期），吴江南《犯罪人格视野下累犯从重处罚根据及预防》（载《贵州警官职业学院学报》2007年第4期）等。从刑事法学的角度进行研究的论文主要有：胡印富《人格刑法视野下的累犯制度——兼论〈刑法修正案八〉》（载《延边党校学报》2011 年第 6 期）等。关于国内文献研究大体可以从以下三个方面来概之。

一、重新犯罪状况及趋势研究

原司法部预防犯罪与劳动改造研究所（现司法部预防犯罪研究所）与原司法部劳改局（现监狱局）联合从 1986—1990 年连续五年对全国 27 个省（市、区）1982—1986 年刑满释放人员三年内重新犯罪情况进行抽样调查结果显示，刑满释放成年人平均重新犯罪率是 5.19%，刑满释放未成年人平均重新犯罪率 14.10%。[①] 1986 年之后，刑满释放人员重新犯罪是上升趋势，这种上升的趋势比社会刑事案件上升趋势一般表现为之后一年，有的地区更晚一些。

我国重新犯罪率上升始于 20 世纪 80 年代后期。1992 年我国《罪犯改造白皮书》曾向世界公布，我国的"重新犯罪率长期控制在 8% 以下"，但在 1988 年全国年平均重新犯罪率开始突破 8% 的控制线，达到了 8.32%，1989 年为 8.35%。[②]

进入 20 世纪 90 年代以来，波浪形曲线上升期是全国重新犯罪率的趋势。据相关统计，全国 1990 年在押犯为 125.1 万人，被判刑两次以上的有 106951 人，比重高达 8.55%；而到了 1996 年底，全国在押犯为 141.7 万人，判刑两次以上的达到 157373 人，比重达到 11.1%。从 1990 年至 1996 年七年间，重新犯罪的比重增加了 2.64 个百分点，同时，绝对数也增加了 50422 人。然而，到 2006 年底全国在押重新犯罪人员为 23 万余人，重新犯罪率则达到了 14.8%。[③]

---

① 李均仁：《中国重新犯罪研究》，法律出版社 1992 年版，第 37 页。
② 翟中东：《国际视阈下的重新犯罪防治政策》，北京大学出版社 2010 年版，第 502 页。
③ 丛梅：《我国重新犯罪现状与发展趋势研究》，《社会工作》（学术版）2011 年第 12 期。

"今后我国重新犯罪率将继续呈现波动上升趋势"①。

"当累犯、惯犯的比重达到足以在很大程度上决定社会犯罪的数量和危险程度的时候,当累犯、惯犯的年龄结构达到成年人为主的时候,就将预示着重新犯罪现象固定化的趋势。"②

中国社会的犯罪可能会出现两个新趋势:其一,由于具有犯罪前科的人犯罪次数多而导致的犯罪总数的进一步增加;其二,随着具有犯罪前科的人数增加,重新犯罪发生的可能性也会增大,大案要案发案率将有可能呈现持续上升趋势。

二、重新犯罪原因的研究

世界上一切事物和现象的发生、发展和变化,都是由一定的原因引起的,受原因的制约。重新犯罪也一样,其发生也必然是建立在一定原因基础之上的。

我国学界将重新犯罪原因大体分为概括单因论、二元因素说和多因素说。前者认为是监狱问题、自身问题造成重新犯罪③(康泰、韩玉胜、袁登明,2000),认为重新犯罪主要是某一种原因引起。二元因素说认为"诱发因素和社会控制因素构成重新犯罪的主要成因。诱发因素包括个体因素和社会外部因素诱发因素是重新犯罪的根本原因。社会控制因素包括监狱对罪犯的改造质量、社会安置帮教工作质量和社会监控等要素,其中前两者是抑制重新犯罪的关键要素"④(缪伟君,2012)。从犯罪学的视角来看,重新犯罪的产生可分为个体原因和社会原因(马永清,2008)。⑤"多因素说"认为不良的社会环境、群体感染、安置机制和不良的改造环境等是导致重新犯罪的原因。⑥

---

① 丛梅:《重新犯罪实证研究》,社会科学院出版社 2011 年版,第 18 页。
② 李均仁:《中国重新犯罪研究》,法律出版社 1992 年版,第 9 页。
③ 力康泰、韩玉胜、袁登明:《刑满释放人员重新犯罪的原因及预防对策思考——兼论监狱的行刑改革》,《法学家》2000 年第 3 期。
④ 缪伟君:《重新犯罪成因实证调查研究》,《宁夏大学学报》(人文社会科学版)2012 年第 3 期。
⑤ 马永清:《和谐社会构建中的重新犯罪原因与预防机制》,《河南社会科学》2008 年第 7 期。
⑥ 王新兰:《重新犯罪的原因分析及对策研究》,《湖南科技学院学报》2010 年第 10 期。

（王新兰，2010）。"当我们把目光聚焦于重新犯罪原因的时候，就不再仅仅局限于个体因素、家庭因素、社区环境等常规角度，而会发现众多致罪因素与体制本身的缺陷相关，体制有可能制造犯罪。"[1] 因为范式不同，政策不同，翟中东对国内外，主要是国外的重新犯罪防治政策的范式进行了归纳，并系统介绍了国际社会降低重新犯罪方面的（翟中东，2010）。[2]

三、对重新犯罪预防和控制的研究

研究重新犯罪形成及发展的内在原因，是以研究重新犯罪发生规律为出发点，把重新犯罪控制和预防机制的设定作为落脚点。国内预防和控制重新犯罪理论主要体现在两个方面：完善法律制度建设角度和加强创新社会管理的角度。

首先，从完善法律制度建设角度预防重新犯罪。有人提出为预防重新犯罪问题应制定《预防重新犯罪法》，调整各种社会关系[3]（王志强，2002）。还有人从社会保障的角度，侧重论证对刑满释放人员权利的法律保护。如有观点认为："刑满释放人员回归社会后，一般都恢复了正常的公民身份，其在社会生活中的地位及待遇应该与普通公民完全一样"[4]（谢振江、王威宇，2003）。另有学者提出应根据刑满释放人员的特殊性来制定相应的保护性法律，"我国至今没有制定一部专门、系统的规范出狱人保护的法律……所以，有必要制定专门的出狱人保护法"[5]（冯卫国，2003）。还有从消灭前科的角度来预防犯罪，许多学者从累犯制度角度探讨重现犯罪预防[6]（吴宗宪，1998；于志刚，2005）。

---

① 皮艺军：《共生与调控——读丛梅〈重新犯罪实证研究〉》，《江苏警官学院学报》2005 年第 5 期。
② 翟中东：《国际视阈下的重新犯罪防治政策》，北京大学出版社 2010 年版。
③ 王志强：《社会发展中重新犯罪的实证研究》，《福建公安高等专科学校学报》2002 年第 10 期。
④ 谢振江、王威宇：《论刑满释放人员的社会保护》，《黑龙江省政法管理干部学院学报》2003 年第 4 期。
⑤ 冯卫国：《对完善我国出狱人保护制度的思考》，《政法论丛》2003 年第 3 期。
⑥ 吴宗宪：《累犯行为的心理分析》，《青少年犯罪问题》1998 年第 3 期。

其次，从加强创新社会管理的角度预防重新犯罪。有学者主张应从监狱改造和社会管理两方面入手减少和重新犯预防罪[①]（王学梅、贺志明，2011），加强社会管理创新视域下出狱人社会保护的创新[②]（贾洛川，2012）。有学者从社会建设和社会管理的角度提出要改革出狱人安置帮教工作[③]（郑祥，2007），在社区矫正采用多元主体社工协同构建预防重新犯罪模式[④]（王广兵、张金武，2011），另有人从社会管理创新视野探究预防社区矫正对象重新犯罪[⑤]（蔡国水，2012）。行刑社会化[⑥]（狄小华，2003）为提高重新犯罪防治政策制定的科学水准，有学者建议建立重新犯罪信息发布平台，智囊库[⑦]（翟中东，2010），另外还有一些学者从心理矫治的角度对重新犯罪控制和预防进行了探索。

评述及启示：第一，由于对重新犯罪及重新犯罪率的概念、统计标准及统计口径缺乏清晰的界定和定义，加之重新犯罪相关数据收集相对困难，研究者很难掌握到翔实、系统的第一手的统计数据，无法进行横向或纵向的比较研究，所以多数研究大多停留在零散数据分析上和表象的概括上。而且有些公布的重新犯罪研究数据相互矛盾，诸多问题没有达成共识，缺乏进一步的深入研究，这样我国重新犯罪现在就存在着"底数"不十分清楚问题，同时还导致我国科学的实证研究方法没有完全展开和推动，实证分析相对薄弱。

多数学者从改革行刑方式和监狱体制、提高改造质量为切入点对重新犯

① 王学梅、贺志明：《法律信仰教育对预防青少年重新犯罪的重要性——预防重新犯罪视角下的青少年法律信仰教育》，《经济与社会发展》2011年第5期。
② 贾洛川：《论社会管理创新视域下出于人社会保护的创新》，《河北法学》2012年第7期。
③ 郑祥：《防治重新犯罪与构建和谐社会——重新犯罪现状与对策的实证研究》，《吉林公安高等专科学校学报》2007年第6期。
④ 王广兵、张金武等：《广州市社会管理体制改革创新进程中的社区矫正模式构建——多元主体社工协同构建预防重新犯罪新机制》，《中国司法》2011年第3期。
⑤ 蔡国水：《社会管理创新视野下预防社区矫正对象重新犯罪探究——以福建厦门市某区为样本》，《河南司法职业警官学院学报》2012年第3期。
⑥ 狄小华：《论行刑社会化——兼谈我国的重新犯罪预防》，《南京大学学报》（哲学·人文科学·社会科学）2003年第4期。
⑦ 翟中东：《国际视阈下的重新犯罪防治政策》，北京大学出版社2010年版。

罪的防控问题进行了诸多研究，主要关注重新犯罪的现状、类型、特点、形成原因及防控对策等，多是描述性研究，研究领域分散。

第二，犯罪的产生是一个极其复杂的社会问题，不能并不应该简单地归结为某一单一因素，犯罪原因的多因素理论是我国在犯罪原因研究中提出并成为学界共识，也有的将此称为"罪因结构理论"①，是我国犯罪学界提出的重要论。但是在对重新犯罪多因素理论进行系统性论证时，未能从整体和各要素之间的辩证统一方面开展对重新犯罪原因的层次系统研究，而是对重新犯罪的各种要素进行简单的堆砌，没有从孤立静止的原因研究推进到具有逻辑功能和结构层次的动态研究中。对重新犯罪原因的研究是研究出新犯罪的基础性前提，可惜的是在犯罪原因研究中，也没有能认识到重新犯罪研究在犯罪成因研究中的重要性。

我国对重新犯罪预防和控制研究方面，大多数研究的预防和控制的措施雷同，而且泛化、空洞，可操作性较差；对重新犯罪具体的类型，例如侵财型重新犯罪、性重新犯罪等有针对地防控研究较少；犯罪人和被害人是刑事伙伴关系，我国重新犯罪防控大都是从犯罪人角度进行预防，对运用恢复性司法理念从被害人角度进行防控重新犯罪的研究很少。另外，对重新犯罪的防控研究，关注重新犯罪发生的机理、条件及情景预防的研究较少。

目前学界重新犯罪的社会原因有了更深刻的认识，认为重新犯罪是社会矛盾的综合反映，要重视对发生再次犯罪的生成链条与社会结构的变迁和其他密切相关社会问题进行研究。对重新犯罪预防的设计从对刑事法律制度的关注扩展到对整个社会制度的关注，注意到"最好的社会政策也就是最好的刑事政策"，认为加强社会建设和创新社会管理，标本兼治，对重新犯罪问题的解决战略也应延伸到整个社会战略的全局型谋划。

---

① 张小虎：《中国犯罪学基础理论研究综述》，中国检察出版社 2009 年版，第 140 页。

第三章　中国古代重新犯罪防控思想考察

在中国古代思想家的思想体系中，尽管刑罚思想有这样那样的不同，但是，有一点却是共同的，那就是通过刑罚的严厉制裁来防止已经犯了罪的人再重新犯罪。其中还包含着许多关于预防和控制犯罪及预防重新犯罪的学说，这些思想和学说在一定程度上被历代统治者所吸收并实施。在我国，早在虞舜末期，就有了关于食人再犯寇贼特别重罚的规定，出现了初犯和再犯的区别。到了周代，据《周礼·地官·司救》记载："凡民之有衺恶者，三让而罚，三罚而士加明刑，耻诸嘉石，役诸司空。其有过失者，三让而罚，三罚而归于圜土。"大意为，批评教育而不改者，便施皮肉刑罚教育，经三次皮肉刑罚教育仍不改者，便要坐嘉石示众，并强制劳动，过失犯则归圜土监禁改造。这些应该是人类重视再犯的较早的记载了。

到了秦代，便有了再犯加重的规定。如《秦简·封诊式》规定，爰书中一般均需注明犯罪者有无前科，有前科的罪犯，加重处罚。另据《汉书·刑法志》记载："吏坐受赇枉法，守县官财物即盗之，已论命，复有笞罪者，弃市。"其意为，犯了罪已经科刑的人，如果再犯需要处以笞刑的罪行，即处死。这说明，汉代对再犯的处罚是非常严厉的。

到了唐代，法律则明确地将再犯加重处罚作为刑罚的一条重要原则。《唐律疏议·名例律》规定："诸犯罪已发及已配而更为罪者，各重其事。"即当犯罪事实已被揭发或徒刑以上已被决配者，又犯有笞刑以上的新罪，就要加重处罚。同时还在《贼盗律》中规定："诸盗经断合，仍更行盗，前后三犯徒者，流二千里；三犯流者，绞。"这说明，在唐代已将再犯与一人数罪相区别，再犯加重处罚，一人数罪则合并处罚。

唐代的刑事立法，作为我国封建社会刑法史上最光辉的一页，不但为唐代法制奠定了基础，而且为历代封建统治者所推崇和效仿。《宋刑统》基本是《唐律》的翻版，因而《宋史·刑法志》说："宋法制因唐律、令、格、式。"只是"随时损益则有编敕"。元朝则"附会汉法""参照唐宋之制"。

《明律》规定："凡犯罪已发又犯罪者，从重科断。已徒已流而又犯罪者，依律再科后犯之罪。其重犯流者，依留住法。三流并决杖一百，于配拘役四年。若犯徒者，依所犯杖数、该徒年限，决讫应役，亦总不得过四年。其杖罪以下，亦各以数决之。其应加杖者，亦如之。"这说明，明代也非常重视对再犯的处理，并且以是否裁判为再犯的标准。这已开始接近现代的累犯制度了。

清代刑律也非常重视对再犯的制裁，如雍正以后，便出现了以再犯为主要特征的积匪猾贼的概念，并从刑罚上处以重罚。特别是清《新刑律》第19条明确规定："已受徒刑的执行，更犯徒刑以上之罪者，为再犯，加本刑一等。但有期徒刑执行完毕，无期徒刑或有期徒刑执行一部而免除后，逾五年而再犯者，不在加重之列。"这与现代刑法上的累犯制度已经很接近了。

纵览历史，中国古代重新犯罪预防和控制主要思想是"教法兼施、礼刑并用"，同时也是控制和预防犯罪的一般原则，即试图通过礼"绝恶于未萌"，以法"禁于已然之后"。这一思想被后世继承并加以发挥，在唐律、明律等封建法典中均有体现。刑的作用则是"禁于已然之后"，对教化之后仍犯罪者使用。为了防止罪犯获释后重新犯罪，对其采取了相应的预防手段。如唐律中规定对赦免死刑的杀人犯，要移居千里，以免因环境影响重新犯罪。同时防止被害者亲属对犯罪人进行复仇而犯罪。唐律将控制重新犯罪列入法典之中，可以窥见其重视程度。

中国封建法典中普遍规定了犯罪与刑罚的基本原则。在进行道德预防与司法预防的同时，发动全社会的力量，进行社会预防。如商鞅变法时规定奖励告奸，即将举告犯罪作为百姓社会义务，不履行则受连坐之罚，使重新犯罪者受到牵制。为了有效打击重新犯罪一类危险性更大的罪犯，还制定了诸如累犯加重，自首减免等刑罚制度，这对后世也有着可贵的借鉴意义。

第一节　严刑峻法、以刑去刑

早在奴隶社会，统治者就意识到刑杀是预防和控制犯罪的有效手段。人类社会在奴隶制意识形态下，还处于蒙昧状态，统治者将残酷的肉刑列为刑罚的重要组成部分，认为通过对犯罪者施以肉刑，是根除犯罪的最佳措施，可以从根本上控制犯罪者重新犯罪，所以肉刑在当时大行其道。

据《尚书·吕刑》载："蚩尤惟始作乱，延及于平民，罔不寇贼、鸱义、奸宄、夺攘、矫虔。苗民弗用，灵制以刑，惟作五虐之刑曰法。杀戮无辜，爰始淫为劓刵椓黥。"这段文字大意是：蚩尤开始整肃社会秩序，制定新的行为规则，施及所辖领域内的各个部族，将各种坏的行为总括为寇贼、鸱义、奸宄、夺攘、矫虔五种类型，以此来制约大家。蚩尤的嫡系苗民积极地加以实施，但未能奏效，蚩尤便命令他们用刑罚加以惩治，这种惩罚手段同上述五种类型的坏行为相对应，于是产生了五种无情的刑罚，称为"法"。只用原先杀戮的手段，恐怕诛及无辜，才开始增加了割鼻、割耳、宫、刺面四种刑罚。到了商周两代，五刑发展为一般意义上的墨（黥）、劓、刖（剕）、宫（椓）和大辟。除大辟为死刑外，其余都是残害身体的肉刑，刑至断肢体，刻肌肤，使其终身失去犯罪的机会。这种残酷的刑罚同样被殷商统治者所采用。

周朝沿用了夏以来的墨、劓、刖、宫、大辟五种酷刑。据《尚书·大传》中记载："决关梁，逾城郭而略盗者，其刑膑；男女不以义交者，其刑宫；触易君命，革与服制度，奸宄盗让优人者，其刑劓；非事而事之，出入不以道义，而诵不详之辞者，其刑墨；降畔、寇贼、劫略、夺攘矫虔者，其刑死。"

至春秋战国时期，进入"礼崩乐溃"的时代，礼冶思想很快成为一种空洞的幻想。管仲曾提出"畏威如疾，乃能威民，威民在上，弗畏有刑"[1]。在他看来，预防和控制犯罪的重要手段是威刑。后来的子产，则把刑罚比作烈火，使人望而生畏，不得不去重视，也使犯罪者在威刑之下不敢再次以身试法。

战国时期，为适应当时的社会大变动，法家的著名代表人物商鞅、韩非都提出"重刑轻罪"，试图以严刑峻法减少犯罪。商鞅是典型的重刑主义者，他公开主张"禁奸止过，莫若重刑"。他的这种主张也体现在刑罚的种类上，即大力使用肉刑，作为控制犯罪者重新犯罪的手段。《汉书·刑法志》载"秦用商鞅……增加肉刑"。韩非是法家学说的集大成者，他在汲取前期法家重刑轻罪的观点基础上，开始重视全社会总体范围内的预防犯罪问题，并认为"罚重，则所惠之禁也急"[2]。指出重罚的作用，主要不在于刑罚的对象，而在于由此产生的社会效果。"重刑者，非为罪人者……故重一奸之罪而止境内之邪，此所以为治也。"[3] 韩非在著作详细阐述了刑罚的多重作用，除了对未发之罪起到了震慑作用以外，同样也在对犯罪者进行制裁，同时控制其重新犯罪。

我国封建社会第一部成文法典《法经》就充分体现了以法禁暴的精神，并继续使用了残害人肢体的肉刑。如《法经》规定窥视宫殿者施以膑刑，路上拾遗者要被断足。可见战国时期法家人物李悝、商鞅、韩非的法律思想，都曾被统治者所采用。

秦王朝以刑罚残酷著称于世，它将"以刑去刑"的思想具体化，使犯罪

---

① 《国语·晋语四》。
② 《韩非子·六反》。
③ 《韩非子·六反》。

者终身终疾的肉刑也广为施行。"繁法严刑"是秦法的基本思想，它使人们一举一动皆有法式，从而不去触犯封建刑律，更不敢冒险重新作恶。

秦以降历代统治者及思想家，吸取秦亡教训，重视德礼的作用，但无一例外将刑罚作为惩治犯罪的手段。其中在南宋被称为"集诸儒之大成者"的朱熹，在用刑方面主张重刑主义，甚至主张恢复肉刑。他曾提出"严刑以为威，惩其一以戒百，使之无犯"主张。

宋明时代，重刑主义复苏，刑种繁多，刑罚严酷，法外用刑不断增加。宋代编敕众多，法令的繁杂使人们"动辄犯法，无所措手足"。还实行"贼盗重法"，使刑罚威慑主义加强，于五刑之外又增加了新的刑罚，例如"刺配"。这是一种流刑并兼刺面、决杖等附加的刑罚，实际上是古代的黥刑，这标志着肉刑又在宋代复活。这种方法使囚犯打上终生印记，必对其以后重新犯罪有强大的约束力。明朱元璋时，用"重典治乱世"理论大兴律典，刑罚一度极为严酷，法外用刑也不断增加。譬如由朱元璋亲自编定的《明大诰》，基本上都是用严刑峻法惩治官民过犯案例的汇编。可见，封建法律儒化的过程中，法对犯罪或重新犯罪的威慑作用也一直被统治者所重视。

第二节　自首减免、重犯重治

为更准确地运用刑罚，充分发挥法律的效用，中国历代成文法典中都有关于按具体犯罪情节定罪量刑的规定。对犯罪情节较轻，有悔改表现或认罪诚意者，因其有自动改过、及时认罪的特点，便给予减免处罚；而对于危害程度严重，一贯作案或受惩罚后重新犯罪者，则予以加重处罚。两项原则相结合，既给予认罪服法者以出路，又着重打击了恶性不改的累犯，比较有效地起到了预防和控制罪犯再次犯罪的作用。

"自首"或"自告"是指犯罪者犯罪之后自动投案，相比之下，危害程度较轻，也表明其有自愿接受制裁的诚意。对这类人减轻处罚，会使之在接受处罚的同时不致因自暴自弃而去重新作恶犯罪。早在秦律中就有自告减免刑罚的规定。据文献记载："把其假以亡，得及自出，当为盗不当？自出，以亡论。"[1] 其大意是：携带所借的官家物品逃亡，如系自首，不以盗窃罪论处，而只以逃亡罪论处。又记载："隶臣妾系城旦春，去亡，已奔，未论而自出，当笞五十，备系日。"[2] 其大意是说臣妾在服刑期间，逃亡后自首，应当笞五十，补足刑期。这很明显，是减刑后的惩罚。秦简中此项规定可谓自首减免之先例。

汉律也规定，犯罪以后能向官府自首的，可以免除或减轻刑罚。律条中明文规定，"先自告除其罪"。但是汉律较秦律做了更为详细的规定，除规定共犯或集团犯罪的"造意""首恶"者即使先自告也不能免罪，还强调如是一人犯数罪，只能赦免自首的罪行，其他没自首的罪行并不能因自首逃避法律制裁。

唐王朝时期，唐律中进一步对自首减免制度进行了修订和完善，还严格区分自首与自新的界限。《名例律》规定："诸犯罪未发而自首者，原其罪。"意思是犯罪者以犯罪未被举发而到官府交代罪行的行为才叫作自首。"过而不改，斯城过矣，今能改过，来首其罪，皆合得原。"[3] 由此可知，按唐律规定凡自首者，都可以得到减免刑罚的待遇，其目的是使犯罪者改过。同时，唐律对自首和自新规定了不同的处罚原则。对那些危害性严重的犯罪，如"越渡关及奸"，"私习天文者"，或"于人损伤，于物不可备偿"等犯罪，即使投案也不能按自首处理，因为这些犯罪的后果已不能挽回。

宋明两代，几乎全盘沿用了唐律的规定。如明文规定："诸犯罪未发而自首者，原其罪。""其他如轻罪已发，而首其重罪，免其重罪"，"自首不实及

---

① 《秦简·法律答问》。
② 《秦简·法律答问》。
③ 《唐律疏义》。

不尽者，以不实不尽之罪而罪之"①。以上这些规定几乎与唐律相同。明朝时期，在《大明律·名例律》中增加了亲属首告的相关规定，明显强化亲属之间相互监督、举告的责任。

累犯或再犯是指接受刑罚惩罚以后再次作案的犯罪者，都属于重新犯罪的范畴。犯罪人在受刑罚处罚后一定时间内又犯罪，无疑危险性较大，所以历代统治者对此都采用了较重的刑罚，以期达到预防和控制重新犯罪的目的。

爰书是中国古代的一种法律文书，秦汉时较为通行。《秦简·封诊式》规定，爰书一般应注明犯罪者有无前科，对已受过刑罚处罚的罪犯，要加重处罚。例如秦时就有这样的记载："当耐为隶臣，以司寇诬人，可（何）论？当耐为隶臣，又系城旦六岁。"②据秦律规定，在一般情况下"诬告反坐"，即以诬告的罪名（应处某种刑罚的行为）处罚诬告人。而这个例子是诬告别人犯了应处司寇刑的罪，却被判处"系城旦六岁"的刑罚，显然是大大加重了刑罚，原因在于这个犯人是累犯，这说明秦律中已有对累犯加重的原则。

秦以后的历代统治者也特别重视对再犯的处罚。例如："吏坐受赇枉法，守县官财物即盗之，已论命，复有笞罪者，弃市。"③就是说官吏枉法已受处罚，如果又犯应处笞刑之罪，就要被处死，可见汉代对再犯处罚之重。

北周《大律》中明确了对"二犯""三犯"的不同处罚原则，即"再犯徒，三犯鞭者，一生永配下役"。

《唐律·名例律》中规定："诸犯已发及已配而更为罪者，各重其事。"还规定："已发者，谓已被告言；及已配者，谓犯徒已配，而更为笞罪以上者，务重其后犯之事而累科之。"唐律的累科以犯罪被告发和判处徒刑已发配者作为要件，这同现代意义上的"累犯"有所不同。唐律对"累科"采取"各重后犯之事"的处罚原则。正如《唐律疏议》举例说，已断定徒役三年而未到

① 《宋刑统·名例律》。
② 《秦简·法律答问》。
③ 《汉书·刑法志》。

配所，再犯流罪，处流二千里，决杖一百，加上流罪应役的一年，总共劳役四年。可见唐朝将累科视为威胁社会的严重犯罪，采取了加重的原则。唐律规定："诸盗经断后，仍更行盗，前后三犯徒者，流二千里，三犯流者，绞。"① 还有《唐律疏议》中记载："前后三入科刑，便是怙终其事，峻之以法，用惩其罪。"说明对累犯加重处罚，是为了打击所谓"屡教不改"的犯罪行为。

明代也强调再犯加重的原则。《大明律》规定："凡犯罪者已发又犯罪者，从重科断，已徒已流而又犯罪者，依律再科后犯之罪。其重犯流者，依留住法。三流并决杖一百，于配所拘役四年。若犯徒者，依所犯杖数，该徒年限，决讫应役，亦总不得过四年。其杖罪以下，亦各以数决之。其应加杖者，亦如之。"明律之所以对再犯处罚规定如此详细，也是因为意识到再犯的严重危险性。清末宣统二年（1910）《大清新刑律》颁布，首次在刑法中使用了"累犯"一词。第19、20条都对累犯加重处罚做了详尽的规定。在封建统治时期，统治者对重新犯罪的预防和控制的重视程度由此可见一斑。

第三节　布法于众、缘坐连坐

在中国古代漫长的历史长河中，历代统治者大力主张通过公布法令，大力宣传法律，发动全社会力量进行社会预防，是这一阶段对犯罪的防控重要特点。历代统治者也十分重视法典的效用，大都主张以法教民，颁布成文法，将何种行为为法典所奖赏，何种行为为法典所禁止，公之于众，使百姓从法典中知悉善恶的做法，目的是使"万民皆知避就"。在对犯罪处罚方面，除了对犯罪者本人进行处罚外，还对其亲属实行"缘坐"或对其邻里实行"连坐"。这样做的目的之一，就是为了加强刑罚的特殊预防。例如商鞅变法时，

---

① 《唐律·贼盗律》。

曾推行过"奖励告奸"制度，试图使整个社会形成一个牢固的预防体系。这种做法对已受过刑罚处罚的人更有一种约束力，形成了强大的监督体系。

历代统治者也十分重视法典的效用，大都主张以法教民。春秋郑国子产颁布成文法，将何种行为为法典所奖赏，何种行为为法典所禁止，都铸于刑鼎之上，公之于众，使百姓从法典中知悉善恶的做法，被许多统治者所效仿。

商鞅变法时曾极力主张公布成文法，认为"为法，必使之明白易知"①，才能做到家喻户晓，使"妇人婴儿皆言商君之法"②，目的是使"万民皆知避就"。儒家学派中，"隆礼重法"的荀子也提出制定和公布成文法，并大力进行宣教，使"天下晓然皆知夫盗窃不可以为富也，皆知夫贼害不可以为寿也，皆知夫犯上之禁不可以为安也。……皆知夫为奸则难隐窜逃亡，由（犹）不足以免也"③。他还曾说过："君法明，论有常，表义既设民知方，进退有律，莫得贵贱孰私王。"④ 可见他对公布成文法的重视。法家学说集大成者韩非更是把"法"的重要性提到很高的位置。在他看来，"法者，编著之图籍，设之于官府，而布之于百姓者也"⑤。颁布成文法可使人们有所遵循，也使有犯罪苗头的人有所警戒。

在法律宣教方面，明太祖朱元璋的做法在古代历史上最为突出，他强调法律的讲读、宣传。早在《大明律》制成时，朱元璋便命令郡县颁行《律令直解》。洪武五年（1372）二月，他命"有司于内外府州县及乡之祖里皆立申明亭，凡境内之民有犯者，书其过，名榜于亭上，使人有所惩戒"。《大明律诰》制成后，明太祖即下令"刑布中外，令天下知所遵守"。为扩大《御制大诰》的传播与影响，他要求"户户有此一本"，"臣民熟视为戒"，并令各地设专人讲读《御制大诰》。这种立法与法律宣传并举的做法，对明初的犯罪预防

---

① 《商君书·定分》。
② 《战国策·秦策一》。
③ 《荀子·君子》。
④ 《荀子·成相》。
⑤ 《韩非子·难三》。

和控制重新犯罪起到了重要作用。

在古代"缘坐"即"族刑""族株",它起源于奴隶社会的"孥戮"刑和"罪人以族"刑。明确规定对严重犯罪,本族本乡一并连坐的,最早出现在《法经》中。商鞅变法时,对此原则加以继承,并形成一套完整体系。据《汉书·刑法志》记载:"秦用商鞅连坐之法,造叁夷之诛。""叁夷"即"夷三族"。同时还颁布"令民为什伍,而相收司连坐"。"收司谓相纠发也。一人有罪,而九家连举发,若不纠举,则十家连坐,恐变令不行,故设重禁门。"①

秦律中对连坐之法有详细的规定,涉及社会各个方面。按其适用范围区分,有全家连坐,即收孥的规定。例如"盗及诸宅罪,同居所当坐,何谓同居?户为同居,坐隶,隶不坐户谓也"②。这说明不仅家庭成员连坐,奴隶也要同主人获罪而从坐。在提到关于"邻伍连坐"时,也有相关规定:"律曰:'与盗同法',又曰'与同罪'。此二物(类)其同居,典、伍当坐之。"③ 即邻伍连坐多为里典和伍人。连坐法是秦朝严刑苛法的重要内容,曾作为禁奸止过的有力手段广为应用。秦二世胡亥继位后,在赵高的把持下,更是"相连坐者,不可胜数",造成了"刑者相半于道,而死人日积于市"④ 的恐怖局面。

秦之后,虽然各朝代律令有所改变,但连坐法作为预防犯罪的手段,被历代延续下来。如汉景帝时,晁错被诬,本人腰斩,其"父母妻子同户无少长皆弃市"⑤。及明代,族诛连坐制又达到了一个新的巅峰。在明代刑法的众多条款中,明确规定了"缘坐",尤其是一些严重的刑事犯罪,若是一人犯罪,就要株连族人。法律规定:"凡谋反及大逆,但共谋者,不分首从皆凌迟处死。祖父、父、子孙、兄弟及同居之人,不分异姓,及伯叔父、兄弟之子,

---

① 《史记·商君列传》。
② 《秦简·法律答问》。
③ 《秦简·法律答问》。
④ 《史记·李斯列传》。
⑤ 《汉书·晁错传》。

不限籍之同异，年十六以上，不论笃疾、废疾，皆斩。其十五以下，及母女、妻妾、姊妹，若子之妻妾，给付功臣之家为奴。"《大明律》中因谋反被缘坐、连坐处死的范围，比唐律要广泛得多，往往不分情节轻重，一律按最重刑罚处理，动辄株连上百人，以至夷灭三族、九族甚至十族，使乡里为墟。明统治者以族刑连坐的手段造成恐怖气氛，在某种程度也起到预防犯罪行为的重新发生的作用。

为了预防和控制犯罪，明代理学家王阳明在封建礼法的基础上，明确提出了保甲乡约制度。他曾下令建立"十家牌法"，具体内容是：以十家为一甲，如发现行事可疑即行报官，如有隐瞒，事发，十家附罪，试图用这种方法将犯罪"根株悉拔"。此外，他还提议建立了"乡约"制度，"乡约"规定："皆宣孝尔父母，敬尔兄长，教训尔子孙，和顺尔乡里；死丧相助，患难相恤，善相劝勉，恶相告诫；息讼罢事，讲信修睦，务为善良之民，共成仁厚之俗。"若是谁违反了此规定，就要受法律制裁。为贯彻"乡约"制，他下令成立乡约组织，选举约长、约副、约正等。王阳明建立保甲制和乡约制的目的就是使人们互相牵制，这样触犯刑律的行为必会有所减少。

族刑连坐中的家族连坐，适应了中国封建家族制的特点，使家族成员之间形成预防犯罪体系，也使犯过轻罪的人不敢重新冒险犯罪，否则就要牵连他人，也会影响封建家族的兴衰，所以产生了较为明显的效果，而乡里连坐，则更突出了封建法律的威慑力。

重罚匿罪、奖励告奸是中国古代对犯罪的社会预防中另一项重要内容，商鞅在其变法时，曾明令规定："不告奸者腰斩，告奸者与斩敌首同赏，匿奸者与降敌同罚。"① 商鞅编织的"告奸法网"，对于保证法律的贯彻执行，具有重要意义，它使全社会形成了一个互相制约的体系，在当时也不失为控制重新犯罪的良策之一，所以被秦王朝所采用。李斯建议禁书，有一条内容是：

---

① 《史记·离君列传》。

"有敢偶语《诗》、《书》者，弃市。以古非今者，族。吏见知不举者，与同罪。"① 这种做法加强了对人们思想的控制，对人们的犯罪与重新犯罪具有一定的防控作用，但同时也造成许多恶果，导致诬告冤狱盛行。

第四节　礼法兼用、德主刑辅

"德主刑辅"是古代综合治理的指导思想，同时也是中国封建社会维持统治秩序的基本方法。它包含了教化与法令兼施，礼义与刑罚并用等手段，试图以礼"绝恶于未萌"，以法"禁于已然之后"。

礼起源于西周，是西周法律的主要形式之一。关于德礼与刑罚的关系，在《礼记》等典籍中就有所论述。礼除了调整统治秩序外，还有一个重要作用，即"以为民坊"②。礼好比是堤防一样，没有堤防要发生水患，没有礼则要起祸乱。所以礼发挥着"绝恶于未萌""塞乱之所从生"的作用，可以用来预防犯罪。而刑是消极的处罚，是对于已然的制裁。凡是合于礼的，也必然是刑所不禁的，即所谓"礼之所去，刑之所取，出礼则入刑"③。

为适应社会变革的需要，"礼刑结合"的思想在春秋时期产生。郑国的子产首先提出"宽""猛"两手抓的问题。所谓"宽"强调怀柔一手，"猛"则强调暴力镇压，在统治方法上应"宽猛相济"。他曾说："……唯有德者能以宽服民，其次莫如猛。夫火烈，民望而畏之，故鲜死焉；水懦弱，民狎而玩之，则多死焉，故宽难。"④ 在他看来，"以宽服民"难以做到时，就应"以猛服民"，刑罚严厉，使人望之生畏，人们也就不敢犯法。宽猛两手结合更使罪犯在受到惩戒后感受到刑罚的威力，以免重新触犯刑律。

---

① 《史记·秦始皇本纪》。
② 《礼记·坊记》。
③ 《后汉书·陈宠传》。
④ 《左传·昭公二十年》。

在维护封建宗法制度的基础上，孔子曾提出"礼治"和"以德去刑"的主张，但并非让统治者放弃刑杀。《左传》中曾记载："郑国多盗。"郑国统治者出兵镇压，"尽杀之"。孔子闻听后说："善哉！政宽则民慢，慢则纠之以猛。猛则民残，残则施之以宽。宽以济猛，猛以济宽，政是以和。"① 可见，在"德行教化"不能奏效之时，孔子则主张施之以刑，即采用"宽猛相济"，"德"与"刑"交替使用的手段。他强调以德为主，以刑为辅，即所谓"德主刑辅"。

荀子在继承和批判先秦儒家和法家的学说基础上，提出为"治之经，礼与刑"② 的观点，既"隆礼"又"重法"，开创了儒法合流的先河。他提出"法者，治之端也"③。把法看成治理国家的必要条件。不同于孔孟，他吸收了前期法家的许多观点。作为提倡"德治"的儒家人物，荀子却主张对"暴恶"之人施以严刑重罚，同时还强调礼义教化的优越性，主张礼义教化与刑罚相结合，反对"不教而诛"和"教而不诛"，对首恶分子应"不教而诛"，对有犯罪苗头的人要用礼义来教化，如不改过，则要予以惩处。荀子这种"礼法统一"的预防和控制犯罪方法，对汉代影响很大，也为以后封建正统的"德主刑辅"法律思想打下了基础。

秦灭亡后，西汉统治者吸取秦亡教训，实行"与民休息"和"约法省禁"。西汉思想家贾谊曾说："道之以德教者，德教治而民气乐；驱之以法令者，法令极而民风哀。"④ 他认为"夫礼者禁于将然之前，而法者禁于已然之后，是故法之所用易见，而礼之所为难知也"⑤。也就是说，礼侧重于教化，防患于未然，起预防犯罪作用；而法则惩戒于后，侧重于罚恶，并使其他有犯意的人和已受过刑罚处罚者受到威慑，礼法各有侧重，两者缺一不可。贾

---

① 《左传·襄公三十一年》。
② 《荀子·成相》。
③ 《荀子·君道》。
④ 《新书·修政语》。
⑤ 《汉书·贾谊传》。

谊继承了先秦儒家德主刑辅的思想，主张先用礼义教化，然后再用刑罚，认为人的品质随所受教育而改变。他提出"与礼乐，然后诸侯轨道，百姓素朴，狱讼衰息"① 的观点。

到了西汉中期，董仲舒提出了一套新的加强封建专制的神学政治论和法律观，他在《春秋繁露》等著述中，以儒家思想杂以阴阳五行学说及法家某些思想成分，提出"大德而小刑"的法律原则，用儒家的仁德代替法家的严刑，系统地论述了德主刑辅的学说。在他的建议下，西汉统治者"罢黜百家，独尊儒术"，从此确定儒家学说的至尊地位，形成了统治中国达两千年之久的封建正统法律思想。此后，历代统治者大都采取德主刑辅的方针，对两千年的封建社会产生了深远的影响，也成为预防和控制犯罪的基本方法。

隋唐时期封建制高度发展，这期间统治者比较重视封建法制的建设，但仍延续了儒家的"德主刑辅"思想，并以此作为立法的指导思想。隋文帝杨坚曾提出"法要疏，刑要轻"，所以《开皇律》在刑罚方面上比历代都较宽简。初唐统治者着眼于王朝的长治久安，确立了"德礼为政教之本，刑罚为政教之用"的指导原则。其立法原则是"一准乎礼，而得古今之平"② 。唐律则充分体现了汉以来德主刑辅、礼法并用的法律思想。唐太宗李世民提出"以宽仁治天"，他认为德礼为治国之本，刑罚为治世之用，二者密不可分。他强调礼义教化的作用，指出单靠严刑峻法，不能从根本上解决问题，相反会有后患。唐太宗之名臣魏征从巩固唐王朝长远统治需要出发，提出了"慎刑恤典"之主张，认为治国应广施仁义，遵守德礼，为使人没有奸邪之心，必须"道之以礼"，通过礼义教化预防犯罪行为发生。同时强调治国不能无法，而立法的目的在于"防奸救乱"，法的作用不单是惩罚，也有辅防的作用，应以惩治奸恶为重点，圣明之主应"敦德化而薄威刑"。他的"立法宽平"思想，也体现了"德主刑辅"的特点。

---

① 《论定制度与礼乐疏》。
② 《四库全书总目·政书类》。

在统治者上述立法思想的指导下，《唐律疏议》及唐初制定的一系列律令，充分体现了"德主刑辅"的思想，不论对待初犯还是再犯，这条原则贯穿始终。据记载李世民"初即位，有权以威刑肃天下，魏征以为不可，因为上言王政本于仁恩，所以爱民厚俗之意，太宗欣然纳之。遂以宽仁治天下，而于刑法尤慎"①。唐初的德治为主也并不一味放弃刑罚，而是要礼刑并用，相辅相成，同时唐律也重视犯罪预防，对经过教化仍恶性不改的人予以严厉打击，对获释后重新犯罪的人，也采取了相应的预防手段。

北宋时期，政治家王安石提出用"德刑并举"的原则指导立法。他认为教化不是万能的，必须辅之以刑罚。他在《三不欺》一书中明确指出治理国家必须"任德""任刑"才能禁暴止乱。南宋时期，宋明理学的重要代表人物朱熹提出了两种控制犯罪的方法：一是道德教化，使人们自觉遵守法律制度和伦理关系；二是"克"，即对敢于触犯封建礼法，对有"人欲"的人进行镇压处以刑罚。朱熹关于德刑关系的学说，是对以往"德主刑辅"的传统法律思想的发展。他认为德、礼、政、刑作为统治方法其本质是一致的，都是"天理"的产物，是统治阶级进行统治的工具。礼的作用是使人从内心弃恶从善，从根本上预防和控制犯罪。"刑"是刑罚措施，使法制、禁令得以实现。与以往儒家学者不同，他还主张用刑"以严为本"，认为只有如此，才能禁奸止过，制止犯罪行为的发生。但他也反对"滥刑"，认为执法要"以宽济之"，这正是传统儒家的"宽猛相济"思想。他的最终目的是通过软硬兼施的手段，以对付包括屡教不改的再犯在内的危险性较大的犯罪。

明太祖朱元璋关于礼法结合、预防犯罪的思想很有特色。他将礼的预防犯罪职能与法的镇压犯罪职能有机地统一起来，认为"礼乐者治严之膏粱，刑政者救弊之药石"，唯有"以德化天下"，兼"张刑具以齐之"，才能"恩威并济"，使"重典治世"与长治久安之策统一起来。这种思想充分体现在

---

① 《新唐书·刑法志》。

《大明律》中。朱元璋的全面治世思想，不但强调预防犯罪与惩罚犯罪结合，而且要立法与教育结合。"故猛烈之治，宽仁之诏，相辅相成，未当偏废也"①。在颁布《大明律》时，朱元璋曾对群臣说："朕防古以为治，明礼以导民，定律以绳顽，刑著为令。"就是说，对一般人用儒家礼义来教化，对不听教化的"顽民"，则用法律强制手段镇压。如舍弃礼义而专用刑罚，虽可取得一时效果，却非长治久安之术。

"德主刑辅"作为封建正统法律思想的根基，曾对人们的思想产生了严重束缚，阻碍了社会的发展。但它在控制犯罪与恶性更大的重新犯罪问题上，始终作为一项指导原则，也体现出惩罚与教育相结合的特点，对今天仍有借鉴意义。

---

① 《明史·刑法志》。

第四章　国外防控重新犯罪思想及模式

如今，重新犯罪已经成为国际社会普遍关心的问题，也是世界上许多国家非常头疼的问题，因此，研究和探讨预防和控制重新犯罪的有效途径，不但是国内的迫切需要，也是国际社会的迫切需要。

重新犯罪是一种十分复杂的社会现象，20世纪30年代之前，对它的控制尚处于研究探讨之中，学术上尚无成熟的理论，实践上也没有系统健全的经验。于20世纪40年代末50年代初，西方一些国家和国际社会开始对重新犯罪的研究予以重视，到60年代中期国际社会普遍关注重新犯罪的防控问题。其主要背景是因为第二次世界大战后，随着西方资本主义经济的发展，大工业化和都市化的到来，国际民族矛盾和国内阶级矛盾加剧，社会犯罪也以惊人的速度增长，造成社会的严重动荡不安。打不胜打、防不胜防、汹涌而来的社会犯罪高峰，对社会秩序构成了更加严重的威胁。世界各国开始重视重新犯罪的研究工作，经过半个世纪的探索，国外对重新犯罪的治理、预防和控制思想渐渐开始成熟，在实践过程中，逐渐形成了重新犯罪防控的威慑模式、行刑社会化模式、剥夺模式和混合模式等。其中的一些科学合理的做法，对我们有重要的借鉴意义；一些优秀的理论思想，对我们也有重要的启迪作用。

第一节　国际防控重新犯罪的思想

重新犯罪是一种特殊的犯罪类型，它既具有一般犯罪的总体特征，同时又在发生、演变规律方面具有自身的特殊性。所以，对重新犯罪的研究一直是社会学、犯罪学、心理学等学科的重要研究范畴。19 世纪，意大利犯罪实证学派著名学者恩里科·菲利在犯罪人分类中将因监狱生活"染上恶习而犯罪的人"单独列为一类，称之为惯犯。[①] 并运用了大量统计资料从实证角度对再犯问题进行分析。当代德国学者汉斯·约阿希姆·施奈德曾从判决执行角度对再犯的发生和阻止进行了研究。[②] 一些国际性的学术团体对重新犯罪问题的关注也有较长的历史。例如，国际刑法及监狱会议在 1910 年的华盛顿会议以及 1925 年的伦敦会议上对常习犯的刑罚使用问题进行了讨论，并在 1950 年的海牙国际会议中着重分析了对常习犯的制裁问题，以期其更好地复归社会。[③]

20 世纪 50 年代末 60 年代初，国际上开始对重新犯罪进行大规模调查研究，到 60 年代中期重新犯罪问题已经引起国际社会的普遍关注。1965 年，第三届联合国预防犯罪和罪犯待遇大会在斯德哥尔摩举行，会议就重新犯罪问题专门给出避免重新犯罪的措施专题报告。这一报告中比较集中地反映了国际上防控重新犯罪的思想。尽管在此次大会前后的历次大会中，偶尔会涉及重新犯罪的防控问题，例如在 1981 年 9 月于希腊召开的社会防卫运动第十届国际会议上也将城市与重新犯罪的关系作为一个重要议题[④]，但是，都没有1965 年的斯德哥尔摩会议涉及得那么深入和集中。通过对这些会议内容的梳理，把关于控制重新犯罪的思想综合起来，可以大体概括为以下六个方面。

---

① ［意］恩里科·菲利：《犯罪社会学》，郭建安译，中国人民公安大学出版社 1990 年版，第 24 页。
② ［德］汉斯·约阿希姆·施奈德著：《犯罪学》，吴鑫涛、马君玉译，中国人民公安大学出版社、国际文化出版公司 1990 年版，第 924 页。
③ 林纪东：《刑事政策学》，中国台湾地区编译馆 1964 年版，第 137—139 页。
④ 康树华主编：《犯罪学通论》，北京大学出版社 1992 年版，第 73 页。

第一，涉及的是关于重新犯罪的概念问题。为了有效地预防和控制重新犯罪，各国代表们一致认为，必须开拓和扩大视野，对重新犯罪做最广泛的理解和解释。对所谓重新犯罪的理解，应该是它包括任何一种第二次犯罪，并不是仅仅局限于那些法律中被称为累犯的顽固的习惯性的罪犯这一个别群体。换言之，对重新犯罪不要做累犯的狭隘理解，而应做广义的理解，只要是第二次犯罪，就应作为重新犯罪加以研究，进行处理和矫治。

第二，要进行司法改革。司法改革主要从刑法改革、刑罚改革、监狱改革三个方面着手。对刑法的改革主要体现在1964年8月在海牙召牙的第九届国际刑法会议上，当时，各国会议代表对刑法中是否保留冒犯家庭、性道德、通奸、重婚、卖淫、同性恋等罪行并处以刑罚发生了很大意见分歧。多数人认为，如果把那些不适合社会环境的人，如酗酒者、吸毒者、精神不健全者、性变态者、流浪者和乞丐等，不当作罪犯放进监狱，而是放到社区中由社会机构和行为专家处理，就会大大减少重新犯罪的数量。如何处理工业发达国家交通肇事者的问题也很突出，这些人大约占刑事案件总量的50%—60%，许多刑罚学家和政策制定者认为，应该把这些交通肇事者从刑法范围内排除出去，采取设立交通法庭等措施来处理，也会大大减少重新犯罪。

就刑罚问题，一些代表认为刑罚的方法不利于罪犯重新步入社会。因此，他们主张改革刑罚制度，采取治疗矫治的方法，特别是对初犯要采取明智的方法来处理。他们主张除个别罪犯外，一般初犯均不要判处刑罚，对那些在传统上被判为短期刑但危险并不大的多数犯人，应采取缓期判处、缓刑、罚款、大墙外劳动等替代措施，并对每个犯人采取个别化的处理方法，针对每个犯人的具体情况采取适合他的治疗矫治办法，那么，重新犯罪人数也会大大减少。但是，也有不少人表示坚决反对该观点。其反对理由是，否定刑罚的强制改造制度不能给犯罪分子造成对犯罪后果的恐怖心理，对其起不到震慑作用，不利于他们悔过自新，反而更容易引起重新犯罪。

强调监狱改革的重要性。多数专家认为，监禁自身就存在着犯罪的因素，并不利于犯人的改造，所以，他们力主改革监狱制度。目前世界上的监狱分为两种类型：一类以惩罚为主，另一类以治疗改造为主。即使以治疗改造为主的监狱，也不可避免地使用作为监禁本质特征的刑罚。许多专家都对长期监禁刑的作用提出质疑，认为长期服刑本身就会使人堕落，提倡短期监禁。现代的监狱应该采用有助于罪犯回归社会的积极措施，如让犯人与家人和他们愿意接触的人保持联系，实行"释前计划"，让犯人狱外休假、狱外劳动等，释放后帮助犯人重返社会，如提供职业指导、帮助找工作等。监狱应该改变拥挤、不卫生、严厉的纪律等状况，注意消除监狱内的犯罪因素，其中主要是消除犯人身上的亚文化因素，消除监狱的亚文化环境。各国的专家们提出，是否可以制定一项可以把不利于预防犯罪的监禁刑排除在外的总体预防犯罪的政策，以使某些类别的犯人和罪行不受监禁刑的惩罚。联合国的政策制定机构和社会治安防卫专家一致呼吁，应该更多依靠将罪犯置于那些开放制度下的自由环境中，采用新的更有效的矫正措施，希望那些还没有建制惩罚机构的国家，不要像发达国家那样过分依赖监禁刑，而是应采取更现实、更有效的措施来预防犯罪。其出发点应是基于教育性的，而不应是惩罚性的。尽量用其他方法措施代替监禁刑，只对那些真正危险分子实行监禁。

第三，注重犯罪资料数据收集处理。国际社会认为，控制重新犯罪首先就是要掌握重新犯罪的足够的信息资料。在当今这样一个可以利用先进的科学信息技术来解决众多人类问题的时代，如果在没有最基本的信息资料和相关数据作支撑的情况下来制定社会防范政策，显然是太不科学了，因此，控制重新犯罪的第一步，也是最重要的一步，就是为社会防范政策的制定者和执行者提供必要的定量分析信息资料和数据，作为他们行动的基础。

第四，采取恰当的审前措施。审判前如何对待犯人，这是至关重要的一点，审判前对犯人的状况如何，往往直接影响犯人入监后监管改造的态度，对出狱后社会的态度。由于目前世界上不少国家在审前对待犯人的做法上存在着严重问题，从而也成为导致重新犯罪增多的一项重要因素。因此，要解决好这个问题，必须从三个方面着手：一是通过对警察的现代化教育训练，使他们树立起新的观念，认识到自己在整个执法过程中的地位和作用，杜绝折磨犯人，残暴恶劣地对待犯人的不良做法；二是改善拘留场所条件极差、拥挤、不卫生，犯人无所事事和缺乏娱乐设施的状况，应把犯人分类管理，分开关押；三是应该尽量缩短审前的拘留时间或采取其他替代措施，如监视居住、取保候审等，同时还应提高执法的效能和效率。

第五，加强释后措施。监禁刑结束后，几乎所有的犯人都要回到社会上去，这是毫无疑问的。犯人出狱以后仍有一系列因素可能促使重新犯罪发生，这些因素在总体上被称为"监禁的污点"。由于公众对犯人的恐惧、疑虑、偏见、排斥和无知，很容易对出狱犯人产生反感与敌意，并不愿意接纳他们，把他们排斥在社会生活之外，这无疑会促使部分出狱犯人走上重新犯罪的道路。所以，必须通过教育和制定相应的政策、法律改变公众的陈旧观念，给出狱犯人提供一个良好的悔过自新的环境。

第六，需要政府各部门和全社会共同参与。《第七届联合国预防犯罪和罪犯待遇大会的区域和区域间筹备会议的讨论准则》指出："用科学方法进行预防犯罪的规则，作为整个国家规则（无论是部门的或部门间的）工作的一个必要部分。"还指出："要把预防犯罪的规则作为整个国家发展过程的一部分，必须根据犯罪统计数据和刑事司法数据来制定政策。"在联合国第八届预防犯罪和罪犯待遇大会上，再次强调了这一思想和原则。比如，这次大会通过的《利雅德准则》就规定："要成功地预防少年违法犯罪，就需要整个社会进行努力，确保青少年的均衡发展。"这个准则规定，家庭、学校、社区、大众传播媒介、社会、司法部门等都有义务做好预防青少年违法犯罪的工作。这次大会又进一步强调，要加强预防犯罪领域的国际合作。一方面要排除孤立主义，另一方面则要尊重各国主权。各国应携起手来加强合作，共同惩治犯罪，做出有效的预防和控制犯罪的多边努力。有的代表还提出，应设立国际刑事法庭，编纂国际刑法和起草犯罪预防国际公约。但是，对此有的代表提出疑义。总之，把预防和控制犯罪，其中也包括重新犯罪，纳入整个社会发展规则之中，依靠整个国家，即社会各方面的力量来共同治理犯罪，这是世界各国公认的科学做法。

最后，公正执法的环境至关重要。执法不公几乎是一个全球性的问题。目前，实际上许多国家都存在着两类执法对象：一类是享有特权的，一类是无特权的。即使在同等罪行条件下，这两类人无论是在逮捕、拘留，还是在判刑、行刑上都是截然不同的，存在严重的不公平现象。例如，许多国家在刑事法律中规定了保释金制度，那么有钱人即使有罪，只要交一定数量的金钱，就可以不受逮捕和拘留，穷苦人即使没罪，因为没钱也可能遭受牢狱之苦。假如能公正执法，即使严厉，犯人也能接受。相反，如不公正执法则是非常有害的，这不但会给犯人提供重新犯罪的借口，而且会使犯人找到自己罪行合理化的理由。所以，联合国和国际上的一些著名法学家、犯罪学家一再呼吁各国政府改革不合理的法律制度，贯彻法律面前人人平等的原则，公平执法。其中有的国家采取措施减轻弱势群体的负担，设立"监督法官"，这无疑是向执法公正所做的努力。

第二节　重新犯罪防控的威慑模式

这里的威慑主要是指以（刑罚）之威力慑服人心之意。旨在通过使用残酷的刑罚威吓罪犯，是人类最早使用的预防和控制重新犯罪重要方法之一。重新犯罪防控的威慑模式是指国家通过对罪犯使用刑罚，使罪犯本人在承受痛苦后产生恐惧之心，从而不再重新犯罪的。纵观整个刑罚史，通过使用肉刑等使罪犯感到痛苦的刑罚，从而达到预防和控制罪犯再犯罪是古代世界各国用刑的重要政策。

通过刑罚威吓罪犯，以预防和控制重新犯罪是最接近人类本性或者说本能的控制重新犯罪的方法，也是最简单的防控重新犯罪的方法。正因为如此，每当重新犯罪成为社会问题时，加大对犯罪者的痛苦以威慑犯罪人往往成为人们防治重新犯罪最先考虑的选项。

早在古希腊时期，人们就将刑罚惩罚与控制罪犯的重新犯罪联系起来。柏拉图曾经说：有理性动用惩罚措施的人不会对罪犯过去的行为报复，而是关注犯罪人的未来，惩罚是为了预防。①

在欧洲启蒙时代，"理性"无疑是最重要的概念。因为人具有理性，所以，罪犯在重新犯罪时会考虑到再犯罪的后果。边沁在解释威慑如何能防控重新犯罪提出了自己的看法：人既有理性，又有意志自由，能够对自己的行为负责，人是按照功利原则行为的，追求快乐与幸福，避免痛苦与不快乐。②因此，要预防和控制罪犯重新犯罪就要使罪犯感到痛苦，使罪犯所受痛苦大于犯罪所得之乐。边沁的观点不仅阐释了人类使用残酷刑罚预防和控制重新犯罪的历史，还明确承认通过刑罚给犯人带来痛苦具有正当性。罪犯虽具有犯罪经验，但也具有理性的一面，表明刑罚威慑是避免罪犯再犯罪的有效方法。可见对刑罚威慑有利于防控重新犯罪具有一定的社会认同。

传统威慑罪犯的最大特点是重刑威吓，以严峻的刑罚惩治罪犯。对刑罚惩罚抱有一劳永逸的功利目的，期望通过严刑彻底打碎罪犯再犯罪的欲望，让其望刑狱而畏惧。

要强调的是，今天的威慑模式已不同于历史上的威慑模式，历史上的威慑模式是无前提、无界限的，而今天的威慑模式是有前提、有界限的，受人道主义、公平观念与效益原则的制约。现代威慑模式的实质是使用刑罚手段威慑罪犯以达到他们不再犯罪的目标，而增加了三个前提条件：第一，对罪犯的威慑必须要人道；第二，对罪犯的威慑必须要保证公平、正义；第三，

---

① Jowett, B. Translator, Protagoras, the Dialogues of d Plato, Great Books of the Western World Series. Chicago: Encyclopedia Britannica Inc. 1952, p. 45.

② Jeremy Bentham, J. An Introduction to the Principles of Morals and Legislation. Garden City: Doubleday, 1961, p. 18.

对罪犯的威慑必须要考虑有效性。在现代刑事司法实践中，上面的三个条件已经演变为刑罚的三个重要原则，即刑罚的人道原则、刑罚的均衡原则、刑罚的有效原则。刑罚威慑既要考虑到威慑，又要考虑到罪刑相当，还要考虑到刑罚适用的有效性。威慑模式的主要内容有：强制最低刑量刑制度、体现"报应"制度、制定量刑准则制度、真实量刑制度以及从重从快制度。

强制最低量刑制度的特点是通过在法律上规定确定的、具体的刑罚，以威慑罪犯，对特别的犯罪法律规定有最低刑罚。例如，美国俄勒冈州1994年11月通过公决的"措施11"中，明确规定了谋杀、加重的谋杀等最低的监禁刑时间。体现"报应"制度的特点是立法者与司法者在罪刑关系上寻求对等关系，对犯罪人以对等的刑罚惩罚其相应的罪行，以期实现对犯罪人犯罪的报应。

量刑准则制度的基本特点是立法者通过确定不同犯罪等级并依据不同的犯罪记录确定不同犯罪与犯罪人的受刑幅度，司法者根据量刑幅度确定刑罚。例如，美国从1987年11月1日起启用量刑准则。量刑基本准则的价值目标是构建罪刑相当的刑罚适用关系。根据这一目标，量刑的基本根据定位在罪犯犯罪的严重性上，同时考虑罪犯的犯罪史，所构建的关系是：犯罪越严重，刑罚越重；犯罪次数越多，刑罚越重。根据美国量刑准则（2004年版），犯罪严重程度被分为43个等级，犯罪记录包括1次到13次以上。犯罪人犯罪应得刑罚可以从量刑表中查出。根据量刑准则，对于具体罪，随着犯罪情节的不同，犯罪的等级会加以调整。量刑准则由于在实现威慑犯罪、控制量刑权使用、促进公平等多元目的上有显著的成果，因此被越来越多的国家所注意、重视，甚至接受。例如，1989年英国"治安法官协会"通过了国家量刑指南。该指南覆盖了25个常发犯罪类型。现在这个指南仍定期修订。1993年的版本根据《刑事司法法》的有关规定首次对每个罪的入刑点进行了规定。①

---

① Cavadino, M. & Dignan, J. The Penal System, London: Sage Publications, 1997, p. 92.

真实量刑制度的基本特点要求在狱内服满法定比例的刑罚，才能出狱。真正服刑制度的基本内涵是指要求罪犯在狱内实质性地服刑，在狱内服足够长的刑期。真正服刑制度最早出现在美国华盛顿州。这一制度的突出特点是要求罪犯在监狱内承担刑事责任，假释、减刑受到很大限制。真正服刑制度实质性的发展始于20世纪90年代。1992年时任美国司法部部长的 William P. Barr 作了以下报告："打击暴力犯罪：强化刑事司法的24个建议。"该报告指出，根据美国刑事司法调查局的调查，罪犯在狱内服刑的期限平均为原判刑罚的37%，30%的犯谋杀罪的罪犯在保释、社区执行或者假释中。报告提出罪犯在狱内服刑时间短，存在不能满足正义需要的问题。弗吉尼亚州1994年通过了《犯罪法案》，于1995年1月生效。根据该法案，裁定的假释制度被取消，假释委员会不再可以假释罪犯，同时减刑的使用也受到限制。罪犯被要求在监狱内至少服满所判刑罚的85%，而暴力犯与反复犯罪的罪犯需要在监狱内服更长时间的刑。[①] 有研究者对弗吉尼亚州1993年后所释放的罪犯进行过为期3年的跟踪调查，发现有49.3%的罪犯重新被捕，重新犯罪率下降很明显。根据弗吉尼亚州的旨在降低重新犯罪的"罪犯释放声明的规定"，罪犯释放时要接收到一个通知卡，这个卡要告诉罪犯重新被捕或重新犯罪的后果，特别是重新犯重罪的后果。弗吉尼亚州的成功经验首先被美国联邦政府所肯定。美国国会于1994年通过《暴力犯罪控制与法律执行法》，这部法对真正服刑制度予以了充分肯定。随后，到20世纪90年代末，有41个州以及哥伦比亚特区已经推行了真正服刑制度。推行真正服刑制度的各州有所不同。有的州要求罪犯，主要是暴力犯，在狱内服刑不低于原判刑期的85%，而有的州要求罪犯在狱内服刑完毕。从重从快制度的基本特点是对事诉讼运作提速，同时加大对犯罪人犯罪的惩罚力度。

　　然而在刑罚执行的实践中，国家为了控制重新犯罪，在可能的情况下不

---

　　① Ostrom, B. J. , Cheesman, F. , Jones, A. M. & Peterson, M. Truth in Sentencing in Virginia. Washington. D. C. the National Institute of Justice, 2001.

断探索刑罚的最佳威慑形式。例如，在美国，为防治重新犯罪，他们做了许多重要的探索，在一些监狱推行军事化管理是其中一项重要尝试。内容包括：第一，每日严格的纪律与监督；第二，确定的活动，包括劳动、健身房、集体活动、列队；第三，适用有弹性的惩罚体制。同时公众对刑罚的特别威慑也是充分肯定的。一项围绕刑罚目的的调查表明：有90%的被调查者认为特别威慑是很重要的。[①]

即使到了现代社会，当重新犯罪率上升时，威慑仍然是人们最容易想到的重新犯罪防治政策。在美国，20世纪70年代，由于重新犯罪率上升问题的被"发现"，评价当时的政策及重新设计防控政策的问题随之产生。根据1979年的一项调查：53%的人认为现代监狱的条件不够严厉。根据在伊利诺伊州进行的一项调查，超过60%的被调查公众认为严格监禁刑有助于降低犯罪。持有这一观点的被调查的法官与立法人员皆超过60%；而主张严厉打击犯罪的公众人数上升到被调查者的93.2%，持有同样观点的被调查的法官与立法人员皆超过90%。

英国著名的社会学家David Garland教授曾经对欧洲历史上"空役"（无社会价值的劳动）现象进行过历史性分析。通过他的分析，我们看到犯罪、重新犯罪上升与威吓罪犯存在下述关系：到18世纪，监禁设施已经替代肉刑成为应对犯罪的基本的经常性的刑罚方法，但是，当监狱成为刑罚的主要执行方式后，社会形势发生变化，监狱组织罪犯劳动的社会基础变化了。罪犯劳动从生产性的活动与营利性的劳动训练变为旨在折磨罪犯的无意义的劳动，如踩轮子等，由于刑罚的实质目的在于威慑、惩罚罪犯，虽然监狱不仅提倡矫正，而且对罪犯进行宗教意识的培养，但是，实际上推行的独居手段，让罪犯感受孤寂的痛苦。

1995年美国的亚拉巴马州将镣铐队重新引入美国。镣铐队指监狱不仅让

---

① Roberts, J. V. , Crutcher, N. & Verbrugge, P. Public Attitudes to Sentencing in Canada: Exploring Recent , 2007 Findings. Canadian Journal of Crimnology and Criminal justice, January, 2007, pp. 75-107.

罪犯从事重体力劳动，而且让罪犯戴上镣铐。镣铐队首先在亚拉巴马州的Limestone 监狱出现，然后推向其他监狱。罪犯每人都要戴镣铐，罪犯从事的劳动是碎石、挖坑、填坑等。后来国际社会对此进行了反对。

将报应与特别威慑视为并列的哲学。从分类角度和刑罚功能角度将它们并列，无可厚非，但是从预防和控制重新犯罪的角度看，没有意义，因为从这个角度看，报应与威慑是一体两面。根据刑罚的有效原则，刑罚适用与执行要考虑刑罚与威慑的关系：如果刑罚能够威慑罪犯，使罪犯感到痛苦，刑罚就具有有效性；如果刑罚不能够威慑罪犯，或者不能充分威慑罪犯，刑罚就不具有有效性，或者有效性低。对于无效的刑罚或者有效性低的刑罚需要对刑罚本身或者刑罚适用制度进行改革、重新设计与安排。概而言之，威慑模式在当代仍然是防控重新犯罪的一种重要方法，这是惩罚不能在世界上消失的重要原因。

第三节　重新犯罪防控行刑社会化模式

早在 19 世纪社会就有个人及社会组织开始参与罪犯矫正，例如，1845 年贵格教徒在纽约开设了"霍普家庭"帮助刑释人员，布罗克韦于 1861 年开设"底特律矫正之家"向刑释的女犯提供帮助，20 世纪 50 年代教堂开设"中途之家"帮助刑释人员，等等。但是，社会机构大规模参与矫正则在 1967 年后。1967 年后，中途之家、工作释放中心、社区矫正中心迅速发展。帮助罪犯找房子、帮助罪犯找工作、帮助罪犯接受教育等被纳入官员的责任范围。帮助罪犯适应社会渐成西方国家降低重新犯罪率的重要策略。[①]

"行刑社会化"概念产生于 20 世纪 60 年代，也被称为"重返社会"。在

---

① Borzycki. M. Interventionsr for Prisoners Returning to the Community: A report pre-pared by the Australian Institute of Criminology for the Community Safety and Justice. Australian Government Attorney- General's Department, 2005, pp. 11-12.

《二十一世纪的矫正》一书中，其作者 Frank Schmalleger 与 John Oritiz Smykal
给行刑社会化下的定义为：使罪犯转变为建设性社会成员的过程，是矫正的
衍生概念。而在澳大利亚犯罪学研究院的一个报中取下的定义为使罪犯成为
具有建设性的、独立人格的目标与过程。20 世纪 60 年代，美国总统约翰逊开
始推行"对贫困宣战"政策。在这一政策背景下，犯罪外因论兴起，并被权
力部门所接受。这种理论强调导致犯罪的外在因素的重要性，强调社会责任，
在政策上主张对犯罪进行帮助。1967 年美国总统委员会指出："犯罪不仅是个
人的失败，也是社会的失败。"① 推荐使用社会资源对罪犯进行矫正。重新犯
罪防控行刑社会化模式，亦即重返社会模式开始兴起。

　　行刑社会化模式的兴起与发展的内在原因。监狱弊端不断被"发现"，监
狱最初作为刑罚的执行载体被视为替代肉刑与死刑的完美选择。然而，随着
监禁刑的使用，监狱的弊端慢慢地被发现，且人们对此的认识日益深刻——
监狱可能恶化罪犯的人格。

　　美国学者 Philip Zimbardo 的实验表明："在监狱环境下，正常的、健康
的、有教养的人都转变得这么快，而且在这么短的时间内，何况现实中的监
狱，让人不敢想象现实中的监禁生活。"② 该研究表明，监禁对人的人格有一
定消极影响。Edwin Sutherland 的犯罪习得理论认为犯罪就是通过与人交往学
习获得的。Akers 认为，人们在与实施过犯罪行为的人们交往时，相比在与持
有实施犯罪行为意识的人们交往时，会相对更多地面对明显的犯罪和偏差情
境。David Rothrnan 指出：监狱使罪犯更野蛮、更堕落，是以犯罪的方式教育
他们。印象社会学的研究表明，人的性格影射着环境。③ 这些研究使人们对监

---

① 　Williams, T. H. The Evolution of Community Corrections in the United States and the Importance of Evidence-Baaed Practices. New Developments in Criminal　Justice & Crime Control, 2006.

② 　Cullen, F. & Gilbert, K. Reaffirming Rehabilitation. Cincinati: Anderson Publishing Co. , 1982, pp. 117-118.

③ 　Rothman D J. Of Prisons, Asylums, And Other Decaying Ginstitutions [J] . Public Interest, 1972, 27（26）: 3-17.

狱的人格负作用产生警觉。

　　监狱的重要价值在于控制罪犯的重新犯罪。然而，有研究认为，仅通过监狱控制重新犯罪难度较大。例如，英国反社会排斥局认为影响重新犯罪的因素有以下几个方面：教育、就业、毒品与酒精使用、精神与生理问题、社会态度与自我控制、监狱化、生活技能、住房问题、经济问题、亲友关系等。上述因素是影响罪犯重新犯罪的重要因素，其状态的好坏与罪犯重新犯罪密切相关，上述因素向好的方向发展，罪犯重新犯罪可能性低；上述因素向坏的方向发展，罪犯重新犯罪可能性高。而监狱对上述影响罪犯重新犯罪的因素具有消极作用的一面。

　　监狱可能使人监狱化。进入监狱后罪犯的意义，包括吃饭、劳动、学习、睡觉、交往都有了监狱的意义，都反映着监狱特有的文化。监狱行刑是一种经济成本投入大的刑罚执行方式，监禁刑执行不仅需要向被执行人提供衣、食、住，而且需要建设监管设施，保证足量的监管人员等。西方学者认为监狱的严格纪律与单调的交往可能损坏罪犯的思考力，使罪犯的关系密切。许多在监狱待的时间长的人对社会规则只有很少的记忆。

　　监禁刑执行也是一种投入很大的刑罚执行方式。根据有关资料，在维持一个单间监舍每年的费用大概是 1 万美元。[1] 在英国，2001 年到 2002 年，监狱经费管理的目标是每人每年不超过 37500 英镑。澳大利亚的监禁设施中关押 24171 名成人罪犯，2003 年到 2004 年支出是 16 亿澳元，为维持运行，每日在每名罪犯身上需要花费 162 澳元。[2] 监狱对犯罪的影响与维护监狱的价值之一就是控制犯罪。然而有的研究认为，监狱对于犯罪发生的影响非常有限。

　　20 世纪 70 年代从美国掀起的矫正"无效"风潮使得矫正在重新犯罪防控领域、在犯罪防控领域中的地位一落千丈。虽然惩罚正义模式地位上升，但

---

　　[1]　Hicks, S. D. The Corrections Yearbook. New York：Criminal Justice Institute, Inc. , 1981, p. 27.

　　[2]　Borzycki, M. Interventions for Prisoners Returning to the Community. Canberra：Austrlian Goverment Attorney-General Department, 2005, p. 55.

是人们不愿放弃理想，社会不愿放弃希望。社会希望罪犯回到社会上有所改变，人们仍然抱有使罪犯成为守法公民的理想。重返社会观念被越来越多的人所接受，在重新犯罪防控领域内地位不断攀升。关于行刑社会化在防控重新犯罪的价值方面，理论上的肯定集于降低重新犯罪上。从现有研究看，重返社会范式在防控重新犯罪上是很有效的。

德国从20世纪50年代开始使用缓刑、社区执行、社会服务、日罚金代替对青少年犯适用的短期自由刑（一种刑期从2日到4周的短期自由刑）。从1982年到1990年的情况看，上述刑罚的替代使用，对未成年犯的监禁下降了50%以上。实际上，在此期间，成年犯监禁的绝对数也下降了。适用监禁替代刑的罪犯也比适用监禁刑的罪犯重新犯罪率低。有学者对从20世纪60年代开始到90年代中期实施的社区项目，如强化的监督、日报告中心、保护观察等进行研究，发现这些社区性项目比监禁在降低重新犯罪与提供社会适应力上要有效果。①

在对非监禁化中的"前门选择"价值分析中，多数论者认为，非监禁化中的"前门选择"具有下列价值：通过保持罪犯与家庭、社会的联系提高矫正效果，使更多的罪犯参加矫治项目，避免监禁的负作用，减少监禁的费用，最大限度降低定罪对罪犯家庭的影响。然而，重返社会范式是否值得重视最终决定于重返社会范式的效果，决定于重返社会是否能够有利于重新犯罪率下降。

在德国，《刑罚执行法》规定，刑满释放前可下达从宽执行命令。从宽执行是依据罪犯的矫正计划或执行计划进行的。在德国，对监禁刑罪犯给予从宽执行处遇是社会治疗的一个重要内容。从宽执行措施对被关押的罪犯来说，其可以逐步与外界进行接触。在这期间，他可以外出探亲、访友，从事各种

---

① Howell, J. C. Guide for Implementing the Comprehensive Strategy for Serious, Violent and Chronic Juvenile Offenders. Report. Washington, DC: U. S. Department of Justice, Office of Justice Program 8, Office of Juvenile Justice and Delinquency Prevention, 1995.

活动。这在法国，1999 年政府在原社会执行委员会的基础上成立"促进罪犯重返社会与监督局"，这个机构成立的目的是向罪犯提供连续的、有效地促进罪犯重返社会的措施。西澳大利亚州政府 2001 年 7 月提出目标是降低被监禁人数的改革：第一，降低监狱中关押的人数；第二，引入假释中的强制释放制度，根据该种制度，对于犯罪不严重、刑期在 12 个月以下的罪犯可以使用强制释放措施；第三，引入"前门选择"措施。虽然行刑社会化具有较高价值，而且受到肯定，但是，实践仍难度较大。根据美国学者的研究①，由于帮助出狱罪犯回归社会这个问题难办，2004 年 9 月美国司法部召开了第一次罪犯重返社会会议，名为"行动起来促进帮助，谋划未来"。这次会议后美国司法部决定向各州投入 10 亿美元启动或者扩大重返社会项目。

促进罪犯行刑社会化模式的合理性不仅体现在最大限度控制监狱弊端的危害、降低刑罚执行的成本上，最重要的一点是这一模式可以降低重新犯罪率。当代国际社会的促进罪犯行刑社会化的基本实践是：在保证社会安全的前提下，在维护刑罚公正的前提下，对罪犯优先考虑从宽监管的处遇。对罪犯优先考虑从宽监管具体表现在以下方面：定罪前，可诉可不诉的不诉，可定罪可不定罪的不定罪——对犯罪人予以"司法分流"与"恢复性司法"处理。在量刑中，能判社区刑、半监禁刑，也可以判处监禁刑时——判处社区刑、半监禁刑。在行刑中，能从宽时从宽——向罪犯提供开放处遇、监禁过渡、过渡性帮助等机会。当然，这些制度包含很多措施或方法，如劳动释放、学习释放、家庭监视等。当前，促使罪犯行刑社会化模式指导下的刑罚执行已由"监禁—自由"模式转变为"监禁—半监禁—自由"模式。

---

① Schmalleger, F. & SmykaI, J. O. Corrections in the 21st Century. New York：McGraw - Hill，2007，pp. 328-329.

第四节　重新犯罪防控的剥夺模式

重新犯罪防控的剥夺模式是指剥夺犯罪能力以达到预防重新犯罪的目的的方式方法。如同威慑模式一样，是社会对犯罪的反应。很显然，剥夺具有明确的对未来犯罪防控的目的。

人类历史上最早的剥夺就是驱逐，将违反规范的人从其居住的空间中驱逐出去，以达到使犯罪人不再危害其他居民的安全的目的。但是，随着人类社会的不断发展，世界人口的不断增加，开发力度的不断加大，可供驱逐的荒芜偏僻的空间越来越少。监禁逐渐成为剥夺目的的实现的手段。监禁的一个重要功能就是通过控制罪犯的自由以剥夺罪犯的犯罪能力。随着剥夺目的的扩展，剥夺程度具有了层次性的要求，一些新的剥夺手段出现，如电子监控，生物技术控制。例如，1773 年，英国对被实施保护观察的 28 名性罪犯使用了能够降低罪犯性冲动的药物，1975 年至 1978 年之间共有 138 名罪犯使用了这种药物。最近资料表明，英国当局决定对已经被捕的患恋童癖的罪犯实行化学阉割。因为研究发现药物治疗可以减少罪犯以后再次犯罪的风险，所以政府决定实行这一措施。在法国，2005 年有 48 名性犯罪的累犯被使用了"化学阉割"。美国是从 1997 年 1 月推行化学阉割制度的。在加利福尼亚州，性罪犯出狱前一直持续到假释期间都要接受这种"治疗"，如果罪犯不愿意可以选择外科阉割。由于化学阉割不同于生物阉割，比起外科阉割文明，副作用小，降低性罪犯重新犯罪的效果明显，是值得接受的。[①] 当然，剥夺的主要手段仍然是监禁。

从刑罚思想与刑罚制度发展史看，虽然在重新犯罪防控领域剥夺模式早已出现，但是，其发展并受到人们的重视是 1974 年后。1974 年马丁根据 1945 年到 1967 年之间的矫正研究成果统计得出"矫正无效"的结论后，剥夺模式

---

① 翟中东：《国际视域下的重新犯罪防治政策》，北京大学出版社 2010 年版，第 213—215 页。

同威慑模式一样迅速崛起。一时间理论界和实务界不少人主张对罪犯实行剥夺模式。其中，于 1976 年美国总统福特在耶鲁大学做了题为"维护国内的稳定：对犯重罪的罪犯要强制量刑"的讲座，强调应使用更加有力的刑罚惩治罪犯，剥夺他们的自由，促使犯罪率降下来。

在美国犯罪研究领域，最为著名的犯罪学专家马汶·沃尔夫（Marvin Wolfgang）教授曾于 1945 年在费城对青少年团伙犯罪进行了长达十余年的调查研究。他们调查了 10000 名孩子，一直追踪到他们成年。调查中他发现：大多数青春期越轨的孩子在成年时已改邪归正，只有 6%的孩子成为累犯。这 6%的调查对象对费城发生犯罪的 52%负责，对暴力犯罪中的 2/3 负责。1987 年，Wikstrom 在瑞典的斯德哥尔摩的研究结果显示：占所有罪犯 6%的犯人对斯德哥尔摩所发生的一半犯罪负责。Pulkkinen 的研究表明，在芬兰大约占被调查犯罪的 1/2 是由占调查罪犯的 4%男性和 1%的女性所为。研究帕累托法则在一定程度上能够解释以上研究所发现的现象。1897 年，意大利学者维弗利度·帕累托提出了所谓"重要的少数与琐碎的多数原理"，大意是：在任何特定的群体中，重要的因子通常只占少数，而不重要的因子则占多数，因此，只要控制重要的少数，即能控制全局。该原理被称为帕累托法则，又称二八定律。帕累托法则也为犯罪控制指出了方向：控制那些为大部分犯罪负"少数人"——危险罪犯，可以有效控制犯罪局势，即能控制社会整体犯罪率和重新犯罪率，帕累托法则为有效控制重新犯罪指出了方向。

对于如何剥夺罪犯的犯罪能力这一问题，有着不同的回答。一般剥夺理论认为，对于被判有罪的罪犯，无论其具体危险性，都予以严厉的惩罚，判处较长的刑期，以保障公民的安全。然而，这种主张受到很多人质疑。例如，Carlson 等人就认为：一般剥夺理论，其一，将一样增加监狱人口；其二，一样不经济；其三，不能有效地控制犯罪。因此，一般剥夺方法即使可以降低犯罪率，但是因为使用一般剥夺方法监狱人口将上升。也就是说，使用一般剥夺方法，行刑成本将大幅度上升。一般剥夺方法无论能否降低犯罪，其价值都是负的。

有选择剥夺一词最早由 David Greenberg 于 1975 年提出。有选择剥夺是另一种剥夺罪犯犯罪能力的主张。1982 年兰德公司的研究人员 Peter Greenwood and Allan Abrahamse 使用了有选择剥夺一词，并使用这一词用以描述他们所提出的一种政策建议：量刑时将罪犯分为低度危险、中度危险与高度危险三个等级，对高度危险的罪犯予以犯罪能力剥夺。他们认为对高度危险的罪犯予以犯罪能力剥夺可以真正实现降低犯罪、降低重新犯罪的目的。①

既然在我们的社会中是少部分罪犯实施了大部分犯罪，如果能够"标定"出这些罪犯，并将他们隔离于社会，犯罪将会得到有效控制，犯罪控制成本将大大降低，社会安全程度将得到极大提高。这一个观点源于新刑罚学。由于新刑罚学主张有选择地剥夺罪犯的犯罪能力，从而成为剥夺模式的文化载体。新刑罚学之所以得以产生与发展源于"危险评估"理论与实践两方面的成功。危险评估之所以可能，根本原因在于犯罪行为与一些因素有变量关系。这些因素呈阳性，犯罪行为发生可能增大；当这些因素呈阴性，行为人犯罪行为发生可能降低。这些因素可能与自身因素有关，也可能与环境因素有关，这些特定的因素就可能成为犯罪人犯罪预测的因子。重视危险罪犯评估与危险控制方法的研究是控制重新犯罪的重要途径。危险评估就是根据与罪犯重新犯罪相关的因素推测罪犯重新犯罪的可能性大小的一种预测活动。主要涉及筛选预测因子和确定预测因子的权重两大环节。通过危险评估的状况，来配置司法资源，不仅可以降低司法成本，而且可以提高司法效能。各种相关危险评估工具的发展使有选择剥夺实践有了根据。有选择剥夺由理论进入实践阶段。

Greenwood 与 Abrahamse 在 1982 年对有选择剥夺政策，即对犯罪频率高的罪犯加重刑期，而对犯罪频率低的罪犯降低刑期，进行了全面评价。在当代西方，虽然有选择剥夺不断受到质疑，Gottfredson and Gottfredson 在 1988 年批

---

① Auerhahn, K. Dangerousness and Incapacitation: A Predictive Evaluation of SentencinS Policy Reform in California, 2001, pp. 100-101.

评有选择剥夺是预先惩罚被标定有高危险的但没有实施犯罪的人。[①] 还有学者认为，无论是对危险的临床预测，还是统计预测，都并非那么准确。更有学者认为有选择剥夺在适用中存在歧视问题，对危险的预测存在道德与公正问题。但是，有选择剥夺发展依然很快。

第五节　重新犯罪防控的混合模式

从历史的角度看，围绕重新犯罪防控始终存在不同的模式。但是，在"马丁报告"掀起对矫正模式否定潮之前，矫正模式是西方发达国家重新犯罪防控的主要模式。从悔罪所、改造所、矫治时代、矫正协会劳动改造等概念就可以反映出在那段历史时期矫正模式的曾经的辉煌。20 世纪 70 年代后，矫正模式开始走下神坛，其他重新犯罪防控模式相继开始崛起。最先崛起的范式是剥夺范式，然后是名为报应实为威慑的模式，接着行刑社会化模式也很快得到重视，20 世纪 90 年代矫正模式又开始得到重生。但是，在当代重新犯罪防控实践中，由于知识结构发生了很大变化，与之相关的政治、文化、司法、立法软力量相应变化，已不存在某种模式一家独大的基础。无论是威慑，还是矫正，剥夺抑或行刑社会化，都将不再是一枝独秀。当代重新犯罪防控模式为混合式所代替。随着混合式的发展，混合式必然要不断向模式的包容状态发展，走向模式的有机组合。相关模式的有机组合是混合模式存在的自然状态，将成为重新犯罪防控的主流。

剥夺模式认为通过实施危险性评估，将危险罪犯关押在监狱可以降低刑罚执行的成本，可以提高社会的安全水平，可以降低重新犯罪率。对危险性罪的关押可以降低其重新犯罪的可能。根据犯罪生涯理论，对犯罪分子而言，犯罪具有犯罪高峰，也有犯罪低谷。对特定犯罪分子而言，随着年龄增大，

[①]　Gottfredson M R , Gottfredson D M. Decision Making in Criminal Justice：Toward the Rational Exercise of Discretion ［M］. 1988.

其犯罪可能性随之降低。

剥夺模式的兴起,有选择剥夺政策出现,带动了累犯打击法、性罪犯登记法等一批刑事法的问世。美国加利福尼亚州是受有选择剥夺模式影响较大的州。其于 1994 年颁布了《累犯三次打击法》,在我国有人将其译为"三次打击法"。从理论上讲,《累犯三次打击法》的实施可以有效控制监狱在押犯,只将被认为是危险犯的累犯,特别是第二次犯罪、第三次犯罪的罪犯长期押入监狱,然而,推行后发现,实施《累犯三次打击法》使监狱在押犯暴增。监狱在押犯数量的上升意味着刑罚执行成本的上升。与此同时,《累犯三次打击法》实施十年来,成千的暴力犯罪与严重的犯罪被阻止,已经直接发挥了控制犯罪的作用,减少了被害人的痛苦,上百万的加利福尼亚州人得到了保护。其价值是非常值得肯定的。

剥夺的不可替代。例如,Wolfgang 与他的宾夕法尼亚州大学同事对上万名 1945 年出生在宾夕法尼亚州的人进行犯罪惯习分析。他们发现,有 1/3 的孩子的犯罪经历止于第一次被捕。然而一旦被捕 3 次以上,再次被捕的可能高达 70%。这一研究表明:严厉的刑罚所产生的威慑并不是万能的。对这些具有多次犯罪史的犯罪核心成员,威慑与矫正未必产生多大作用。对这些人只能选择剥夺,通过犯罪生涯的结束而控制他们可能的重新犯罪。

1974 年后矫正模式的地位被威慑模式所替代。该模式是 1976 年被提出的。这种模式的主张者认为,拒绝矫正是解决犯罪问题的基本方法。该模式认为刑罚只应当考虑犯罪的严重性,而不考虑犯罪人。威慑模式在当代刑罚中的表现形式就是报应模式。由于"二战"后人道主义、公平与正义的道德化,威慑范式被确定了前提:威慑不能超过公平,这也是威慑的底线。这样,在当代刑罚适用中,威慑模式便通过报应模式的形式体现出来:在追求公义的人眼中,惩罚体现报应;在追求功利的人眼中,惩罚体现威慑。威慑以报应的面目表现出来。这是现代威慑范式与传统威慑范式的最大区别。Gary Zajac 根据"直接威慑项目"实施情况认为威慑不能有效防控重新犯罪。1978

年由美国福特总统时期的司法部资助的国家科学小组围绕威慑与剥夺效果进行分析，得出以下结论：不能确定威慑发挥作用。1990 年在 3 年调查的基础上，英国政府的白皮书也对通过提高刑罚程度的预防犯罪提出疑问：很多犯罪分子是冲动犯罪的，是在适当的机遇下犯罪的，如没关窗户、没关门等。刑罚设计者意图让这些人掂量犯罪的后果，将行为建立在理性基础上是不现实的。加拿大量刑委员会 1987 年指出：根据司法实证经验，威慑思想不能作为刑罚指南使用。由于罪犯数量的增加，司法费用的上涨，威慑模式也受到了危机。

　　刑事司法领域没有任何概念像威慑这样备受诟病，又让人恋恋不舍：一方面人们认为威慑导致了刑罚的残酷，另一方面又认为威慑非常重要，应该支持。法国社会学家杜尔凯姆曾经就解释了为什么人们支持刑罚威慑。他指出：刑罚传导一种道德信息，包含对道德行为的肯定与对非道德行为的谴责。刑罚不是通过罪犯的受罪而赎罪，也不是威慑可能的欲犯者，而是让罪犯知道社会对他们违法行为的不赞同与谴责。也就是说，无论肉刑，还是监禁刑、财产刑、资格刑，都应当将社会的反对的声音带给罪犯。①

　　矫正模式的复兴。威慑模式也遇到危机，学界与政府又将通过矫正罪犯降低重新犯罪的问题提出。矫正模式的复兴主要体现在两个方面：第一，颠覆了"矫正无效"的判断。例如，最初 Martinson 报告认为"矫正无效"，但后来的很多研究结论是矫正有效。第二，开发了很多矫正项目，使矫正向繁荣、科学方向发展。20 世纪 70 年代后的矫正工作有两大特点：其一，矫正方法呈工具化，不管理论上认为多么重要的矫正方法，需要具有操作性；其二，具有可操作性的矫正工具——表现为矫正项目，要接受矫正效果认证，只有经过认证的、被权威机构认定为具有矫正积极效果的项目，才能运用于矫正领域。公众开始对惩罚与矫正两个价值都是持肯定态度的。例如，在抢劫案、强奸案中，主张对罪犯予以惩罚者略多，但是在持有毒品案件中，主张对罪

---

　　①　Garland, D. Punishment and modern Bociety: A Study in Social Theory. Oxford: Clarendon Prenss, 1990, p. 4.

犯矫正者略多。

行刑社会化在重新犯罪防控领域受重视。行刑社会化模式是鲜有的受到各方支持的模式，包括矫正模式反对者。行刑社会化模式之所以受到各方支持的主要原因在于：第一，行刑社会化模式所主张的发展方向与矫正范式相同，因而矫正范式的主张者赞同这种范式，实际上，行刑社会化模式本来就派生于矫正范式；第二，行刑社会化的措施也可以体现出威慑的价值，因而威慑范式的主张者不反对行刑社会化模式；第三，行刑社会化模式与剥夺范式可以互补，对于危险大的罪犯予以剥夺这个主张，包含对危险小的罪犯放到社会，因而，行刑社会模式也受到剥夺范式主张者的支持。行刑社会化主张者所主张的各项政策都具有相比监禁措施成本低的特点，因而这些政策很容易得到政界人士、立法界人士的支持。同时由于行刑社会化主张者所主张的各项政策比监禁刑、死刑等文明，因而获得了人道主义主张者的支持。正因为如此，体现行刑社会化模式的政策在各国都有着不同程度的发展。[1]

混合模式的兴起。从理论上讲，混合模式可能出现多种形态：例如，威慑模式和矫正模式的综合；威慑模式和剥夺模式的综合；威慑模式、矫正模式和行刑社会化模式的综合；四种模式的综合；等等。理论源于实践，反过来理论又可以指导实践。在实践中，重新犯罪防控模式转化为混合模式的动因是什么？这首先要归功于知识界的理论努力。在当代重新犯罪防控实践中，专业人员的地位越来越重要。专业人员的研究成果对实践有很大影响。绝大多数专业人员对重新犯罪防控模式的主张是混合的模式。例如，西方一些学者将刑罚目的概括为：首先，矫正、威慑、报应与剥夺。其次，得益于公众支持。在当代，世界上许多国家重新犯罪防控策略在不同程度上受着公众态度的影响。而多项研究调查表明，对支持混合模式者已超过50%。例如，一项在伊利诺伊州的调查表明：无论是威慑，还是矫正，在公众、监狱官员、立法人员、法官、

---

[1] 翟中东：《国际视域下的重新犯罪防治政策》，北京大学出版社2010年版，第83—84页。

律师、矫正管理人员、罪犯等被调查对象中，90%的人同时支持这两种模式。

在今后的重新犯罪防控模式中，混合模式可能出现一些以下混合形式：一是威慑模式与矫正模式可以相互混合形式。理由是：对罪犯的威慑，有可能使罪犯产生痛苦、恐惧、自责等体验。而这种痛苦、恐惧、自责的体验有可能促使罪犯认知的变化，进而在行为上、道德上产生变化。二是行刑社会化模式与威慑模式结合。行刑社会化模式可以帮助罪犯避免监狱化，可以帮助罪犯获得或者保持住工作岗位，但是，这有可能造成罪犯对刑罚的谴责感受不深，缺乏痛苦体验，容易导致罪犯重新犯罪。因而对于刑罚痛苦感受弱的罪犯要考虑加重刑罚的威慑力。西方目前推行的强化社区执行项目，就有提高罪犯对刑罚的痛苦体验的目的。三是行刑社会模化式与剥夺范式相互制衡。这两种模式有了相互依存、相互支持的特点：剥夺模式认为对经过危险性评估被认定为危险罪犯的人进行监禁剥夺，而对于经过危险性评估被认定为危险小的罪犯，就释放到社会上服刑，从而减轻监狱的压力。将危险性小的罪犯释放到社会上，不仅不会带给社会危险，而且可以保证社会安全，促使罪犯尽快融入社会，成为守法公民。四是矫正范式与行刑社会化模式相互支持。行刑社会化模式式衍生于矫正模式，在一定意义说，融入社会是罪犯矫正的最低目标，矫正是行刑社会化模式的最高目标。两种模式在目标上具有一致性。五是矫正范式与剥夺范式相互补充。德国刑法学家李斯特就矫正罪犯曾说：能矫正者，矫正；不能矫正者，不使之为害。这里的"不使之为害"即指剥夺罪犯的犯罪能力。这句话揭示了矫正模式与剥夺模式的相互关系。对有矫正可能的罪犯进行矫正，对没有可能矫正的罪犯，或者矫正可能很小的罪犯，不必投入大量的人力、物力与财力，开展没有结果的矫正，而应当对他们采用剥夺措施。重返社会的有效性不是没有条件的、不分对象的，行刑社会化模式对一些人是不适用的，对这些人要考虑使用剥夺模式或威慑模式。反之亦然，对有的人，使用威慑模式或者剥夺模式是有害的，可能加重其重犯倾向，而应当使用行刑社会化模式。

第五章　转型期重新犯罪的状况与分析

第一节　历程梳理与趋势研究

根据原司法部部长吴爱英 2012 年 4 月 25 日在十一届全国人大常委会第二十六次会议上所作的《国务院关于监狱法实施和监狱工作情况的报告》显示，全国共有监狱 681 所，监狱人民警察 30 万人，在押犯 164 万人。下面从重新犯罪率和重新犯罪比重两个指标对我国重新犯罪状况予以呈现并加以分析。在新中国成立后的 50 年代和 60 年代，实务工作部门曾对我国重新犯罪情况进行过一些零星调查，但是未进行过大规模、系统性调查。从 1986 年开始至 1990 年期间，由原司法部预防犯罪与劳动改造研究所、劳改局及劳教局联合组织，对 1982 年至 1986 年刑满释放人员，在刑满释放和解除少年收容教养后三年内的社会表现及重新犯罪的情况，进行了为期五年的调查研究。调查的重新犯罪情况结果：成年刑释人员平均重新犯罪率为 5.19%，少年刑释人员平均重新犯罪率为 14.10%。

表 5-1　具体年度重新犯罪率（%）[1]

年度 类别	1982	1983	1984	1985	1986
成年刑释人员	10.67%	5.96%	5.07%	3.97%	3.92%
少年刑释人员	17.89%	15.92%	11.13%	10.36%	12.67%

以上数据是新中国成立后，20 世纪 90 年代之前，关于全国性重新犯罪率的唯一的公开发布，此后至今，中国官方很少再公开发布过全国性重新犯罪率数据，取而代之的是用重新犯罪比重来描述中国重新犯罪状况。

表 5-2　1984 年之后中国重新犯罪的比重（%）[2]

年份	判刑两年以上人数（人）	重新犯罪的比重（%）
1984	77765	6.34
1985	79680	6.78
1986	82254	7.33
1987	85332	7.85
1988	87836	8.32
1989	94152	8.35
1990	106951	8.55
1991	120113	9.26
1995	143441	10.86
1996	157373	11.10

1996 年，司法部预防犯罪研究所与监狱管理局依据司法部办公厅 1996 年

---

① 李均仁：《中国重新犯罪研究》，法律出版社 1992 年版，第 38—40 页。
② 李均仁：《中国重新犯罪研究》，法律出版社 1992 年版，第 23 页。

10 月 15 日下发的《关于在今年"严打"期间新收押罪犯中开展重新犯罪调查研究的通知》的司办〔1996〕64 号文，组织对全国部分省市监狱在新收押罪犯中开展了重新犯罪调查研究，这项调查研究要求各地先选取调查点，并要求每个调查点对"严打"期间从 1996 年 5 月 1 日至 12 月 31 日新收押的罪犯进行全员调查。这次调查实际统计的是 11 个省（市）的 51 所监狱"严打"期间新收押的 27039 个样本，其中重新犯罪人数是 3587 人，重新犯罪比重高达 13.27%，明显高于 1996 年全国平均重新犯罪比重 2.27 个百分点。1992 年 8 月中华人民共和国国务院新闻办公室发布的《中国改造罪犯状况》白皮书称："中国是世界上重新犯罪率最低的国家之一，多年来一直保持在 6%—8% 的水平。"笔者认为，6%—8% 这个数字应当是以 1990 年以前的数字为基础的。1990 年全国判刑二次及以上罪犯人数为 106951 人，所占全国在押犯的比重为 8.55%。1996 年全国判刑二次及以上罪犯人数升至为 157373，所占全国在押犯的比重为 11.10%。按全国在押犯中二次判刑以上的绝对数计算，1996 年比 1990 年增加了 50422 人，增加 47.14%；其比重则增加 29.8%。以此增长速度推算相对应的重新犯罪率，《中国改造罪犯状况》白皮书认定的 6%—8% 已经被突破。1996 年的重新犯罪率，按绝对数的增速计算为 10.3%，按比重的增速计算为 9.196%，两者平均在 10% 左右。由于 1992 年的刑事案件立案标准已做过调整，重新犯罪的社会调查中有一部分人因查无下落而漏查，所以，这一重新犯罪率是只低不高的，实际上已超过 10%。[1] 由此可见，这一时期我国的重新犯罪率基本上处于缓升态势，与西方国家（我国与西方重新犯罪率的概念不尽相同，这里主要是和西方国家的监禁率相比较）相比我国的重新犯罪率比较低。

2003 年，全国在押犯中重新犯罪的罪犯所占比重为 12.86%。根据《邵雷同志在全国监狱局长座谈会上的讲话》，2006 年底全国在押重新犯罪人员为 23

---

① 李均仁、朱洪德等编著：《在社会主义市场经济条件下预防重新犯罪方略》，中国农业出版社 1998 年版，第 38 页。

万余人，重新犯罪率（重新犯罪比重）为 14.8%。① 截至 2007 年第三季度，我国被判刑二次以上的罪犯有 239802 人。据国家统计局公布的数据，2007 年底，我国监狱在押服刑人员 1589222 人。这样就可以推算出 2007 年我国被判刑二次以上的罪犯占总押犯的比重大约为 15.1%。根据司法部监狱管理局统计的数字，2008 年全国在押犯接近 160 万人，其中属于因刑释之后重新犯罪被二次判刑的就达 24 万多人，比起 2003 年来增长了近 12%。② "截至 2012 年 6 月，全国累计接受社区矫正人员 105.4 万人，解除矫正 58.7 万人，社区矫正人员在矫正期间的再犯罪率为 0.2% 左右。" "2002—2011 年，经过各方努力，中国未成年人重新犯罪率基本控制在 1%—2%。"③ 关于监狱服刑人员刑满释放后的重新犯罪率是多少，在白皮书里并没公布，只是称："监狱服刑人员刑满释放后的重新犯罪率始终保持在较低水平。" 至于重新犯罪率低到什么水平，具体数据不得而知。

除此之外，我们没能再收集到公开发布的全国性的重新犯罪比重。但是，通过对一些省及部分监狱的调研和查阅收集学术界和实务界取得的相关数据，我们大致上可以得出这样的判断：1996 年之后，全国重新犯罪比重仍然呈现出上涨的势头。虽然一些省及部分监狱的数据不能代表全国的重新犯罪的情况，但是在某种程度上可以反映出全国的重新犯罪情况的一些轨迹和大的趋势。

① 江伟人：《关于监管改造工作首要标准的思考——以上海刑释人员重新犯罪为例》，《中国监狱学刊》2009 年第 3 期。
② 司法部副部长陈训秋：在全国监狱劳教场所安全稳定工作电话会议上的讲话。
③ 中华人民共和国国务院：《中国的司法改革》白皮书，2012 年 10 月 9 日。

表 5-3　福建省 1995—2005 年重新犯罪人员占全部在押犯的比例（%）[1]

年份（年）	在押犯总人数（人）	重新犯罪人数（人）	重新犯罪比重（%）
1997	46168	4626	10.0
1998	47347	4926	10.4
1999	47343	4584	9.7
2000	47837	4826	10.1
2001	51481	5556	10.8
2002	53414	6061	11.4
2003	53870	6134	11.4
2004	55639	7232	13.0
2005	56796	7754	13.1

从上表统计数据表明，福建省 1997—2005 年九年期间重新犯罪人数和比重基本都在递增。从 1997 年至 2005 年，重新犯罪的比重增加了 3.1 个百分点，再看重新犯罪的绝对数，1997 年比 2005 年增加 3218 人，九年之间增长了 69.6%。

表 5-4　贵州省 2005—2009 年重新犯罪人员占全部在押犯的比例（%）[2]

年份（年）	重新犯罪比重（%）
2005	9.69
2006	10.83
2007	11.14
2008	11.41
2009	11.78

① 欧渊华、陈晓斌、陈名俊：《福建省刑满释放人员重新犯罪问题研究》，《福建公安高等专科学校学报》2007 年第 3 期。
② 贵州司法厅理论研究课题组：《刑满释放解除劳教人员重新违法犯罪及其管理对策研究课题报告》，《中国司法》2011 年第 7 期。

表 5-5 安徽省 2004—2008 年重新犯罪比重（%）[1]

年份（年）	重新犯罪比重
2004	14.2
2005	14.7
2006	14.1
2007	14.5
2008	15.3

表 5-6 浙江省 1999—2002 年在押犯中二次以上被判刑所占比重（%）

年月份	所占比重
1999 年底	13.20
2000 年底	13.64
2001 年底	14.23
2002 年 5 月	14.40

数据来源：浙江省监狱管理局狱政处 2002 年 6 月对浙江省在押犯的统计。

表 5-7 湖北省 1997—2000 年重新犯罪比重（%）[2]

年份（年）	重新犯罪比重
1997	17.9
1998	21.1
1999	19.0
2000	23.0

山东省 1994 年在押二次犯罪以上的罪犯占 11.8%，到 2001 年在押重新犯罪的比重 18.8%，增加了 7 个百分点。[3]

截至 2009 年 8 月，通过对陕西省宝鸡监狱等 8 所监狱罪犯的重新犯罪情

---

① 安徽省监狱管理局重新犯罪课题组：《2009 年安徽省在押犯重新犯罪情况的调查分析》。
② 张旭：《犯罪学要论》，法律出版社 2003 年版，第 121—182 页。
③ 张安民、慕庆平：《山东省押犯新情况抽样调查报告》，《犯罪与改造研究》2001 年第 10 期。

况抽样调查分析：陕西省这 8 所监狱的在押犯重新犯罪比重平均为 15.7%。[1]

通过对陕西省延安市的姚家坡、槐树庄、红石岩和上畔子四所监狱的调查发现，截至 2002 年 6 月底在押罪犯 5610 人，其中重新犯罪约 835 人，占在押犯总数的 14.88%。[2]

截至 2003 年 12 月 31 日，北京监狱管理局共有在押犯 15423 名，其中重新犯罪的罪犯为 3426 名，占在押犯总数的 20.1%。[3]

截至 2003 年 12 月 31 湖南省共有在押犯 63393 名，其中重新犯罪人员 7896 名，占在押服刑人员总数的 12.46%。

据上海市监狱管理局统计，截至 2002 年底，上海市监狱系统在押犯中，曾被判刑两次以上者占 19.8%；截至 2003 年 12 月 31 日，上海市监狱系统曾被判刑者占在押服刑人员的 18.53%；截至 2008 年底，上海市监狱系统曾被判过刑者占在押服刑人员总数的 23.3%。

据天津重新犯罪调查科研数据库的调查统计结果显示，1990 年在押犯的重新犯罪率为 14.7%，1993 年为 12.2%，1996 年为 19.9%，1999 年为 11.7%，2002 年为 13.1%，2005 年为 20.6%。[4] 从天津市重新犯罪的发展趋势看，1990 年至 2005 年重新犯罪率呈现波动上升趋势。

通过对以上十一个省、直辖市重新犯罪的统计数据来看，重新犯罪无论是绝对数，还是重新犯罪的比重这个相对数，基本上都是上升的趋势。以下是对一些监狱的重新犯罪的状况的具体呈现：

---

① 董毓全、李亚军：《陕西省罪犯收押及相关情况的调研与思考》，《中国司法》2010 年第 1 期。

② 黄莺：《延安市监狱在押罪犯重新犯罪调查与思考》，《陕西检察》2003 年第 1 期。

③ 北京市监狱管理局重新犯罪课题组：《北京市在押重新犯罪情况的调查分析》，《中国司法》2005 年第 6 期。

④ 丛梅：《重新犯罪实证研究》，天津社会科学院出版社 2011 年版，第 18 页。

表 5-8　四川省南宝山监狱 1998—2003 年重新犯罪比重（%）①

年份	重新犯罪	所占比重
1998	201	11.2
1999	225	12.5
2000	247	13.7
2001	279	15.5
2002	309	17.2
2003	331	19.6

表 5-9　安徽省潜川监狱在押犯中二次以上判刑人员所占比例（%）②

年份（年）	二次以上判刑人数（人）	所占比重
2005	601	19.69
2006	696	21.75
2007	830	22.74
2008	976	23.75
2009	1166	24.0

表 5-10　浙江省 S 监狱 10 年期间新入监重新犯罪人员比例（%）③

年份（年）	重新犯罪人数（人）	所占比重	年份（年）	重新犯罪人数（人）	所占比重
2002	2961	22.2	2007	4112	22.1
2003	2817	18.4	2008	4205	22.4
2004	3710	13.0	2009	4110	25.9
2005	3210	15.8	2010	4178	26.6
2006	2943	22.3	2011	4364	29.3

---

① 陈云、李晓勇：《四川省南宝山监狱重新犯罪服刑人员的调查报告》,《犯罪与改造研究》2004 年第 7 期。

② 王方明：《浅析潜川监狱近五年重新犯罪人数攀升的原因及对策》,《犯罪与改造研究》2010 年第 12 期。

③ 周根杨、姜文水、张爽：《近三年来重新犯罪原因的实证研究》,《犯罪与改造研究》2013 年第 4 期。

通过上面三所监狱收集到的统计数据看，从 20 世纪 90 年代末以来，我国重新犯罪的总人数及重新犯罪的比重都有增加的趋势。

根据调研，2005 年宁夏吴忠监狱当年新收犯人 559 人，其中重新犯罪人数为 62 人，占当年新入狱总人数的比重 11.1%；吴忠监狱 2005 年在押犯 1463 人，其中重新犯罪罪犯 221 人，重新犯罪人数占监狱共有押犯的比重为 15.1%。

2005 年 5 月通过对重庆某监狱进行的调查：该所监狱共有在押犯 5103 人，其中曾有过两次及以上犯罪记录者共 985 人，占在押罪犯人数的 19.3%。[1]

表 5-11　河南许昌市魏都区人民检察院办理的再犯罪案件情况统计[2]

年度（年）	提起公诉的再犯罪人数（人）	提起公诉的人数（人）	所占比重（%）
2007	103	—	15.3
2008	153	—	18.4
2009	202	—	23.1

截至 2011 年上半年，湖北省江北监狱共有在押 1180 名重新犯罪人员（曾受劳教、管制、拘役处罚的情形不计其内），占全部在押犯的 29.5%。[3]

根据笔者 2013 年 7 月在东南地区某监狱调研，该监狱 2012 年 1—6 月新收犯 330 名，有前科罪犯（含累犯）123 人，占新收犯总数的 37.3%，其中累犯有 65 人，占新收犯总数的 19.7%；2013 年 1—6 月新收犯 387 名，有前科罪犯（含累犯）113 人，占新收犯总数的 29.2%，其中累犯有 70 人，占新收犯总数的 18.1%。

根据笔者 2013 年 8 月实地调研，截至 2013 年 6 月，中南地区某省属监狱

---

① 吕应元、王震黎、蒋卢宁：《对当前刑满释放人员再犯罪的调查分析》，《犯罪与改造研究》2005 年第 12 期。

② 张广智、向静：《对当前刑满释放人员再犯罪的调查分析》，《法制与社会》（旬刊上）2010 年第 22 期。

③ 湖北江北监狱课题组：《重新犯罪原因的调查与思考——以湖北江北监狱为样本》，《犯罪与改造研究》2012 年第 11 期。

在押犯总数 3113 人，其中二次以上被判 650 人，占全部在押犯的 20.8%。

根据笔者 2013 年 9 月实地调研，截至 2013 年 7 月，中南地区某市属监狱在押犯总数 557 人，其中二次以上被判 121 人，占全部押犯的 21.7%。

通过对上面监狱的实地或电话调查及收集到的统计数据分析，我国目前服刑人员重新犯罪的比重为 20% 左右。后来，又通过对二十多位到我校参加警衔晋升培训的监狱领导的访谈，也从侧面基本上印证了我的这一判断。

根据 2012 年 4 月 25 日，司法部部长吴爱英在十一届全国人大常委会第二十六次会议上所作的《国务院关于监狱法实施和监狱工作情况的报告》显示，全国共有监狱 681 所，监狱在押犯 164 万人。假如按照重新犯罪的比重为 20% 推算，2012 年我国监狱在押重新犯罪人数大约为 32.8 万。但是，再加上 2012 年在社区矫正服刑人员、看守所关押的已决犯之中的重新犯罪者，除此之外，当年监狱内再犯罪也属于重新犯罪范畴，例如江西省南昌地区所属的八所监狱，从 2007 年至 2010 年共发生各类狱内犯罪 38 起，其中脱逃 11 起、破坏监管秩序 4 起、故意伤害 23 起。[1] 这样恐怕重新犯罪人数不止这个数。2010 年全国全年监狱罪犯脱逃人数第一次降到个位，发生重大狱内案件较上年同比减少 62%。[2]

据国家统计局提供的 2002—2011 年全国在押服刑人员基本情况数据表明，自 2002 年以来，我国监狱在押服刑人数每年都处于增长态势，2003 年底在押犯为 1562742 人，到 2013 年底在押犯人数为 1697541 人，这十年期间我国监狱在押犯绝对数增长了 134799 人，增长率为 7.9% 左右。

---

① 徐利科、魏荣辉、夏守德：《服刑人员再犯罪行为的特点、原因及对策——以南昌地区所属八所监狱为视角》，《科技信息》2011 年第 22 期。

② 中国法律年鉴编辑部：《中国法律年鉴 2011 年》，中国法律年鉴社 2011 年 8 月，第 250 页。

表 5-12　全国在押服刑人员基本情况（人）

年份（年）	年初在押服刑人数	年末在押服刑人数	释放人数
2013	1657963	1697541	314779
2012	1641931	1657963	395017
2011	1656773	1641931	403106
2010	1646593	1656773	391380
2009	1623394	1646593	387172
2008	1589222	1623394	378493
2007	1566839	1589222	363875
2006	1565711	1566839	340694
2005	1558511	1565711	319346
2004	1562742	1558511	332172
2003	1546130	1562742	342401
2002	—	1546130	—
2001	—	**1428126**	—
2000	—	—	—
1999	—	—	—
1998	—	**1440000**	—
1997	1427137	—	—
1996	—	1427137	—
1995	—	**1320947**	—
1994	—	**1285948**	—
1993	—	**1244285**	—
1992	—	**1276517**	—
1991	—	**1206795**	—
1990	—	**1251481**	—

数据来源：国家统计局：中国统计年鉴。2013 年数据来源于《2014 年中国法律年鉴》。

注：刑释人员是指减刑释放、假释和刑满释放人员。

预计今后一段时间内监狱的在押犯人数还会增长。理由如下：从刑八修正案中可以看出几个变化：一是增加了限制减刑的内容。累犯、暴力型的死缓犯，人民法院可以对其限制减刑，也就是延长这一部分人的服刑时间。二是服刑时间的增长。对于限制减刑的罪犯，缓期执行期满后依法减为无期徒刑的，不能少于 25 年，加上 2 年死缓考验期，共要服刑 27 年；缓期执行期满后依法减为 25 年有期徒刑的，不能少于 20 年，加上 2 年的死缓考验期，共要服刑 22 年。三是消除了口袋罪、模糊表述，明确了不能假释、缓刑的范围。明确"对累犯以及因故意杀人、强奸、抢劫、绑架、放火、爆炸、投放危险物质或者有组织的暴力性犯罪被判处十年以上有期徒刑、无期徒刑的犯罪分子，不得假释"。"对于累犯和犯罪集团的首要分子，不适用缓刑。"刑八修正案的这些规定变化无疑将延长这类罪犯的服刑时间，也在某种程度意味着重刑犯监狱的服刑人数会进一步增长。

《关于修改〈中华人民共和国刑事诉讼法〉的决定》（第二次修正）已于 2013 年 1 月 1 日开始施行，从中可以看到，现在新刑事诉讼法对被判处死刑缓期二年执行、无期徒刑、有期徒刑的罪犯，按规定由公安机关依法将该罪犯送交监狱执行刑罚。对被判处有期徒刑的罪犯，在被交付执行刑罚前，剩余刑期在三个月以下的，由看守所代为执行。而之前，一直执行《看守所条例》规定的"被判处有期徒刑一年以下，或者余刑在一年以上，不便送往劳动改造场所执行的罪犯，也可以在看守所监管"。根据新刑诉法规定，将来在看守所服刑的罪犯将大大减少。那么，相应我国在短刑期监狱的服刑人员将会增多。依据近十年的监狱在押犯人增长数据，预计到 2025 年我国监狱在押犯人数有可能接近 220 多万左右。

由此可见，我国监狱重新犯罪的防控工作还任重而道远。从初次犯罪和重新犯罪二者的关系来看，如果在短时间内，监狱改造质量和罪犯矫正技术没有大的突飞猛进式的提高，社会结构得不到合理优化以及社会环境得不到充分改善的情况下，重新犯罪和初次犯罪应该是成正比关系。换言之，重新犯罪会随着初次犯罪量的增加而增加。

第二节　重新犯罪的特征

2013 年 8 月至 10 月，对中南地区两男子监狱和一所女子监狱的 493 名重新犯罪人员进行了问卷调查，收回有效问卷 80%左右，依据调查数据，对其进行初次犯罪与重新犯罪进行了比较研究和分析：

（一）重新犯罪的主体特征

表 5-13　中南地区三所监狱重新犯罪人员的初次犯罪与重新犯罪年龄结构

	第一次犯罪		重新犯罪	
	频率	百分比（%）	频率	百分比（%）
<=18	76	22.8	11	3.6
19—25	112	33.5	73	24.2
26—35	83	24.9	116	38.4
36—45	42	12.6	71	23.5
46—55	16	4.8	21	7
56+	5	1.5	10	3.3
合计	334	100	302	100

年龄结构的比较结果，第一次犯罪年龄结构较轻，平均年龄为 26.9 岁；重新犯罪平均年龄为 32.6 岁，比初次犯罪时提高了近 6 岁。其中第一次犯罪中 25 岁及以下的人最多，达到了 56.3%，重新犯罪中这部分人群占的比例仅有 27.8%。但重新犯罪者 26—45 岁之间的比例高达 61.9%，远高于第一次 37.5%的状况。

表 5-14　中南地区三所监狱重新犯罪人员的婚姻状况

婚姻状况	人数	比例（%）
未婚	99	28.8
已婚	164	47.7
离婚	73	21.2
丧偶	8	2.3
合计	344	100.0

重新犯罪的婚姻状况已婚者较多，达到 47.7%；未婚次之，有 28.8%；另有 21.2% 的人处于离婚状况，这远远高于社会一般状况的离婚率及初次犯罪的离婚率。由此可见，婚姻的不稳定极易造成心理状态的波动，易引发重新犯罪。

表 5-15　中南地区三所监狱重新犯罪人员的文化状况

文化程度	人数	比例（%）
文盲	23	7.7
小学	108	36
初中	131	43.7
高中/中专/技校	30	10
大专	4	1.3
大学本科及以上	4	1.3
合计	300	100

重新犯罪者呈现文化程度偏低，其中初中者占 43.7%，小学者占 36.0%，文盲有 7.7%，合计超过了八成。

表 5-16　中南地区三所监狱重新犯罪人员的初次犯罪与重新犯罪职业结构

	初次犯罪		重新犯罪	
	频率	百分比（%）	频率	百分比（%）
公务人员	5	1.5	—	—

	初次犯罪		重新犯罪	
	频率	百分比（%）	频率	百分比（%）
工人、企业管理人员或技术人员	38	11.3	14	4.7
教师、医生或科研人员	1	0.3	—	—
私营业主或自由职业者	10	3	23	7.6
个体商户	17	5.1	36	12
农民或打工者	110	32.8	77	25.6
无业	134	40	143	47.5
其他	20	6	8	2.7
合计	335	100	301	100

犯罪者的职业以无业和农民、打工者居多，但重新犯罪者中无业者的比例较初次犯罪时提高了 7.5 个百分点。初次犯罪之后处于无业状况极易引发再次犯罪，这说明就业状况对是否再次发生犯罪具有重大影响。

（二）重新犯罪的类型特征

表 5-17　中南地区三所监狱重新犯罪人员的初次犯罪与重新犯罪犯罪类型结构

犯罪类型	第一次		重新犯罪	
盗窃	142	43.4%	118	38.3%
故意伤害	18	5.5%	24	7.8%
抢劫	34	10.4%	38	12.3%
抢夺	7	2.1%	5	1.6%
赌博	—		2	0.6%
猥亵妇女	3	0.9%	1	0.3%
诈骗	28	8.6%	39	12.7%
敲诈	8	2.4%	2	0.6%

续表

犯罪类型	第一次		重新犯罪	
寻衅滋事	9	2.8%	9	2.9%
贩毒	23	7.0%	31	10.1%
强奸	10	3.1%	6	1.9%
组织卖淫	2	0.6%	2	0.6%
拐卖妇女儿童	7	2.1%	4	1.3%
其他	36	11.0%	27	8.8%
合计	327	100.0%	308	100.0%

第一次犯罪的类型所占比例在前 5 位的是盗窃、抢劫、诈骗、贩毒、故意伤害，合计占 74.9%，在重新犯罪中所占比例在前 5 位与第一次一致，但合计所占比例提高了 6.3 个百分点。二者在犯罪类型上差异不明显，以侵财型犯罪为主。在故意伤害和抢劫犯罪类型中重新犯罪都高于第一次的比例，这说明重新犯罪过程中使用暴力手段有所增多。

表 5-18　中南地区三所监狱重新犯罪人员的重新犯罪时间间隔

	人数（人）	比例（%）
不足 1 年	47	18.3
1—3 年（含 3 年）	71	27.6
3—5 年（含 5 年）	58	22.6
5—7 年（含 7 年）	30	11.7
7—10 年（不含）	13	5.1
10 年以上	38	14.7
合计	257	100

重新犯罪的时间间隔 1 年以下的有 18.3%，1—3 年的有 27.6%，3—5 年的有 22.6%，三项合计达到 68.5%。这说明刑满释放 5 年期内仍是重新犯罪的

高发时段，但值得注意的是刑满释放 5 年以上的人群占到了 31.5%，其中 10年以上的高达 14.7%。可见刑满释放人员安置帮教工作具有长期性、艰巨性。

表 5-19　中南地区三所监狱重新犯罪人员初次犯罪和重新犯罪的刑期结构

	第一次刑期结构		重新犯罪刑期结构	
	频率	百分比（%）	频率	百分比（%）
三年及以下	200	68.7	95	32.3
3 年至五年（含 5 年）	32	11.0	51	17.3
5 年至 10 年	41	14.1	27	9.2
10 年及以上	13	4.5	48	16.3
无期	2	0.7	51	17.3
死缓	3	1.0	22	7.5
合计	291	100.0	294	100.0

初次犯罪和重新犯罪刑期结构具有明显差异。初次犯罪刑期结构中以 5年以下的短刑期为主，其中初次犯罪 3 年（含 3 年）以下占 68.7%，3 年至 5年（含 5 年）占 11.0%，二者合计达到 79.7%。第二次犯罪时，5 年以下的短刑期仅有 49.6%，而 5 年至 10 年以上的重刑犯超过 50%，其中无期、死缓分别占 17.3% 和 7.5%。与初次犯罪比较，重新犯罪刑期明显长于初次犯罪刑期，这说明重新犯罪重罪化趋势明显加强。

（三）重新犯罪的心理特征

表 5-20　中南地区三所监狱重新犯罪人员的重新犯罪的原因

	响应		个案
	N	百分比（%）	百分比（%）
（1）面对诱惑，克制不住内心追求的欲望	85	18.20	30.00
（2）不良朋友和社交圈，受其他人拉拢，经不住劝说	104	22.30	36.70

	响应		个案
	N	百分比（%）	百分比（%）
（3）社会的排斥和不接受，受到歧视	23	4.90	8.10
（4）第一次犯罪后处罚得不够严重，没有感受到犯罪的严重后果	9	1.90	3.20
（5）很难适应社会	16	3.40	5.70
（6）生活困难	76	16.30	26.90
（7）不愿吃苦	27	5.80	9.50
（8）精神空虚	31	6.70	11.00
（9）侥幸心理强	33	7.10	11.70
（10）家庭和婚姻的变故	27	5.80	9.50
（11）其他	35	7.50	12.40
总计	466	100.00	164.70

a. 值为1时制表的二分组。

重新犯罪的原因呈现多元化，原因排在前三位的是不良朋友圈和社交圈、抵御诱惑差和生活困难，个案百分比分别占到36.7%、30.0%和26.9%。

表5-21　中南地区三所监狱重新犯罪人员的目的

	响应		个案
	N	百分比（%）	百分比（%）
（1）为了谋取钱财	147	47.90	51.60
（2）为了维护权益	13	4.20	4.60
（3）为了报复、泄愤	25	8.10	8.80
（4）为了性满足	2	0.70	0.70
（5）出于好奇	15	4.90	5.30
（6）为了朋友	64	20.80	22.50
（7）第一次入狱的补偿心理	8	2.60	2.80

	响应		个案
	N	百分比（%）	百分比（%）
（8）其他	33	10.70	11.60
总计	307	100.00	107.70

a. 值为 1 时制表的二分组。

重新犯罪的目的主要是谋取钱财，占所有目的的 51.6%，另外为了朋友也是一个不容忽视的目的，占 22.5%。这说明社会不良交往也是引发重新犯罪的重要原因之一。这一点可以从重新犯罪的原因回答中看出，在分析重新犯罪的原因时，有 36.7% 的人认为不良朋友和社交圈是引发再次犯罪的原因。

重新犯罪分子在心理和行为方面较之初犯有明显的变化，这些变化可概括为"四性"。

1. 易复发性。由于恶习较深以及社会排斥等主客观因素，加之长期被监禁存在着回归社会心理障碍，重新犯罪人员大多存在旧病复发的潜在危险。劣迹史和违法犯罪史越长的，恶习越深，改造难度越大，重新犯罪的可能性也越大。刑满释放后面临的社会环境条件，仍然存在着各种诱发他们犯罪的因素，也对重新犯罪有重要影响。在中南地区某监狱调研表明，在回归社会后，不良的社会环境不易巩固改造成果，而较容易出现反复，走上重新犯罪道路。越是年轻的，越不容易巩固改造成果，越容易出现反复。这是社会应当关心的一个问题。

2. 团伙纠合性。对社会交往的需要是人之本性。常言道"物以类聚，人以群分"，由于刑释人员"烙印效应"驱使他们之间，以及与社会其他有劣迹的，有违法、犯罪行为的人之间，很容易形成团伙，他们之间的聚合，往往是寻求社会交往上的心理平衡，互相认同。刑释人员团伙纠合性也可以说是一种"亚文化"现象。如果社会不加关注、帮助、教育和指导，可能会发展成为一种不良的社会群体，甚至有的纠合成犯罪团伙或黑社会组织。在这次调查中有 22. 30% 重新犯罪人员认为，其重新犯罪的原因是因为不良朋友和社交圈，受其他人拉拢，经不住劝说。这说明对刑释人员加强社会帮教，密切注意他们的动向，正确加以引导是十分必需的。

3. 冒险性。重新犯罪常常表现为孤注一掷、不计后果的冒险行为。此次调查表明 11. 70% 重新犯罪人员是抱着侥幸和冒险心理再次犯罪的，在社会大要案成员中占有一定比重。与初犯相比，重新犯罪分子则由于有作案经验，作案手段比较熟练，犯罪心理比较顽固，犯罪欲望强烈，又有对付侦查、抗拒改造的经验，而作案大胆，富有冒险性。一些人则有"破罐破摔"的绝望心理和报复社会的怨恨情绪，案子越作越大，社会危害也越来越大。孤注一掷冒险心理的产生，与社会排斥有关，但更主要的是主观恶习性大。他们贪图享乐，不愿安分守法，过普通人的生活，而是向往纸醉金迷的生活，但在现实社会中这种欲望难以满足，于是便产生铤而走险、做大案的动机。

4. 报复性。有些重新犯罪分子中的亡命之徒，没有罪责感，不认罪不服判，把自己的罪过归咎于社会和公安司法机关，产生了强烈的报复社会情绪，一旦出狱，便千方百计制造报复性的凶杀、爆炸大案，社会危险性最大。此次调查表明为了报复、泄愤占到 8. 80%。还有一些重新犯罪分子大肆作案，是急于捞回"坐监"带来的损失。他们在服刑期间，非但不认真改造，反而总结犯罪经验，传播交流犯罪和反侦查技能，犯罪心理进一步强化，犯罪欲望更加强烈。重新犯罪人员在这方面与社会初犯的一个重要区别是，重新犯罪的报复心理是由于受到刑罚打击而形成的，因此在重新犯罪方面占有十分重要的地位。

通过以上调查结果分析，进一步了解了重新犯罪人员的相关特征，为下一步从个体因素、社会因素等方面对重新犯罪的原因进行分析打下了基础，也为重新犯罪防控机制的建立提供了支撑材料。

第三节　各场域中的重新犯罪

要研究重新犯罪的状况，就必须知道重新犯罪者所在之处。在我国重新犯罪者主要集中在监狱和看守所以及在社区矫正场所。目前我国监狱分为：男子监狱、女子监狱和未成年管教所三类。我们结合所掌握的文献材料和一些调研材料从重新犯罪率和重新犯罪比重两个指标对我国看守所、社区矫正场所、狱内重新犯罪、女性重新犯罪和未成年重新犯罪状况予以研究和分析。

一、看守所重新犯罪状况

根据《关于修改〈中华人民共和国刑事诉讼法〉的决定》（第二次修正），现在新刑事诉讼法对被判处死刑缓期二年执行、无期徒刑、有期徒刑的罪犯，按规定由公安机关依法将该罪犯送交监狱执行刑罚。对被判处有期徒刑的罪犯，在被交付执行刑罚前，剩余刑期在三个月以下的，由看守所代为执行。对被判处拘役的罪犯，由公安机关执行。[1]

2004 年，全国有 724 所监狱，关押的罪犯有 140 余万人，占全部在押人员总数的 64%。[2] 按照这样推算，2004 年在拘留所、看守所关押的罪犯大约有 50.4 万人。对看守所关押的已决犯，大体上我们把他们分为三类：准备投监狱服刑的、被判拘役在看守所执行的、留看守服刑的（判处有期徒刑刑期一年以下，或者余刑在一年以下，不便送往劳动改造场所执行的罪犯）。另据英国监狱研究国际中心数据：2009 年中国拘留所、看守所在押人员约 65 万。[3]

---

① 拘役刑的执行在过去很不规范。2006 年以前，被判处拘役的犯人则可能在拘役所看守所、监狱、劳改队执行刑罚。直到 2005 年公安部做出了撤销拘役所的决定，拘役所 2006 年在全国相继撤销，现在拘役刑均由看守所执行。

② 卜宪国、赵兴臣：《关于监狱在押犯再犯罪案件超期情况的调查与思考》，《检察实践》第 2005 年第 2 期。

③ 何雷：《论监狱人数与中国刑法改革》，《中国刑事法杂志》2013 年第 8 期。

2009 年法院全国判处拘役共 66125 人（见《2010 年中国法律年鉴》）。从理论上按照留所服刑条件，从余刑一年以下减为三个月以下的刑期计算，留所服刑人员将有可能减少四分之三。

按照杭州市某区公安看守所提供的数据，截至 2012 年 6 月底，共羁押与关押未决犯与已决犯共 637 名，其中留所服刑的已决犯共 132 名，占到了全所人群总数的 20% 左右。其中 3 个月以上、1 年以下的"极短刑期罪犯"共 94 人，占到了已决犯总数的 71% 左右，占全所人群总量的 14%。在 94 名"极短刑期罪犯"中，有前科劣迹的共 15 人，累犯 8 人，有前科劣迹加上累犯共计 23 人，占"极短刑期罪犯"的 24.46%。

以杭州市为例，2007—2011 年杭州市 13 个看守所刑释人员重新犯罪情况为：2007 年刑释人员 1079 人，重新犯罪的 143 人，五年内重新犯罪率为 13.25%；2008 年刑释人员 1250 人，重新犯罪的 131 人，四年内重新犯罪率为 10.48%；2009 年刑释人员 1119 人，重新犯罪的 125 人，三年内重新犯罪率为 11.17%；2010 年刑释人员 1187 人，重新犯罪的 108 人，两年内重新犯罪率为 9.10%；2011 年刑释人员 1486 人，重新犯罪的 87 人，一年内重新犯罪率为 5.85%。2007—2011 年杭州市公安局 13 个看守所累计释放 6121 人，重新犯罪 594 人，平均重新犯罪率为 9.70%。

总而言之，2013 年 1 月 1 日新刑事诉讼法开始施行后在看守所服刑的人员大大减少，相应看守所的在押犯将来重新犯罪的人数也会减少。

二、社区矫正重新犯罪状况

2003 年，北京、上海、天津、江苏、浙江和山东等 6 个试点省（市），认真贯彻《最高人民法院、最高人民检察院、公安部、司法部关于开展社区矫正试点工作的通知》和试点工作会议精神，在各级党委和政府的领导下，扎扎实实开展工作，社区矫正试点工作取得了较大进展。北京、上海、天津、江苏、浙江和山东等 6 个试点省（市），截至 2003 年底，社区矫正试点工作已在试点省市的 26 个区（市）、310 个街道（乡镇）展开，试点地区的基层司法行政部门共接收、管理社区服刑人员 4762 人，其中管制 50 人，缓刑 2690 人，假释 610 人，暂予监外执行 184 人，剥夺政治权利 1228 人。

2004 年，社区矫正试点工作已在六个试点省（市）的 53 个区（县、市）、591 个街道（乡镇）展开，共接收、管理社区服刑人员 9933 人。其中，管制 139 人，缓刑 5554 人，假释 1435 人，暂予监外执行 354 人，剥夺政治权利 2451 人。

2005 年社区矫正工作进一步扩大试点省份。全国 25 个省（区、市）包括首批试点的北京、上海、天津、江苏、浙江、山东 6 省（市），第二批试点的河北、内蒙古、黑龙江、安徽、湖北、湖南、广东、广西、海南、重庆、四川、贵州 12 个省（区、市），以及在当地党委、政府重视支持下自行开展试点工作的山西、辽宁、吉林、福建、江西、云南、宁夏 7 个省（区）。其中，北京、上海、江苏已经在全辖区推开社区矫正工作，天津、浙江、山东、内蒙古、安徽、湖北、云南也将于 2009 年初在全辖区推开。

2005 年底首批试点的 6 个省（市）已经在 186 个县（区）的 2147 个街道（乡镇）开展了社区矫正工作，共接管社区服刑人员 34000 多人。

2006 年底，试点工作已在 18 个省（区、市）的 85 个地市、398 个县（区、市）、3663 个街道（乡镇）展开。试点至今累计接收社区服刑人员 89610 人，解除矫正 33765 人，现有社区服刑人员 55845 人，其中管制 1872 人，缓刑 37547 人，假释 5763 人，暂予监外执行 1928 人，剥夺政治权利 8735 人，重新犯罪 195 人，重新犯罪率为 0.22%。2007 年底，社区矫正试点工作已经在全国 25 个省（区、市）的 147 个地（市）、759 个县（区、市）、6853 个街道（乡镇）展开，试点范围覆盖了全国省（区、市）、市（地、州）、县（市、区）、街道（乡镇）建制数的 78.1%、44.1%、26.5% 和 16.7%。试点地区累计接收社区服刑人员 171486 人，累计解除矫正 66646 人，现有社区服刑人员 104840 人。

2009 年，社区矫正工作在全国全面试行，2009 年底，社区矫正工作已经在全国 27 个省（区、市）的 219 个地（市）、1354 个县（市、区）、15621 个乡镇（街道）开展，分别占全国省、市、县、乡四级建制数的 84.4%、65.8%、47.4% 和 38.3%。其中，北京、上海、江苏、天津、重庆已经在全辖区开展社区矫正工作，浙江、山东、安徽、湖北、内蒙古、云南也正在逐步全面推开。各地累计接收社区服刑人员 413566 人，累计解除矫正 208997 人，现有社区服刑人员 204569 人。2009 年底，社区服刑人员在矫正期间重新犯罪累计 808 人，重新犯罪率为 0.19%。

2012 年社区矫正工作快速发展，特别是伴随着新修订刑法、刑诉法和社区矫正实施办法的贯彻执行，社区矫正人员数量每月以万人的速度净增长，社区矫正工作逐步实现全覆盖。2012 年底，社区矫正工作已在全国 31 个省（区、市）和新疆生产建设兵团的 341 个地（市）、2807 个县（市、区）、40063 个乡镇（街道）开展，实现了除西藏外，全国所有省、地、县、乡四级全辖区覆盖。各地累计接收社区矫正人员 129.1 万人，累计解除矫正 72.7 万人，现有社区服刑人员 56.4 万人。

2013 年社区矫正工作在全国全面开展，社区服刑人员数量大幅度增加。到 2013 年底，各地累计接收社区服刑人员 175.7 万人，累计解除矫正 107.6 万人，现有社区服刑人员 68.1 万多人。全年共新接收社区服刑人员 466295 人，解除 349340 人，净增 116955 人，每月平均新接收 38858 人，月均解除 29112 人，月均净增 9746 人。社区服刑人员在矫期间重新犯罪累计 2916 人，重新犯罪率为 0.17%。[①]

2014 年社区矫正工作在全国全面推进，2014 年底，全国累计接受社区矫正人员 223.75 万人，解除矫正 150.53 万人，社区服刑人员在矫期间重新犯罪累计 3974 人，在册服刑人员 73.2 万人，社区服刑人员在矫期间的重新犯罪率

---

① 以上社区矫正相关数据均来自 2004 年至 2014 年中国法律年鉴。

低于 0.2%。

随着时间的推移、社区服刑人数的逐渐增多，以近年来的社区服刑人员增速推测，到 2020 年我国社区服刑人员可能突破 100 万。社区服刑人员在矫期间的再犯罪率有可能会有所增加，但波动不会太大。更多的应关注社区服刑人员解矫以后的重新犯罪率。

三、狱内重新犯罪状况

自 20 世纪 80 年代以来，我国监狱内发案率大幅度下降，狱内秩序基本保持稳定。1980 年至 1989 年狱内发案率由原来的 6.74% 降至 1.27%，但是，1989 年全国狱内共发生的重大、特大案件 219 起，占当年狱内发案总数的 15.53%，比 1987 年上升 2.35%。说明狱内重大、特大案件呈上升趋势。1992 年 1 月至 9 月份，全国狱内发案率为 0.54%，较 1991 年同期下降 4.7%，降至历史以来最低水平。①

1993 年 1 至 11 月，狱内发案率比 1992 年同期减少 18.9%，其中重、特大案件减少 20.3%，罪犯脱逃率控制在了 0.12% 以下。据不完全统计，从 1983 年到 1999 年全国累计收押罪犯 539 万人，狱内发案率由 0.42% 下降到 0.017%，罪犯脱逃率从 0.69% 下降到 0.036%，保持了较低水平。2000 年全国监狱系统共脱逃罪犯 227 名，比 1999 年减少 99 名，下降了 29.5%。罪犯脱逃率为 0.016%，再创历史最好水平。狱内发案 107 起，比 1999 年减少 42 起，下降了 28.19%。狱内发案率为 0.0007%，创新中国成立以来最低水平。其中重大案件 44 起，比 1999 年减少 4 起，下降了 8.33%。特别值得指出的是，近年来涌现出了一批"四无"省（区、市）和"四无"监狱。如江苏省苏州监狱创造了连续 19 年无罪犯脱逃的纪录。截至 2001 年 12 月份，全国监狱罪犯脱逃率比上年同期下降 33.4%，发案率与 2000 年基本持平，重、特大案件发

---

① 李学斌主编：《重新犯罪控制研究》，河北人民出版社 1999 年版，第 115 页。

案率比 2000 年同期下降 43.9%。2002 年，全国监狱犯罪脱逃率、狱内发案率、重特大发案率分别比 2001 年下降 43.2%、36.8% 和 53.9%。

2003 年，全国监狱脱逃罪犯和发生狱内案件分别比上年同期下降 14.71% 和 22.58%。2007 年，全国监狱系统共发生狱内案件 29 起，比 2006 年下降 52.5%；罪犯脱逃 15 起、19 人，比 2006 年分别下降 51.6%、45.7%；安全生产事故 36 起、死亡 42 人，分别比 2006 年下降 37.9%、33.3%，主要安全指标均为历史最好水平。全国有 148 所监狱连续 10 年零脱逃，司法部专门印发了《关于通报表彰江苏省苏州监狱等 148 所连续十年以上无罪犯脱逃的监狱的决定》。有 550 所监狱连续 3 年零脱逃，2010 年，全年全国监狱罪犯脱逃人数第一次降到个位。发生重大狱内案件较上年（2009 年）同比减少 62%，发生安全生产事故、罪犯死亡人数较上年（2009 年）监狱减少 62%。2010 年，全国监狱共新收押罪犯较上年（2009 年）下降 2.72%，释放人数比上年（2009 年）上升 1.09%。截至 2012 底，全国监狱押犯比上年（2009 年）同期上升 1.1%，发生罪犯脱逃 6 起 6 人，比上年（2009 年）同期减少 4 起 4 人，同比下降了 40%；发生重特大狱内案件 1 起，同比减少 2 起；有 675 所监狱未发生罪犯脱逃案件，674 所监狱实现"四无"目标，分别占全国监狱总数的 99.1%、98.9%，安全稳定工作创历史最好水平。①

我国监狱脱逃率、狱内发案率 1983 分别是 0.69% 和 0.42%，到 1999 年分别下降到 0.036% 和 0.017%。2007 年，全国监狱系统共发生狱内案件 29 起，比 2006 年下降 52.5%；罪犯脱逃 15 起、19 人，比 2006 年分别下降 51.6%、45.7%。特别是到了 2010 年，全国监狱罪犯脱逃人数第一次降到个位。

这充分说明我国监狱系统在狱政管理方面充分利用先进的科技成果，

---

① 　数据来源于 1994 年至 2013 年中国法律年鉴。

积极发挥"技防"和"人防"的优势，经过艰苦细致工作，在防止和预防监狱脱逃和狱内发案方面取得良好效果，从而有效降低了监狱在押犯的重新犯罪率。

第四节　女性与未成年人重新犯罪状况分析

一、女性重新犯罪

闺阁是圣贤辈出之地，妇女是民族兴衰之本。因为妇女决定着一个民族的养老问题，妇女决定着下一代的教育问题，妇女决定着一个国家未来的强盛。面对女性犯罪率的上升，每一个人心情都非常沉重痛苦。顾炎武先生云："天下兴亡，匹夫有责。"面对妇女犯罪上升问题，我们每个人都应感到心灵的剧痛和肩负的责任，都应来关心天下女性犯罪问题。

自改革开放以来，我国女犯数量一直基本处于增长态势。女犯在刑事案件中所占比例也有增加的趋势。20 世纪 50 年代和 60 年代，女性犯罪占犯罪比重的 1%—3%，70 年代约为 5%—7%，80 年代中期以来为 12%左右。随着我国经济和社会转型深入推进，近年来，女性犯罪的基数也在大幅激增。1995年，我国女性犯罪人数为 16734 人，占全国总犯罪人数的 3.08%；1996 年，女性犯罪人数为 21057 人，占全国总犯罪人数的 3.16%；1997 年，女性犯罪人数为 18475 人，占全国总犯罪人数的 3.51%；1998 年，女性犯罪人数为 20580 人，占全国总犯罪人数的 3.89%；1999 年，女性犯罪人数为 23197 人，占全国总犯罪人数的 3.85%；2000 年，女性犯罪人数为 27503 人，占全国总犯罪人数的 4.29%；2001 年，女性犯罪人数为 31915 人，占全国总犯罪人数的 4.28%；2003 年，女性犯罪人数为 34844 人，占全国总犯罪人数的 4.69%；2004 年，女性犯罪人数为 36247 人，占全国总犯罪人数的 4.74%；2005 年，女性犯罪人数为 38019 人，占全国总犯罪人数的 4.51%；2006 年，女性犯罪人数为 39122 人，占全国总犯罪人数的 4.40%；2007 年，女性犯罪人数则上升为 40528 人，占全国总犯罪人数的 4.35%。① 1997 年至 2007 年，我国女性犯罪绝对数增加了 22053 人，十年间增长了 119.37%。

1983 年底，全国在押女犯达到 25396 人，比 1982 年底净增 9739 人。1984 年，在押女犯达到 20 世纪 80 年代的最高峰，数量达 36780 人。进入 90 年代以后，女犯数量持续增长。1999 年底，全国在押女犯 47100 人，占全国押管人犯总数的 3.3%。进入新世纪以后，在押女犯数量一路攀升。2000 年底，全国在押女犯 53494 人，2002 年底达到 71286 人②，2003 年底为 75870 人，占全国总押犯的 4.56%；2004 年底为 77279 人，占全国总押犯的 4.86%；2005 年底为 77771 人，占全国总押犯的 4.94%；2006 年底为 78334 人，占全国总押犯的 4.96%；2007 年底为 80951 人，占全国总押犯的 4.93%；2008 年底达到 81053 人，占全国总押犯的 4.96%；2009 年底，达到 85167 人，占全国总押犯的 5.17%；2010 年底达到 90322 人，占全国总押犯的 5.45%；2011 年底在押女犯人数为 93051 人，占全国总押犯的 5.67%。2013 年底全国在押女犯为 95770 人，占全国总押犯的 5.83%。③ 从 2000 年底至 2006 年，全国在押女犯人数净增 24840 人，平均每年增加 15%。从 2002 年到 2012 年，我国监狱在押女犯绝对数净增了 21765 人，十年间增长了 30.5%，净增数超过我国 1982 年全国在押女犯总数。

女性犯罪量和在押女犯的迅速一路攀升，与我国犯罪的总量增加是一致的，说明随着社会开放程度的增大，女性参与社会活动的机会增多，涉及的社会矛盾和纠纷也在增多，从而导致女性犯罪量也在增多。

那么相比之下，我国女性重新犯罪情况是怎么呢？请看以下收集到的女性重新犯罪资料：

---

① 中国法律年鉴 1996—2008 年。
② 杨木高：《新中国 60 年女犯改造工作的历史回顾和展望》，《犯罪与改造研究》2011 年第 4 期。
③ 国家统计局：《中国统计年鉴》，中国统计出版社 2005 年至 2013 年版。

截至 2003 年底，羊艾监狱八监区共有在押女犯 706 人，其中重新犯罪人员 25 名，占在押女犯总人数的 3.54%。[1]

北京市监狱系统所有在押犯中，截至 2003 年 12 月 31 日，重新犯罪的罪犯中有男犯 3378 名，占男犯总数的 23.4%；重新犯罪的女犯 48 名，占女犯总数的 4.9%。[2]

福建省 2005 年 12 月的调查显示：该省女子监狱在押重新犯罪的女犯有 50 人，占女犯总数的 2%，占当年全省重新犯罪总人数的 0.7%。[3]

根据云南省某女子监狱调查结果显示，截至 2009 年底，该监狱重新犯罪率占在押犯总数的 4.9%。[4]

表 5-22 安徽省女子监狱在押女犯重新犯罪调查[5]

年度（年）	在押人数（人）	重新犯罪人数（人）	重新犯罪比重（%）
2001	1712	26	1.52
2002	1562	25	1.60
2003	1597	23	1.44
2004	1615	35	2.17
2005	1598	35	2.19
2006	1878	57	3.04
2007	1805	64	3.55
2008	1761	62	3.52

---

[1] 周建国：《析女性重新犯罪》，《中共贵州省委党校学报》2006 年第 1 期。
[2] 北京市监狱管理局重新犯罪课题组：《北京市在押犯重新犯罪情况的调查分析》，《中国司法》2005 年第 6 期。
[3] 欧渊华、陈晓斌、陈名俊：《福建省刑满释放人员重新犯罪问题研究》，《福建公安高等专科学校学报》2007 年第 3 期。
[4] 张洁：《试析云南省女性刑满释放人员重新犯罪原因》，《科学咨询》2013 年第 18 期。
[5] 马西艳：《女性重新犯罪调查——以安徽省女子监狱在押女犯重新犯罪现状为例》，安徽大学 2013 年硕士学位论文。

续表

年度（年）	在押人数（人）	重新犯罪人数（人）	重新犯罪比重（%）
2009	1842	74	4.02
2010	1980	85	4.30
2011	2056	91	4.42
2012	2064	93	4.50

2012 年 8 月，在西南地区某监狱女子监区调研显示：截至 2012 年 7 月该监区判刑两次以上女犯，占在押女犯总人数的约 4.6%。

2013 年 10 月，笔者在中南地区某省女子监狱调研显示：截至 2013 年 6 月，该女子监狱共押女犯人 2821 人，判刑两次以上女犯 131 人，占在押女犯 4.64%。

截至 2009 年底，全国共有女子监狱 36 所，其中云南有 3 所，江苏、四川、河南、贵州、内蒙古各 2 所。另外还有一部分附属于男犯监狱的女犯监区。部分未成年犯管教所还关押了一部分未成年女犯。①

根据以上几所女子监狱关押的重新犯罪人员的情况，我们大体可以推断 2012 年我国在押女犯的重新犯罪比重在 4.5% 左右。如果加之社区矫正服刑人员、监外执行人员及看守所关押的已决犯之中的重新犯罪者，还有监狱内重新犯罪的人数，那么我国女性重新犯罪的人数会更多。

（一）女性重新犯罪的主体特征

所谓特征分类，主要是基于不同角度研究重新犯罪人的状况及变化规律。重新犯罪者主体特征分类主要是从自然属性和社会属性两方面着手。

2013 年 10 月，笔者在中南地区某省女子监狱调研显示：截至 2013 年 6 月，该女子监狱共押女犯人 2821 人，判刑两次以上女犯 131 人，占在押女犯

---

① 杨木高：《新中国 60 年女犯改造工作的历史回顾和展望》，《犯罪与改造研究》2011 年第 4 期。

人数的4.64%。通过对中南地区某女子监狱131名二次以上重新犯罪者问卷调查及对问卷的整理分析，对该监狱女性重新犯罪的主体特征进行分析如下：

表5-23 中南地区某女子监狱女性重新犯罪者年龄结构

年龄	18岁及以下	19—25岁	26—35岁	36—45岁	46—55岁	56岁以上
人数（人）	1	7	28	39	17	9
百分比（%）	1.0	6.9	27.7	38.6	16.8	8.9

从表5-23中发现女性重新犯罪群体的年龄结构以36—45周岁的为主，占比达到38.6%，其次是26—35周岁，占比为27.7%，二者合计超过65%；25周岁以下仅有7.9%，56岁及以上的不足9%。另有16.8%的46—55周岁的女性重新犯罪群体，较以前的发案人数比例有明显提升，说明女性重新犯罪的年龄已有向后推移的趋势。

表5-24 中南地区某女子监狱女性重新犯罪者婚姻结构

婚姻状况状况	未婚	已婚	离婚	丧偶
人数（人）	13	63	36	6
百分比（%）	11.0	53.4	30.5	5.1

女性重新犯罪的婚姻状况以已婚为主，其比例达到53.4%，但30.5%的离婚比例远高于全国普查人口情况（第六次全国人口普查中女性离婚比例为1.22%）和其第一次犯罪情况（离婚比例为19.8%）。与此次调查的男性重新犯罪婚姻状况相比，女性远高于男性16.4%的离婚比例。这说明婚姻状况对女性重新犯罪具有较大影响。

表 5-25　中南地区某女子监狱女性重新犯罪者职业结构

职业	个体工商户	农民或打工	无业	工人或企业管理技术人员	私营企业主或自由职业者	其他
人数（人）	17	17	57	2	6	2
百分比（%）	16.8	16.8	56.4	2.0	5.9	2.0

女性重新犯罪中无业者比例巨大，为 56.4%。农民或打工、个体工商户分别占 16.8%，其他职业类型不足 10%。说明职业状况对重新犯罪具有较大影响，处于无业或就业保障较低的女性群体往往面临着较大重新犯罪风险。

（二）犯罪类型特征

表 5-26　中南地区某女子监狱女性重新犯罪者犯罪类型结构

罪名	盗窃	诈骗	涉毒	抢夺	拐卖妇女儿童	故意伤害	组织卖淫	敲诈	组织参加邪教	其他
人数	27	28	23	1	4	2	1	1	9	2
百分比（%）	27.8	28.9	23.7	1.0	4.1	2.1	1.0	1.0	9.2	2.1

女性重新犯罪涉侵财案件较多，如诈骗占比为 28.9%，盗窃占比为 27.8%，二者合计超过 56%；涉毒案件高达 23.7%，远高于本次调查的男性 4.3%的比例。另外，组织参加邪教和拐卖妇女儿童案件成为女性重新犯罪的另一重要特征，9.2%的女性重新犯罪是由于组织参加邪教，4.1%的参与拐卖妇女儿童。

表 5-27　中南地区某女子监狱重新犯罪者的犯罪刑期结构

刑期结构	初次犯罪		第二次犯罪	
	人数（人）	百分比（%）	人数（人）	百分比（%）
3 年（含 3 年）以下	76	67.3	33	33.0

续表

刑期结构	初次犯罪		第二次犯罪	
	人数（人）	百分比（%）	人数（人）	百分比（%）
3年至5年（含5年）	18	15.9	21	21.0
5年至10年（含10年）	11	9.7	19	19.0
10年以上	6	5.3	15	15.0
无期	1	0.9	9	9.0
死缓	1	0.9	3	3.0

该群体女性初次犯罪和重新犯罪刑期具有明显差异。女性初次犯罪刑期结构中以5年以下的短刑期为主，其中初次犯罪3年（含3年）以下占67.3%，3年至5年（含5年）占15.9%，二者合计超过80%。但第二次犯罪时，5年以下的短刑期仅有54%，而5年至10年以上的重刑犯则高达34%，无期、死缓占到了12%。与女性初次犯罪相比，女性重新犯罪明显出现服刑刑期加长及重罪化的特征。

表5-28　中南地区某女子监狱重新犯罪者重新犯罪时间间隔

间隔时间	1年以下	1—3年（含3年）	3—5年（含5年）	5—7年（含7年）	7—10年（含10年）	10年以上
人数（人）	15	25	20	8	6	11
百分比（%）	17.6	29.4	23.5	9.4	7.1	11.9

女性重新犯罪时间间隔为1年以下的占17.6%，1—3年（含3年）的占29.4%，3—5年（含5年）的占23.5%，5年之内重新犯罪的比例高达70.5%，这说明女性回归社会五年之内是重新犯罪的高发期。但同时应该看到刑满释放后5—7年及以上重新犯罪比例近三成左右，说明女性回归社会后安置帮教工作任重而道远，须发挥各级政府部门、社会工作组织和企事业团体的共同作用，从就业培训指导、心理疏导和生活照料等方面解决该群体的后顾之忧。

（三）女性重新犯罪人的犯罪心理特征

表5-29　中南地区某女子监狱重新犯罪者的再次犯罪的目的

重新犯罪的目的	人数	比例（%）
（1）为了谋取钱财	41	42.3
（2）为了维护权益	6	6.2
（3）为了报复、泄愤	9	9.3
（4）为了性满足	0	0.0
（5）出于好奇	4	4.1
（6）为了朋友	25	25.8
（7）第一次入狱的补偿心理	16	16.5
（8）其他	2	2.1

　　女性重新犯罪以获取钱财为目的的占42.3%，为朋友占25.8%，为第一次入狱的补偿心理高达16.5%，大多数女性重新犯罪主要是经济原因所造成的，同时女性的心理特点比较感性，易受情感左右，这也是造成女性重新犯罪的另一个重要原因。

　　在这次对中南地区某女子监狱重新犯罪问卷调查的同时，也对一些女性重新犯罪者进行了访谈。在访谈的案例中发现相当一些女性重新犯罪与其婚姻家庭状况有关。例如，在二十份的访谈案例中，有十三位都谈道：她们之所以犯罪都与自己的婚姻家庭有关。除此之外，大多数女性犯罪案件很多和毒品有关，而且多数重新犯罪的女性认为自己之所以走上犯罪道路，与涉足娱乐和赌博场所有一定关系，在这些场所她们接触到引导其犯罪的人或作案同伙。可见，加强婚姻家庭道德和责任建设，进行精神文明建设，净化社会环境对女性犯罪和重新犯罪的防控具有很大作用。

二、未成年人重新犯罪

根据联合国调查，世界范围犯罪率平均每年增长 5%，超过人口的增长率和国民生产总值增长率。我国青少年犯罪率的增长远远超过世界犯罪率的增长。[①] 青少年犯罪问题一直被世界各国公认为是一种严重的社会问题。在 20 世纪 70 年代末 80 年代初，青少年犯罪在刑事犯罪中所占的比重一度曾高达 70%。鉴于青少年犯罪的严重态势，20 世纪，我国加大对青少年犯罪防治工作的防治力度，青少年犯罪情况有所好转，特别是在整个刑事犯罪中所占的比重开始呈逐渐下降的趋势。例如在 2006 年，在全国法院的判决中，青少年占刑事罪犯的比率为 34.15%，与 1990 年的 57.31% 下降 20 多个百分点。但是不幸的是，未成年人犯罪在近几年又出现了严重化的趋势。例如，仅从绝对数方面来看，2006 年人民法院所判决的不满 18 周岁的未成年犯 83697 人，比 1990 年的 42033 人增加近一半多。从比率数来看，2006 年不满 18 周岁未成年犯占青少年罪犯的比率为 27.57%，而 1990 年这一比率为 12.64%，增加了约 15 个百分点。2008 年，比率增长为 27.6%。2011 年，不满 18 周岁未成年犯占青少年罪犯的比率仍高达 23.82%。以上统计数字说明，未成年犯罪的防治工作非常重要，青少年犯罪预防工作的任务仍然十分艰巨，当前青少年犯罪工作仍然必须得到高度重视。未成年犯罪在法院判决的刑事案件中的具体人数和比重见表 5-30。

表 5-30   全国法院审理刑事案件关于未成年犯罪人数的统计

年份	判处罪犯总人数	未成年人罪犯人数	占的比重（%）
1993	449920	32408	7.20
1994	545282	38388	7.04

---

①　1996 年中国法律年鉴：第 879 页。

年份	判处罪犯总人数	未成年人罪犯人数	占的比重（%）
1995	543276	35832	6.59
1996	665556	40220	6.04
1997	526312	30446	5.78
1998	528301	33612	6.36
1999	602380	40014	6.64
2000	639814	41709	6.52
2001	746328	49883	6.68
2002	701858	50030	7.13
2003	742261	58870	7.93
2004	764441	70086	9.17
2005	842545	82692	9.81
2006	889042	83697	9.41
2007	931739	87506	9.39
2008	1007304	88891	8.82
2009	996666	77620	7.79
2010	1006420	68193	6.78
2011	1050747	67280	6.40
2012	1173406	63782	5.43
2013	1157784	55817	4.82
2014	1183784	50415	4.25
2015	1231656	43839	3.56
2017	1219569	35743	2.93
2018	1428772	34365	2.41
2019	1659550	43038	2.59

数据来源：1993 年至 2020 年中国法律年鉴（每个年度的刑事审判部分）。

1993 年全国未成年人犯罪 32408 人，2003 年已增加到 58870 人，十年之间增长了 81.65%。也就是说未成年人犯罪十年增长八成。从 1997 年开始，未成年人犯罪率上升速度再次加快，1997 年未成年人犯罪 30446 人，占总体罪犯的 5.78%，2000 年的时候未成年犯人数为 41709 人，占总体罪犯的 6.52%；到 2001 年时，未成年犯人数达到 49883 人，占总体罪犯的 6.68%；2002 年时为 50030 人，已突破 5 万人大关，占总体罪犯的 7.13%；2003 年时，未成年犯人数达 58870 人，占总体罪犯的比例增长到 7.93%，2004 年的时候占了总体罪犯的 9.17%；到了 2007 年，未成年人犯罪人数高达 87506 人，占到总体罪犯的 9.39%。从 1997 年至 2007 年，未成年人犯罪绝对数增加了 57060 人，十年间增加了 187%。不过从表 5-30 中也可以看出，从 2006 年至 2011 年，未成年人犯罪人数占总体罪犯的比重开始下降，五年期间下降了 3.01%，2008 年起未成年犯罪人数也开始下降，但到 2013 年底，未成年人犯罪人数仍高达 55817 人。

另外，从广西获得的数据也进一步印证了这种趋势，未成年人犯罪人数占总体罪犯的比重开始下降。广西壮族自治区从 2006 年至 2012 年，判决的未成年人罪犯数量分别为 3175 人、3183 人、3314 人、3331 人、3362 人、3412 人、3458 人，分别占全年罪犯总数的 10.27%、9.58%、9.51%、9.27%、8.59%、8.46%、8.4%。但是，广西未成年人犯罪绝对人数仍在上升。

那么我国未成年人的重新犯罪情况会如何呢？这里所研究的未成年犯指的是《中华人民共和国刑法》所规定的危害社会的行为，由人民法院依法判处刑罚的年满 14 周岁、不满 18 周岁的未成年人。不满 18 周岁的未成年人再次犯罪，包括以下四种情况：（1）刑满释放后的未成年人重新犯罪；（2）缓刑考验期内或者考验期过后的未成年人重新犯罪；（3）在刑罚执行期间的未成年人重新犯罪；（4）犯罪免予刑事处罚后的未成年人重新犯罪。

我国 1982 年刑释少年的重新犯罪率是 17.89%，1983 年是 15.92%，1984 年是 11.13%，1985 年是 10.36%，1986 年是 12.67%。[1] 以 2000 年度为例，河

---

① 李均仁：《中国重新犯罪研究》，法律出版社 1992 年版，第 38—40 页。

北省未成年犯管教所共有 164 名未成年犯刑满获释。2003 年 8 月至 12 月，管教所研究室干部采用向刑释人员户口所在地公安局、派出所、居委会投递信件和电话询问两种方式，重点考察了解他们刑满释放后 3 年内的重新犯罪和帮教安置情况。164 人中有 12 人未能取得联系，实际调查 152 人，分布在全国各地，重新犯罪者 17 人，重新犯罪率达 10.4%。

据源于天津关于未成年人重新犯罪调查科研数据的统计表明，在 1999 年、2002 年以及 2005 年入狱的未成年犯中，重新犯罪的未成年人所占比重在这三年的统计中一直在增加。例如，在 2002 年未成年重新犯罪人员所占比重比 1999 年增长了 2.5%，而且 2005 年较 2002 年又增长了 8.8%。[1]

2008 年至 2012 年四川省宜宾市共有 2459 名未成年人犯罪，其中有 136 人重新犯罪，占未成年犯罪总数的 5.53%。

据 2002 年我国 10 份在押未成年犯抽样调查结果显示，在 2752 个有效样本中，有过两次犯罪经历以上的未成年人犯占到 27.2%。[2]

原北京崇文区检察院 2003 年 1 月至 2006 年 12 月底，总共受理未成年人犯罪案件 145 件，涉案人员 229 人，其中涉嫌重新犯罪的未成年人有 39 人，占涉嫌犯罪未成年人总数的 17%，而且全部为男性。[3]

根据 2005 年中国监狱学会回归社会专业委员会对浙江省服刑人员回归社会 5 年重新犯罪率的调查结果，浙江省少年罪犯刑释回归后的重新犯罪率平均为 12.9%。[4] 2005 年 12 月福建省政法委组织专门力量，对本省 9 所监狱单位进行实地调查研究结果显示：重新犯罪人员中 18 周岁以下者占重新犯罪人员总人数的 6.4%。[5]

---

① 丛梅：《重新犯罪实证研究》，天津社会科学院出版社 2011 年版，第 54 页。
② 资料来源于 2001—2002 年中央综治委预防青少年违法犯罪工作领导小组办公室与中国青少年研究中心合作在全国进行的未成年人违法犯罪调查数据库。
③ 高小勇：《未成年人重新犯罪实证研究》，《人民检察》2008 年第 3 期。
④ 浙江省未成年犯管教所课题组：《浙江省未成年犯刑罚惩罚效应研究的研究报告》，2006 年 11 月。
⑤ 欧渊华、陈晓斌、陈名俊：《福建省刑满释放人员重新犯罪问题研究》，《福建公安高等专科学校学报》2007 年第 3 期。

2007 年至 2009 年，某法院受理未成年人刑事案件中重新犯罪的未成年人共计 14 人，占未成年被告人总数的 7.8%。其中，2007 年重新犯罪未成年人为 2 人，占未成年罪犯总数的 3.7%；2008 年重新犯罪未成年人为 5 人，占未成年罪犯总数的 8.2%；2009 年重新犯罪未成年人为 7 人，占未成年人罪犯总数的 10.8%。[1] 2010 年中国预防青少年犯罪研究会主持的"全国未成年犯抽样调查"从全国抽取北京、天津、黑龙江、河南、山东、浙江、江苏、陕西、湖南、云南等 10 个省、直辖市。调查对象为未成年犯管教所在押未成年犯，共获得有效问卷 1224 个。调查结果显示，曾经有过因犯罪被法院判决经历的占 9%。[2]

上海市未成年刑释人员重新犯罪率始终在 20% 以上。[3] 截至 2010 年 8 月底，上海市未成年犯管教所共有在押少年犯 607 人，具有两次以上犯罪经历的少年犯共 50 人，占在押少年犯总数的 8.24%。其中 50 名重新犯罪者中，男性占 49 人，女性 1 人。

为了保护未成年人身心健康，保障未成年人合法权益，培养未成年人良好品行，有效预防未成年人犯罪，我国专门制定《未成年人保护法》和《预防未成年人犯罪法》两部法律。

未成年人重新犯罪的主体特征。未成年人作为重新犯罪的一个特殊群体，有许多特征不同于成年人的重新犯罪，其犯罪具有频发性、危害长久性等特点而引起社会各界的普遍关注。因其初次犯罪时还是未成年，这意味着他们初始社会化的失败，增加了再次犯罪的可能性，持续犯罪的时间有可能更加漫长，对社会潜在的危害将会是长期而严重的。因此，我们应加强未成年重新犯罪的防控研究。

---

[1] 吴亚甫：《未成年人重新犯罪问题的现状与反思》，《犯罪与改造研究》2013 年第 4 期。

[2] 关颖：《在押未成年犯的心理及其矫治策略——基于全国未成年犯调查》，《犯罪与改造研究》2013 年第 4 期。

[3] 潘志豪：《未成年犯刑释后重新犯罪问题分析》，《青少年犯罪问题》1999 年第 2 期。

在性别构成方面，男性未成年重新犯罪占大多数，女性未成年重新犯罪占少数部分。截至 2010 年 8 月，上海未成年犯管教所共有少年押犯 607 人，其中共有 50 名重新犯罪人员，男性重新犯罪人员 49 名，女性 1 名。[①] 在未成年重新犯罪中，男性虽然占绝大多数，但女性在重新犯罪中的人数在逐渐增多，所占比例也在缓慢增加。

在年龄构成方面。据相关研究显示，在我国未成年人犯罪当中，有将近 60%的犯罪集中在 14 岁到 17 岁这个年龄段内，而且有将近三分之一的人在犯罪之前就曾出现过比较严重的违法行为。2010 年中国预防青少年犯罪研究会主持进行的全国未成年犯抽样调查显示：和 2001 年相比较，我国未成年人犯罪年龄略有提前，犯罪年龄以 16 岁为最高峰。相应的重新犯罪的年龄可能提前，重新犯罪的次数可能增多。一方面现在营养条件充足，生活水平普遍提高，未成年人身体发育提前成熟，但心理和生理发育不同步的矛盾是引发未成年犯罪或重新犯罪的原因之一；另一方面现在的电脑、手机及网络的普及和发展，不良媒体对拜金文化、色情文化和暴力文化的过度宣扬，也是导致青少年犯罪的原因。1992 年 3 月，中国青少年犯罪研究会课题组的一项关于全国八省市违法犯罪问题普查的数据表明，有 20.1%的少年犯有两次的犯罪经历，有三次犯罪经历的占 8.1%。[②] 同样，浙江省对 1998—2000 年释放的少年犯连续的调查数据显示，首犯在 14—16 岁之间的重犯率为 11%，首犯在 16—18 岁之间的重犯率为 10.1%，而首犯在 18—20 岁之间的，则降至 7.2%，首犯在 20 岁以上的，则更低。[③]

从城乡分布来看，农村籍犯罪少年再犯罪的比率高。安徽省 2000 年至 2004 年期间，全省少年罪犯年平均增长率为 7.2%，并且农村籍少年犯罪增

---

① 上海市第一中级人民法院少年审判庭课题组：《成年人重新犯罪的实证分析及对策研究——以上海市未成年犯管教所在押少年犯为研究样本》，《青少年犯罪问题》2011 年第 3 期。

② 2001 年中国青少年犯罪研究年鉴（第二卷），中国方正出版社 2001 年版，第 380 页。

③ 孔一：《少年再犯研究》，《中国刑事法》2006 年第 4 期。

多，占少年犯罪总数的 80% 左右。① 另据浙江省未成年犯管教所的统计调查，2006 年底，再犯少年中有 78.1% 来自农村。农村籍的犯罪少年绝大部分为财产型犯罪。同样是再犯罪少年，在此次调查中农村籍的财产型犯罪比例是 83.3%，而城镇籍的财产型犯罪比例仅为 42%。

从未成年犯的身份上看，城市闲散未成年犯和农民身份的未成年犯居多。他们大多文化程度不高，以初中、小学文化程度居多，文盲有所下降，缺乏工作技能，家庭无暇顾及或家长管理教育已失效。闲散是指未成年人在犯罪后经过司法部门处理后的主要生活状态。他们既不上学，也不工作，基本上没有什么事情可做。整天上网、喝酒玩乐又无固定收入，这部分人极易重新犯罪。而且与第一次犯罪相比，二次以后的偶发性犯罪比例大大减少，预谋性犯罪增多。

未成年人重新犯罪的类型特征。伴随着我国社会转型、经济转轨的不断深入，侵财型犯罪在全部犯罪中所占的比重一直以来都高居榜首。未成年人犯罪多数也是为了钱财，寻求刺激，贪图享乐。与成年人的不同之处在于犯罪所获的财物很快会在网吧、游戏厅及餐饮娱乐洗浴场所挥霍一空。在未成年人的重新犯罪的类型中，侵财型犯罪仍居首位，暴力型犯罪有所增加，以侵财型和暴力型犯罪为主要类型，二者交替上升。另外，未成年涉毒犯罪呈蔓延趋势。侵财型犯罪重新犯罪中，前后犯罪罪名重合的比例较高，多数未成年犯初次犯罪与重新犯罪罪名相同或基本接近，而且后罪作案次数呈多发趋势。侵财型刑事案件中，盗窃罪和抢劫罪交替排在各类犯罪的前两位，特别是近几年，犯抢劫罪的未成年人数的已超过了犯偷盗罪的人数。天津侵财犯罪所占比重如下：1996 年所占比重为 69.25%，1999 年为 72%，2002 年为 64.3%，2005 年为 63.7%。② 由于前些年我国对未成年犯罪的轻刑化处理，许多未成年犯充分利用自己现在的"年龄优势"，变本加厉，进行更多犯罪。过

---

① 孙昌军、周亮：《我国未成年人犯罪率的统计分析》，《青少年犯罪问题》2004 年第 5 期。
② 丛梅：《重新犯罪实证研究》，天津社会科学院出版社 2011 年版，第 56 页。

去大部分侵财犯罪多发生在夜间和人少偏僻的地方，目前，未成年侵财犯罪行为开始公开化，部分犯罪活动转向白天，在繁华场所和人多的街面上实施犯罪。一旦遇到反抗，就立即使用暴力手段，充分表现出未成年重新犯罪人道德情感的冷漠和对社会行为规范的漠视。正如路易斯·谢利在《犯罪与现代化》中所言："在现代社会，暴力犯罪越来越多地与财产犯罪的实施相联系，因为人们为了得到所想要的财物而不择手段。"① 未成年人多次进行犯罪不但对社会造成了更大的危害，而且巩固了他们的主观恶性和犯罪心理，使他们掌握了更多的犯罪经验，对犯罪甚至"习以为常"，大大增强其人身危险性。今后一段时期内，未成年人的身心特点及相关社会因素不会有太大变化，未成年人重新犯罪仍会集中于侵财犯罪和激情性的暴力犯罪。

未成年人犯罪的作案手段特征。在未成年重新犯罪中，有预谋的犯罪逐渐上升，偶发性犯罪在减少。因为重新犯罪的未成年人，有过犯罪经历，相对有犯罪经验，在犯罪过程中更趋于理性和计算，犯罪前往往进行谋划，以达到自己的犯罪目的。未成年人犯罪的智能化、团伙化和暴力化倾向日趋明显；犯罪手段也逐渐趋于成人化，作案手法隐蔽娴熟，反侦查能力强，补偿心理严重。除了侵犯人身权利和财产的犯罪，近年来，少数未成年重新犯罪者开始参与绑架、走私、贩卖、运输、制造毒品罪、妨害公务罪、强迫卖淫罪等妨害社会管理秩序的犯罪，犯罪类型和作案手法出现成人化迹象。有的犯罪手段特别残忍，令人发指，具有强烈的报复性和较强的组织性，已成为影响社会稳定和谐的一个突出问题。

未成年人重新犯罪的作案方式特征。未成年人重新犯罪纠合性强，团伙化作案日益突出。2003 年底，北京市未成年人犯罪中结伙犯罪的比例占81.3%，上海市占 83.6%，天津市占 75.3%。② 未成年人团伙作案主要有两种

---

① ［美］路易斯·谢利：《犯罪与现代化》，何秉松译，群众出版社 1986 年版，第 161 页。

② 陆志谦等：《当代中国未成年人违法犯罪问题研究》，中国人民公安大学出版社 2005 年版，第48—53 页。

形式：一是纯粹的未成年人结伙犯罪；二是未成年人在成年人组织、教唆、引诱下从事犯罪活动。重新犯罪未成年人之所以大多选择团伙犯罪，主要是由于他们的思想还不太成熟，犯罪心理压力大，担心被害人反抗，而结伙共同犯罪既能在作案方案上部署周密，又能在力量上抵制被害人的反抗。未成年人在作案时，经常会在互相鼓动和壮胆的情况下而不受时间约束，往往出现团伙流动作案。在未成年团伙犯罪中，那些未成年的重新犯罪者往往是团伙犯罪的组织者或骨干成员，具有腐蚀性大、不计后果和危害性大的特点。

利用网络非法结社，进行组织犯罪活动。一些重新犯罪的未成年人通过网络非法结社，招募犯罪同伙。例如，2013 年 8 月在中南地区某未成年管教所笔者曾对少年犯李某某进行访谈，李某某，18 岁，曾因在 14 岁时盗窃被司法机关处理，16 岁那年因抢劫被判入未成年人管教所，2012 年被释放，2012 年底，在网上联络"狱友"并招募犯罪成员进行抢劫犯罪并再次入狱。这是未成年人犯罪及重新犯罪的一个新的特点。

总之，目前随着我国生育政策的持续开展，未成年人在总人口中的比例有所下降，加之，对未成年教育的加强和重视，未来未成年人犯罪数量将会相应减少。另外，刑法八修正案中关于未成年犯罪处理的一些规定，在未来一段时间未成年人重新犯罪有可能减少，但是对未成人的重新犯罪的防控工作时刻不能放松。

第六章 重新犯罪原因分析

犯罪寄生于社会，由其所处的社会结构决定。社会是犯罪的培养液。由此，我们动态地分析犯罪与社会，倘若社会相对静态，则犯罪的溶剂稳定，犯罪呈饱和、平稳状态；倘若社会急剧转型，则犯罪的溶剂巨变，犯罪的饱和状态被打破，犯罪率出现波动。犯罪是社会变革的晴雨表，犯罪率的波动与社会变迁紧密相连。

社会互构论的一个基本观点是，个人与社会的关系问题是现代社会一切问题的根源，是社会学的基本问题。只要个人和社会还存在，个人与社会的二元关系就是无法回避的事实。现代性过程赋予了个人与社会关系的"问题性"意义：个人与社会的关系问题成为现代社会一切问题的根源。现代的个人与社会的关系并不是前现代的推演或展开，而是随现代性而来的断裂过程的产物。重新犯罪就是随现代性而来的断裂过程的产物之一。

社会互构论的基本理路是：既然个人和社会同为人类生活共同体的两重属性和表征，它们二者的基本关系是，两者既是相互区别的，也是在区别基础上相互联系的。这种相互联系既是差异的、对立的和冲突的，也是适应的、协调的和整合的。这两个方面互为前提又互为条件、不可分割，既是对立的统一，也是统一的对立。人类生活共同体的发展就是个人与社会的互构关系的演变过程。① 通过这一过程，个体与社会发生互动，从而将社会规范内化，最终遵守社会规范，进而抑制犯罪的生成。

从社会互构论的视角来分析重新犯罪问题，我们就会追问以下几个问题：导致个体重新犯罪与重新犯罪现象生成的因素有哪些？这些因素在重新犯罪生成过程中起什么作用？各因素之间发生作用的机制是什么？

重新犯罪和犯罪一样都是由复杂的多种因素共同作用的结果，孤立的、单一的因素是难以产生犯罪的。这是一个复杂的社会问题，且背后的犯罪原因也是复杂多变的。只有从群体犯罪的高度，把重新犯罪研究放在宏观的社会背景之下，才能找到正确的研究方法。毋庸置疑，社会因素与个体因素在对重新犯罪原因的解释上存在差异，但如从社会分析的视角，个体必定是寓于社会之中的，离开社会的背景，就不会有重新犯罪和犯罪的存在。根据社会互构论的观点，既然个体和社会同为人类生活共同体的两重属性和表征，它们之间这种既对立又统一、既相互区别又相互联系的关系，使得两者相辅相成，互为前提、互为存在条件，个体因素必须通过社会因素才能发挥作用。同时也应看到，重新犯罪毕竟是由个体实施的，忽视重新犯罪的个体因素也是不恰当的，所以，也要对重新犯罪的个体因素进行研究。只有这样，我们才能搞清楚重新犯罪的原因及产生机制。

重新犯罪是由个人因素、社会因素和条件因素互相影响，共同作用而产生的。个人因素为个人实施犯罪的前提条件，是潜在的重新犯罪人。在社会因素的作用下形成犯罪动机，是形成危险犯罪的外在因素。条件因素是危险犯罪人成为现实犯罪人的导火线，它在这一过程中起到催化剂的作用。

只有在个体因素和社会因素共同相互作用下，个体才会产生犯罪动机，渐渐变成危险犯罪人，由于二者作用方式不同，产生的犯罪动机也就不同，因而会出现不同类型的危险犯罪人。危险犯罪人对条件要素的感知，做出反

---

① 郑杭生：《中国特色社会学理论的探索》，中国人民大学出版社 2005 年版，第 765 页。

应，在一定条件下，就会实施犯罪行为，从而成为现实犯罪人，然后社会又会对这种行为做出反应。因此，重新犯罪是由个体因素、社会因素和条件因素互相影响，共同作用而产生的。个体因素为个人实施犯罪的前提条件，是潜在的重新犯罪人。个体在社会因素的作用下形成犯罪动机，社会因素是形成危险犯罪的外在因素。条件因素是危险犯罪人成为现实犯罪人的导火线，它在这过一程中起到催化剂的作用。

第一节　重新犯罪与社会一般犯罪的关系

重新犯罪作为社会犯罪的一个组成部分，与社会一般犯罪有着不可分割的紧密联系。重新犯罪与社会一般犯罪有着内在的本质联系，诱发社会一般犯罪的各种社会不良因素，同样会对重新犯罪产生诱发作用，只是作用的程度有差别。正因为这一共同性，在着手研究重新犯罪的原因时，必须首先研究社会一般犯罪的原因，研究社会一般犯罪原因与重新犯罪原因的共性，然后才可能弄清其特殊性。重新犯罪和社会一般犯罪二者之间是既有联系，又有区别。

首先，重新犯罪成员以社会一般犯罪成员为来源，受到社会犯罪成员的数量、结构、特点以及罪因变化的直接影响。从历史的角度看我国刑释人员重新犯罪的数量变化，与社会一般犯罪的数量变化大体一致，随着社会一般犯罪成员的数量的增减而增减。新中国成立以来，从不同的时期或不同的地区看，社会一般犯罪较多的时期或地区，重新犯罪的数量也较多；社会犯罪较少的时期或地区，重新犯罪的数量也较少。我国重新犯罪成员的案情结构、年龄结构、职业结构、文化结构和地区分布特点等，以及犯罪社会原因，与社会一般犯罪成员基本上是相同、相近或相关的。

其次，重新犯罪和社会一般犯罪都不可避免地受到整个社会犯罪活动的影响。重新犯罪和社会一般犯罪是在相同的社会背景条件下产生和发展着的，不良的宏观社会环境和失衡的社会结构状况，对社会一般犯罪和重新犯罪都会起到一定的作用。这种作用，对于两者来说，只具有量的差别，而不具有质的不同。重新犯罪者主要是那些恶习未改、改造未彻底而且又经受不住社会上不良诱惑以及社会上其他违法犯罪分子的拉拢的人员。笔者在中南地区三所监狱近 500 份重新犯罪问卷调查表明：有 22.3% 的重新犯罪是因为不良朋友和社交圈，受其他人拉拢，经不住劝说；有 18.2% 的重新犯罪是因为面对不良诱惑，克制不住内心追求的欲望。一些重新犯罪成员充当犯罪团伙的组织者或在其中起骨干作用，甚至是黑社会组织的成员。重新犯罪原因与社会一般犯罪原因的共性是：社会一般犯罪普遍现象的原因与重新犯罪普遍现象的原因，具有同一性。制约社会一般犯罪现象的一定社会的基本矛盾规律，同样制约该社会重新犯罪的发展。二者在犯罪类型、犯罪方式、犯罪数量的增减变化上，基本上是相同的。一般而言，就犯罪的类型结构及犯罪的形态结构变化看，重新犯罪基本上与社会一般犯罪状况相同。例如，当前我国社会财产犯罪比较突出，暴力犯罪倾向有所加重的趋势，这些特点在重新犯罪中也突出地表现出来。

再次，重新犯罪是原有犯罪思想和行为的继续。重新犯罪与社会一般犯罪一样，在思想和行为上都是对现有正常社会秩序和刑法的破坏和违反。我国对罪犯的改造，主要是通过教育转变犯罪人的立场、思想，帮助其矫正恶习和犯罪行为，经过再社会化，帮助其重返社会，成为守法的公民。重新犯罪的一个主要原因是其犯罪思想没有改造好，刑释后在犯罪思想意识的支配下，继续从事危害社会的犯罪行为。所以说，重新犯罪是原有犯罪思想和行为的继续，而且在一定程度上还会有所加重。根据犯罪生涯理论，初次违法犯罪年龄越早，违法犯罪次数越多的人，犯罪的持久性就越强。换言之，初次犯罪出监时年龄越低，其重新犯罪风险越高，反之亦然。重新犯罪的次数越多，对其改造的难度就越大。重新犯罪在发展趋势上为社会一般犯罪所左右，即重新犯罪在发展趋势上与社会一般犯罪趋势大体上同步。所谓的大体上同步，不是说相等、相同的意思，而是说在总的发展趋势上。换言之，重新犯罪与社会一般犯罪在总的增减变化方面，基本上是同步发展的，但并不排除在某些时期，某些地区出现不一致的情况。

复次，在重新犯罪与社会一般犯罪的社会防控方面，二者是整体与部分的关系，重新犯罪的防控战略必然包含在社会一般犯罪的防控战略体系之中，具体的重新犯罪的防控措施也只能在社会总体防控的基础上才能发挥作用。重新犯罪防控方面工作取得一定的成绩，与社会秩序稳定、社会一般犯罪总量小和犯罪率较低有一定的关系。同理，重新犯罪增多与社会治安形势严峻、一般社会犯罪率剧增、社会治安基层基础工作比较薄弱有紧密的联系。

最后，重新犯罪又具有与一般社会犯罪不同的特殊性。重新犯罪在犯罪主体方面较之社会一般犯罪有显著的差异。重新犯罪在犯罪主体上明显区别于社会一般犯罪，它是指受到刑事处罚的人在刑罚执行中或在刑罚执行完毕之后又再次犯罪。但是，我国刑法并没有把重新犯罪与社会一般犯罪从犯罪定义上加以特别区分，只是对累犯的构成条件有所规定，在一些具有法律效力的决定中有规定。因此，重新犯罪这个情节在某种程度上仅对量刑有意义，对定罪并无决定性的意义。它的犯罪构成条件和标准与初次犯罪是完全一致的。

重新犯罪人员回归社会存在心理障碍效应。长期的监禁生活对人的心理会产生一定程度的不良影响。其后果之一，就是在回归社会后，社会排斥往往驱使刑释人员之间，或者与社会另一部分有不良行为的人，结成一种非正常的社会群体，寻求在这种特殊群体中的互相认同、互相支持。这种特殊群体的形成，往往会发展为违法犯罪的团伙，对社会治安构成比较严重的威胁。心理障碍还表现在部分刑释人员在思想和情感上的对立，对社会充满仇恨，一心报复社会，从而主动地实施重新犯罪的行为。同初次犯罪人员相比较，重新实施犯罪本身就表明，此类人的人身危险性和社会危害性较大，所以对重新犯罪的防控更加艰难。世界各国历来也一直将重新犯罪的防控列为防范重点。

　　只有搞清楚重新犯罪与社会一般犯罪的关系，才能更好地了解重新犯罪的原因，为构建有效重新犯罪防控机制提供帮助。

第二节　个体因素与重新犯罪

　　个体因素主要包括个人状况因素、个人境遇因素以及个体素质因素。个人状况因素主要包括年龄、性别等生物状况及婚姻、公民地位、职业、住所、社会阶层、社会资本、技能、教育等社会状况。个人境遇因素主要有家庭变故、受到刑罚处罚和意外不幸等遭遇。个体素质因素主要包括生理、心理、遗传等因素。生理状况主要表现为感觉反应能力异常等。心理状况主要表现为智力和情感等方面异常，尤其是道德情感异常。这些因素之间相互作用，构成了个体实施犯罪的前提条件。

　　社会化是否成功将会直接影响一个人的人格、心理以及日后的发展状况，多数犯罪是社会化失败的具体表现。从个体因素来看，重新犯罪者存在社会化和再社会化过程的缺陷。在个体的社会化过程中，合理的需求得不到满足。这里的合理需要指的是合理的生理和精神的需要。社会学家米德认为，角色扮演是人的社会化的基础。个体在社会化过程中，个体之间互动时，角色扮演也会常常出现各式各样的困境，这些困境在对各种社会角色塑造的同时，也会导致角色扮演失败。而这些困境往往成为不健全人格的促成因素。对不健全人格形成影响最大的角色困境是角色失败。角色失败对不健全人格的形成作用较大。再社会化通俗讲就是个体摆脱旧的价值观和行为模式，接受新的价值观和行为模式。罪犯改造主要是对其进行再社会化。对罪犯进行强制性的改造，往往忽略罪犯的主体性，缺陷主要体现在对其定罪、量刑和行刑中的缺陷。重新犯罪也是再社会化过程的缺陷或失败。

　　那么，为什么同样在服刑，同样是刑释解矫人员，回归社会后的表现是不一样的？为什么大多数归正人员能够遵纪守法，洗心革面重新做人走向新生，而少部分服刑人员却重蹈覆辙，恶性循环，再次走上重新犯罪的道路？更有甚者，为什么在服刑期间就会再次犯罪呢？面对这种同途而殊归的社会现象，我们不得不进行反思，除了我国对罪犯改造的理念、方式、方法存在问题外，还需要通过改革逐步完善，重视研究重新犯罪人员个体因素与其再次犯罪的关系也是很有必要的。

一、个体的年龄

年龄与犯罪的关系一直是现代社会世界各国犯罪学家长期以来潜心研究的课题。在个体年龄与犯罪原因研究方面，犯罪发展理论最具代表，在其看来，年龄因素在解释犯罪方面是如此的有力，以致其他任何社会因素均无从与之相提并论。因此，寻找解释犯罪的理论均应无可争辩地考虑到年龄因素对于犯罪的影响。研究发现，随着年龄的增长，个体犯罪风险随之下降，同时还发现，导致个体违法与犯罪的自变量大多是在个体早年生活过程中产生的。[1]

年龄与犯罪的研究不仅适用于初犯，而且适用于重新犯罪者。在不同历史时期和社会背景下，年龄与重新犯罪的变化随着时代的变迁具有不同的特点和变化趋势。对于重新犯罪者的年龄结构的研究，有助于了解其在不同年龄段的分布状况，确定重新犯罪者的不同年龄段的犯罪的比例，掌握其再犯罪行为发展变化规律，以便于根据不同年龄段的不同犯罪特征和犯罪类型提出有针对性的防控措施。据北京市监狱管理局 2005 年 5 月对在押的 2209 名累犯进行的调查发现，青壮年是累犯的高发人群，25 岁以下的罪犯占总数的

---

① Robert J. Sampson and John H. Laub, Understanding Variability in Lives through Time: Contributions of Life – Course Criminology, Studieson Crime and Crime Prevention 4（1995），pp. 143 – 158.

18.1%，25—50 岁的罪犯占 77.5%。[①] 另据天津重新犯罪调查科研数据库的统计，年龄在 26—50 岁之间的重新犯罪人员从 1990 年的 54.9%上升到 2005 年的 60.5%。[②] 在中南地区三所监狱问卷调查结果显示：第一次犯罪年龄结构较轻，平均年龄为 26.9 岁；而重新犯罪平均年龄为 32.6 岁，提高了将近 6 岁，其中第一次犯罪中 25 岁及以下的人最多，达到了 56.3%，重新犯罪中这部分人群占的比例仅有 27.8%。但重新犯罪者 26—45 岁之间的比例高达 61.9%，远高于第一次 37.5%的状况。

与 20 世纪 80 年代相比，我国重新犯罪的年龄结构有所变化：犯罪高发年龄段后移，26—50 岁的成年人成为重新犯罪的主体人群，35 岁后重新犯罪人数开始下降，50 岁以后重新犯罪人数直线下降。这也符合重新犯罪的年龄规律，即初次犯罪时的年龄可能处于青少年时期，再次犯罪时可能已经步入成年人行列，并开始形成相对稳定的群体。这也说明了个体第一次服刑结束时的年龄与重新犯罪的负向相关。20 世纪 90 年代以来，中国社会正处在转型期，社会发展变迁的速度加快，中年人在社会转型所带来的巨变中，所承担的各方面压力最大，社会活动的范围也最广，面临的诱惑和社会冲突最多，所以犯罪的可能性也最大。同时也折射出社会转型期，社会、政治、经济和文化的变革对人们的犯罪的深层次影响。可见今后一段时间，中年人重新犯罪问题会比较突出，应该有针对性地加以防控。

二、个体的社会状况

个人的社会状况主要包括婚姻、文化程度、职业、技能、住所、社会阶层、社会资本、经济等。重新犯罪人员未婚、离婚的比重远远高于初次犯罪的群体。在中南地区三所监狱重新犯罪人员的婚姻状况调查显示：重新犯罪

---

① 潘开元、李仲林：《北京市监狱管理局在押累犯犯罪原因及矫正对象》，《中国司法》2006 年第 4 期。

② 丛梅：《重新犯罪实证研究》，天津社会科学院出版社 2011 年版，第 155 页。

的婚姻状况已婚者较多，达到 47.7%；未婚次之，有 28.8%；另有 21.2% 的人处于离婚状况，这远远高于社会一般状况的离婚率及初次犯罪的离婚率。缺乏婚姻家庭的约束是刑释人员在回归社会较短时间内再次犯罪的一个主要因素。

文化程度是一个人社会化程度的重要标志之一，虽然一个人的文化程度和犯罪之间没有必然的联系，但是个人接受教育的时间长短、文化程度的高低在某种程度上会影响到其对事物的认知能力、辨别能力、理解能力以及对自身的控制能力，进而制约对正常社会心理的适应和对社会规范的遵守。

重新犯罪人员文化程度普遍低，初中及以下文化程度的比重较高。在中南地区三所监狱问卷调查显示；重新犯罪者初中文化水平占 43.7%，小学文化水平占 36.0%，文盲占 7.7%，合计超过了八成。在市场经济条件下，特别是当今知识密集型社会，与一些毕业找不到理想工作的大学生及部分下岗失业人员相比，这些刑释人员文化水平和职业技能普遍偏低，再加之，曾经犯罪的经历，又为他们贴上了标签，他们很难找到适合的工作，属于就业弱势群体。何况社会就业竞争又非常激烈，文化水平低很难适应现代工业化社会，这样刑释人员有可能经常面临失业，或者只能从事低技术含量的简单工作，或者无业人员激增，推演灰色再就业，经济收入低且不稳定。另外，文化程度低会使这些人社会认知水平低和道德水平下降，对事物的认知能力差，自我控制能力低，相对来说，比较容易在释放后较短时间内再次犯罪。

职业在当今社会，不仅反映一个人的工作状况，在某种程度上还决定个人的社会地位，而且影响着个人的生活方式，甚至与其经济收入以及由此产生的社会阶层都有着密切的关系。据浙江省的一项调查表明：被捕前待业者，回归社会无业的占 19.2%。而笔者在中南地区三所监狱问卷调查结果表明：47.5% 的重新犯罪者在被捕前处于无业状态。由此可知，被捕前职业状况与重新犯罪有着密切关系，职业越稳定，重新犯罪的可能性越小。

在现实社会当中，经济生活状况是人们生活质量评价的一个重要指标。

换言之，经济生活状况是人们生活质量的高度敏感的影响因素。那么对经济生活状况与犯罪的关系研究，也就成为研究犯罪问题时一个不可回避的问题。评价一个人的生活经济状况来自两个方面：一方面是和别人的比较以及和自己以前比较；另一方面是自己的主观评价。研究表明重新犯罪人员刑满释放后，就业状况不佳，与自己初犯时相比较，相应的经济收入状况更不如意、更不稳定，生活水平和生活质量较以前相对较差。一般而言，一个人对自身经济生活的主观感受是其在综合自身收入和消费状况的基础上与外界环境发生信息交换所形成的一种心理。这种心理的强烈程度与发展方向决定了行为人是否采取增加收入的行为。这种心理越强烈，则试图增加经济收入的需求越强烈。尤其是一些刑满释放人员，心理落差大，会产生一种"补偿心理"。

就重新犯罪人员犯罪目的而言，为钱财犯罪最为突出，尤其是以经济生活困难的刑释人员最为明显。中南地区三所监狱问卷调查结果表明：有51.6%的重新犯罪认为自己再次犯罪的目的是为了钱。美国社会学家默顿提出"手段—目标论"。当社会提出的目标与达成目标的合法手段不一致、不配套时，就容易诱发犯罪。从文化的角度，社会会为每个社会成员都设定目标，但是，社会在结构的安排上，并不能为每一个人提供达到上述目标的合法手段。为了能够达到目标，就会出现越轨行为。由于自身能力和素质通过合法的手段达不到自己想得到的经济生活状况时，就会重操旧业再次犯罪。

总之，在众多重新犯罪致罪因素中，罪犯的经济生活状况是主要的致罪因素之一。经济收入越稳定，重新犯罪的可能性就越小。相反，经济收入越不稳定，自我贫困感越强烈，相对被剥夺感心理越严重，重新再犯罪的可能性就越大。

三、心理与人格

为什么在相同的社会环境下，刑释人员回归社会后有的不再犯罪，开始新的生活；有的则不思悔改，走上重新犯罪的道路？除去社会因素，恐怕和罪犯个人长期形成的犯罪心理和犯罪人格有关。一个人的人格是在生物遗传的基础上，通过个体与社会环境的相互作用中逐渐形成和发展起来的，是一个人的社会性和主体性的集中体现。

从研究意义上看，研究犯罪心理的目的主要是为了预防犯罪。犯罪心理的生成机制为个体在社会化过程中个体没有将社会规范内化为个体意识，导致人格出现社会性缺陷，人格缺陷是犯罪心理生成的基础，在环境刺激选择不合适的方式满足自己，形成犯罪动机、目的等犯罪意识，犯罪意识和犯罪意志相互作用产生罪过心理，主客观条件的变化影响着罪过心理产生和犯罪心理转化。犯罪心理的转化主要表现在两个方向，即犯罪心理良性转化和恶性发展。刑释人员的重新犯罪就是犯罪心理结构的恶性发展。

犯罪心理结构的恶性发展，是指犯罪心理形成以后，在主体内外因素的影响下，犯罪心理结构不断得以发展和加强，变得稳定牢固。犯罪心理恶化的过程就是初犯到重新犯罪的过程，恶性心理发展的结果会是罪犯形成比较顽固的犯罪动力定型。刑满释放人员再次犯罪主要是犯罪心理结构的恶性发展。

第一，主观恶性深，犯罪意识强化。犯罪人受到处罚后，不思悔改，不从自己身上找原因，把犯罪原因主要归咎于别人和社会，主观上认为自己每次犯罪被抓都很无辜或者运气不好。在中南某监狱对犯人进行访谈时，当问及为什么再次犯罪，大多数犯人谈起来往往是滔滔不绝，主要把其犯罪原因归结为"社会风气不好"影响他，"社会不公平"，"别人惹他"等。当问及在犯罪过程中自己的原因时，大多数轻描淡写，一带而过，回答往往是"那我可能也有不对的地方""我的脾气和性格不好""我倒霉呗"或者顾左右而言他。在对西南某监狱一个"二进宫"毒贩访谈时，他坦言，自己和一些人比较，虽然住监狱受点罪，只要他出去，干成一大笔，他就发财了。

第二，心理失衡，侥幸心理、冒险心理增强。有的犯人在监狱服刑多年，深感自己在服刑改造期间"损失惨重"，要狱内损失狱外补，于是在这种"补偿心理"的支配下，不惜代价"捞本"的意愿十分强烈。他们对犯罪心存侥幸，认为第一次被抓是因为自己大意，经验不足失误而造成，以后作案做得要隐蔽些，就不会被发现。一些罪犯服刑时在管教干警面前表现很好，假装积极改造，后来获得减刑提前释放，但刑满出狱后，伺机疯狂作案，把不满、愤恨发泄于社会。例如，罪犯谢某，2010年参与抢劫被抓，在中南地区某监狱服刑，服刑期间假装积极改造，后来获得减刑提前释放，刚释放不到半年，就因为抢劫并刺伤某公司在银行取钱的出纳而被抓。用他的话说"我心里想，好好表现，早出来两天，能弄上一大笔钱不就行了"。

第三，道德感缺失，价值观扭曲。在社会转型的特殊时期，随着市场经济的不断深入，社会呈现出利益多样化、生活个性化、观念多元化以及金钱万能的物质化。这对传统道德观造成很大的冲击。在这种社会背景下，重新犯罪人员普遍道德感缺乏，再加之，犯罪和服刑的经历使他们的人格变异，出现人格缺陷和犯罪人格。他们没有社会责任感、没有愧疚感，一切以自己为中心，极端自私。错误地认为自己的犯罪行为并非有害于社会，感受不到自己的行为给他人和社会带来的损害。犯罪思想牢固，与之相连会产生人生观、世界观和价值观的扭曲。一些罪犯回归社会后，生活期望值过高。由于知识经验缺乏，对现实社会了解不够深入和全面。认为出狱后只要肯干能吃苦就能致富发财、就能挣大钱、发大财，甚至梦想一夜暴富。然而，当发现现实生活与他们期望的生活存在着很大差距时，往往信心受到挫折而绝望，心理难以承受，最终又重新滑向犯罪深渊。也有一些罪犯享乐主义、拜金主义思想严重，整日好逸恶劳，没正确的劳动观，总想着不劳而获挣大钱，结果只能是去再犯罪。在对中南地区某监狱一重新犯罪人员访谈时问及："你还年轻，即使没手艺，你去工地上给别人打工，总可以养活自己吧，为什么总要去犯罪呢？""让我去打工，又累又脏，又不挣钱还丢人，我才不干呢。我死都不会去干那活。"如此回答，言外之意，还不如我去犯罪。这是典型虚荣心作祟，个人欲望膨胀。他们或许认为不管用什么手段，只要能赚大钱，飞黄腾达，才能改变社会对他们的看法，才是成功，才会赢得他人和社会的尊重。

第四，犯罪自觉性、主动性和反社会心理增强。犯罪人在最初实施犯罪时，因为没有作案经历，在作案行动前以及行动过程中，往往伴随着精神高度紧张和信心不足，有很多人可能是受到同伙的教唆、引诱甚至是胁迫才走上犯罪道路的。这时的罪犯的道德观念、同情心尚未完全丧失，人性尚未完全泯灭，犯罪前是顾虑重重，而且伴随着激烈的思想斗争。但他们经过多次作案以后，从中尝到了甜头，个人欲望开始急剧膨胀，作案手法更老练娴熟、更加狡猾。心理变得狂妄自负，法律观念、道德观念、同情怜悯之心丧失殆尽。即使因犯罪受到处罚，比较之下仍觉得有赚头，并不思悔改，继续作案危害他人和社会。更有甚者，为了自己不合理的非分之需求，在犯罪受到处罚之后，萌生了强烈的反社会和对抗社会意识，开始敌视社会，在一些犯罪活动中，还经常把矛头指向社会公共目标。这样，犯罪人藐视法律，对法律制裁畏惧感下降，犯罪心理进一步恶性发展，作案的目的性、主动性、自觉性大为增强。

第三节　社会因素与重新犯罪

社会因素主要包括文化冲突因素，刑罚执行机制的问题与不足因素，社会安置帮教虚化与缺失，社会控制弱化因素等。当代中国正处于后发性现代化进程，经历着主要来自外部力量的较为明显的大幅度的社会变迁，这种变迁的因素是多方面的，有科学技术、意识价值、社会规范、政治体制、经济制度等，这种变迁不是社会结构某一方面的变动，而是如滕尼斯所言的"从共同社会到利益社会"的社会结构变动。正如迪尔凯姆所讲：当社会被突然发生了严重的危机或者有益的变化打乱时，社会便会产生失范状态，在这种状态下，整个孰是孰非的标准缺失，个人需求和欲望急剧膨胀，在这种无规则的混乱状态下，犯罪和重新犯罪现象将大量产生。

一、文化的冲突与传播

严景耀先生曾指出："为了了解犯罪，我们必须了解发生犯罪的文化；反过来，犯罪的研究又帮助我们了解文化及其问题。"他认为，"犯罪不是别的，不过是文化的一个侧面，并且因文化的变化而发生异变"。"如果不懂发生犯罪的文化，我们也不会懂得犯罪。换言之，犯罪问题只能以文化来充分解释。"[①] 因此我们在研究犯罪及重新犯罪时，必须重视文化因素与犯罪的关系。

（一）文化冲突。美国社会学唐纳德·里德·塔夫特在其著作《犯罪学：一种文化解释》中提出一种犯罪文化理论，其基本观点是美国的高犯罪率是由美国社会中独特的文化因素所造成的。在塔夫特看来，"犯罪是文化冲突的产物，而文化冲突则是由于外来移民和国内迁徙而普遍存在"。塞林的文化冲突理论也同样认为文化冲突是犯罪发生的原因之一。

法国社会学家迪尔凯姆对犯罪的文化本质是这样认为的，"犯罪其实首先是反社会文化的和违反社会文化规范的，而对犯罪的评判则首先是一种文化评判和文化理解"[②]。这说明在某种意义上讲，对待犯罪问题的反映，其实反映的也是一种文化立场和文化态度问题。

从文化冲突的视角来分析我国重新犯罪现象，对我国重新犯罪的防控会有重要的理论和实践意义。社会剧变、社会转型往往孕育着文化转型和文化冲突，因此，对中国文化冲突形成背景的分析，离不开对中国当前面临的现代化和社会转型这两个重大历史主题的研究。我们应将文化与犯罪的理论嵌入中国当今犯罪状况和社会场景中研究，从而使理论得以自足和深入，使实践问题得到必要的解释。这里文化冲突主要是指影响中国犯罪整体状况的文化冲突，即主文化与犯罪亚文化的冲突。这种文化冲突并非是中国社会内部

---

① 严景耀：《中国的犯罪问题与社会变迁的关系》，北京大学出版社1986年版，第2—3页。
② 许发民：《论犯罪的社会文化分析》，《河南师范大学学报》2004年第1期。

结构自发地演进生成的，它是中国社会转型和追求现代化的必然产物，故此，文化冲突的本质源于文化冲突的生成过程。

随着改革开放与市场经济的深入，多种利益主体和权力主体不断发育，自由流动资源开始出现，市民社会不断发展，横跨中国城乡二元结构的交叉性群体和边缘性群体开始出现，新的社会阶层逐渐形成，在社会分层下的贫富分化开始加剧，不同阶层间的诉求出现冲突、利益相互对立。总之，在我国现代化与社会转型的历史过程中，社会从整体上获得发展的同时，社会中也酝酿了大量的矛盾和混乱。这些矛盾与混乱造成了主文化的文化危机，催生了各种犯罪亚文化，产生了犯罪亚文化与主文化的冲突，形成了犯罪与犯罪治理相互博弈的深层规律。

在现代化与社会转型的背景下，主文化发生文化危机，犯罪亚文化肆意滋生与蔓延，主文化与犯罪亚文化发生冲突，这种冲突表现为犯罪亚文化通过犯罪等社会越轨行为违背与破坏主文化及其主文化所要求的社会秩序，以及主文化通过法律等手段否定与制裁由犯罪亚文化形成的犯罪等社会越轨行为。

文化冲突是我国现阶段犯罪产生的一般社会原因。文化冲突实际上是不同性质、不同模式的文化相互接触、相互融合过程中产生的矛盾和对抗。结合中国当代社会转型和变迁的现实情况，我们认为主文化与犯罪亚文化的文化冲突是我国追求现代化与进行社会转型的应有代价，只要现代化和社会转型这些因素长期存在，犯罪现象就永远存在。

文化冲突导致犯罪的机制是文化冲突会导致行为规范上的冲突，行为规范上的冲突又会促进犯罪心理的形成，犯罪心理当然会支配犯罪行为，加之文化冲突导致对犯罪控制的弱化。内控制和外控制都是社会文化控制的组成部分，二者是一个统一、有机的联系整体，两者缺一不可。社会转型期激烈的文化冲突使得犯罪的内、外控制同时遭遇弱化，社会失范状态大量蔓延，犯罪大幅增加也就不足为怪了。

外控制以法律控制为例，在正常的社会，法律是一个至高无上的文化权威，它在现实生活中之所以发生效力，主要依赖人们现实的价值选择。但是在一个多元文化并存的社会中，文化冲突不断，造成直接后果之一就是价值选择的迷茫。人们的行为得不到正确的解释标准，人们赖以解释自己行为的文化根基发生分裂。例如，由于各种权力关系、人情关系等因素干扰，社会上许多同样的案件出现不同的判决结果，同样的行为受到不同的处理结果等。那么，这种情况会导致人们法制观念不强，法律权威扫地，从而弱化法律控制的效力，犯罪必然增多。

在内控制方面，我们以道德控制为例来说明文化冲突是如何弱化道德控制的。众所周知，如果没有心理上的崇拜，道德信仰就不可能发生，然而道德信仰的基础是崇拜。从道德具有的功能来看，道德信仰有价值定向功能，它可以为人们指明奋斗目标和价值生活方式，给人以精神家园。道德信仰还有凝聚的功能，从个体方面讲，道德信仰是人的各种道德认识、道德观念、道德情感、道德意志及道德信念的整合，可以使人的精神世界凝聚为一体。一旦道德信仰发生危机或缺失，在处理人与社会的关系上就容易导致人格塑造的分歧，找不到可信的人格，造成人格崇拜的迷茫，人则有可能形成犯罪动机，促进犯罪的泛滥。

文化冲突离不开社会内部各种犯罪亚群体的存在，也正是由于各种犯罪亚群体所拥有的犯罪亚文化与主流社会所倡导的主文化之间的矛盾和对抗，才产生了当今社会犯罪和犯罪防控的博弈。重新犯罪是社会一般犯罪的一部分，其犯罪的原因都能有效作用于重新犯罪，换言之，文化冲突对重新犯罪也有重要影响。不同的是重新犯罪人员有受过刑罚处罚的经历，曾是犯罪亚文化的接受主体。他们不仅经受主文化和犯罪亚文化的文化冲突，还要受到服刑文化和回归社会的社会文化之间的冲突。特别是一些监禁刑服刑人员，在再社会化过程中，就是监狱文化的学习与内化过程。主要包括对监狱亚文化的学习和接受，对监狱所指定的规章制度要学习和遵守，还有对监狱普遍文化的学习和接受。在监禁刑服刑的过程中，就是监狱化的过程。也就是说，服刑文化是一种规训性文化，而回归社会后的社会文化是一种多元性文化，属于一种选择性文化。一些刑释人员回归后由于这两种文化的冲突而不适应，而不能顺利回归社会，或者最终再走上重新犯罪的道路。

笔者对西南地区某重刑监狱进行调研时了解到这样一个案例：H省省会城市，一女青年，1996年结婚，婚后丈夫因下岗，心情不好经常喝酒，酒后对其施以家暴，其间还因家暴致使女方流产一次。在各种努力无果的情况下，一次家暴后，女青年给酒后的丈夫服下安眠药，之后用菜刀将其丈夫砍死逃跑，女青年由被害者转化为加害者。最终，她以故意杀人罪被判处死缓。后因改造积极多次获得转刑和减刑，2012年弟弟结婚时，给予离监探家一次，但是在家里不会使用微波炉、不会用电脑、不会坐地铁，并因种种不适应而闹出许多笑话后，决定在家坚决不愿出门。假期结束回监狱报到后，告诉管教干警，说她再也不回去了，外面太不习惯了，还是待在这（监狱）好，回来后大有"解放"的感觉。

（二）文化传播。人的活动离不开文化环境，更离不开文化传播，一种文化环境的形成和文化传播的关系密不可分，现代社会的文化传播主要是通过各种媒介的传播。当然，从正功能方面来讲，文化传播能促进和推动人类文化发展；从文化传播的负功能来看，文化传播的同时也伴随着不良文化以及犯罪的传播。传播与文化是互动的、一体的，凡是文化都是传播的文化，凡是传播都是文化的传播。传播与文化的互动关系表明，文化与传播在很大程度上是同质同构的、兼容互渗的。从这个意义上可以说文化即传播，传播即文化。[1] 从某种意义上来说，犯罪也是文化的产物，脱离一定文化的犯罪是不存在的，所以文化传播与犯罪就具有不可分性和同一性。

在当今社会，传媒已经成为人们认识事物不可或缺的一座桥梁。关于犯

---

① 庄晓东：《文化传播论》，《云南艺术学院学报》2002年第4期。

罪问题的报道，已经成为大众媒介的一项重要内容。因此，从某种意义上讲，传媒对其所传播的犯罪的塑造决定着人们对犯罪的理解和认识，而且这种影响远比一般人想象的要广泛深远得多。

从文化功能的角度分析文化与犯罪的关系，文化具有诱发犯罪发生的功能性，因为信息接收者在接收文化后，二者之间会产生良性或恶性不同的反应，如果产生的是恶性反应，那么将可能导致犯罪的发生。重新犯罪者都有过犯罪的经历，在接受刑罚处罚的过程中，特别是在监狱服过刑的犯人，其对犯罪诱惑的"免疫力"比较低下。在中南地区三所监狱问卷结果显示：30%重新犯罪人员是因为抵不住诱惑才再次犯罪的。说明大量不良的文化传播会在刑释人员中引起恶性反应，从而引发再次犯罪。

文化因其传播大大增强了诱发犯罪的能量，这不仅表现在每一种媒介传播方式都可能是犯罪的传播方式，而且表现为每一种媒介传播方式都可以通过以下几个方面来影响犯罪的发生。

首先，犯罪观念的传播。众所周知，犯罪观念是犯罪行为发生的内在动力，自改革开放以来，我国犯罪率和重新犯罪率一直居高不下，其中一个重要原因就是，为了吸引眼球，为了经济利益，大众传媒利用各种传播方式传播各种与犯罪相关的观念，为犯罪行为的发生提供了强大的动力。例如，在市场价值的导向下，人们一切行为追求利益最大化，唯利是图，大肆宣扬金钱至上等拜金主义观念。在这种观念指导下，一些人为了追求发财、不择手段使自己的价值观严重扭曲，为日益严重的社会犯罪起到了催化剂的作用。同时也弱化了一部分人犯罪或重新犯罪的羞耻之心。再譬如一些媒介为了吸引读者，大量赤裸地宣扬暴力及"性解放观念"，使得一些暴力犯罪特别是青少年暴力犯罪和性犯罪大增，严重威胁我国社会治安和公民人身、生命和财产安全。

其次，犯罪信息的传播。传播学家麦克卢汉曾云"媒体即信息"。该句话的基本含义是文化信息的内容和数量要受传播方式的制约，什么样的传播方式承载什么样的信息。犯罪信息是实施犯罪行为的依据，犯罪人在实施犯罪之前都会收集与犯罪相关的犯罪信息，特别是一些重新犯罪分子，他们在犯罪前都会收集详细的犯罪信息，为实施犯罪做准备。更为不幸的是文化传播给犯罪分子传递大量的犯罪信息，为他们选择和利用犯罪信息创造了便利条件，这也是导致社会犯罪和重新犯罪增加的一个重要原因。比如一些血淋淋暴力场面和性爱镜头等具有一定的"视觉污染"和"听觉污染"。大量犯罪信息传播的危害主要在于给社会提供了不良的暗示。大众传媒在人们心目中有较高的威信。所以，它传播的犯罪信息会将某种价值观及行为模式暗示给受众，后果是相当严重的。① 一些事实证明，大众传媒对犯罪信息的传播，会对受众产生强烈的刺激，使这些人长期处于兴奋中，随着时间的推移，这些刺激会形成心理上的认同，从而导致违法犯罪甚至再次违法犯罪。

再次，犯罪手段的传播。犯罪手段是犯罪人后天习得的，是社会文化的产物。犯罪手段就是犯罪人实施犯罪行为所需要的方法和途径。只有方法和途径得当，才能达到犯罪目的。所以说，犯罪人在犯罪实施前或在犯罪实施过程中都会认真思考和选择犯罪手段。一些传媒在对犯罪手段的传播与由此引发的一些犯罪案例密切相关。例如，笔者在中南地区某监狱对一名重新犯罪者访谈时得知，他在第二次实施犯罪时所使用的藏毒方法，就是他在某真实犯罪案件为题材的电视剧中学来的。大众媒介传播犯罪手段的一个重要恶果就是能优化犯罪人对犯罪手段的心理选择，这些选择主要表现为：优化选择性的注意、优化选择性的理解和优化选择性的记忆三个方面。大量的传播犯罪手段对犯罪人心理选择的优化无疑会加大犯罪手段的渗透力，特别是对一些青少年的犯罪手段渗透力会更强。它还可以强化犯罪人作案心理和提高犯罪技能，加大了犯罪的社会危害性。

最后，犯罪经验的传播。犯罪经验是实施犯罪行为的一个重要因素，犯

---

① 李锡海：《文化传播与犯罪》，《山东社会科学》2005 年第 8 期。

罪人特别是一些重新犯罪者，特别重视对犯罪经验进行研究，以便掌握更多犯罪技能，达到犯罪目的。一般来讲，犯罪经验的获得主要来自犯罪人的犯罪活动和犯罪经历的总结，也可以通过大众传媒传播获得，相比较从后者获取犯罪经验更高明一些。比如说在一些侦破题材的影视剧中，有的对犯罪经验的介绍和传播可谓翔实客观，给人留下深刻印象，同时也给一些犯罪人获取有价值的犯罪经验提供了便利的条件。

二、刑罚执行机制的问题与不足

（一）罪犯改造过程存在问题。我国目前对服刑人员的管教与关押主要在监狱和看守所与社会矫正场所，其中监狱由司法行政机关负责，看守所的服刑人员由公安机关负责，社区服刑人员由社区矫正机构负责。看守所主要对拘役和剩余刑期在三个月以下的徒刑犯进行看押和改造，实际上，仅仅是看押而已。主要是因为公安的工作比较繁忙，这些工作只是其辅助性工作。另外，由于场地、设施以及时间的关系，基本上不太对罪犯进行改造。例如，笔者对在中南地区某监狱的一名服刑人员访谈时，他告诉我，他第一次服刑是因为故意伤害罪被判拘役，就在看守所服刑。当问及在看守所服刑期间是否劳动或干什么时，他告诉我没劳动，什么也不干，到期后不知不觉就释放了。由此可见，在看守所服刑，其实就是把服刑人员看押住，基本谈不上改造。关于社区矫正方面后面再谈。下面重点谈一下监狱改造方面存在的问题。

对于如何处理与罪犯关系问题，一直困扰着监狱当局，正是这些关系没处理好，才导致罪犯改造质量上不去，刑释人员重新犯罪率居高不下。在这方面社会互构理论可以给我们指明方向。社会互构论的基本理路是：既然个人和社会同为人类生活共同体的两重属性和表征，它们的基本关系是，两者既是相互区别的，也是在区别基础上相互联系的，这种相互联系既是差异的、对立的和冲突的，也是适应的、协调的和整合的；这两个方面互为前提、互为存在条件、不可分割，既是对立的统一，也是统一的对立。那么，人与人之间，人与社会之间都具有主体性，他们之间是平等的；他们之间的关系是双向的、互构的和理解的。他们之间的主体性形成了合目的性和合规律性的统一。

在我国，刑罚的一般预防和特殊预防功能被刑法规范确定为刑罚的基本目的，从而从正式制度上赋予了刑罚在犯罪预防体系中现实的强力与优势地位。刑事矫正的目的是控制和消减罪犯的人身危险性，使罪犯复归社会。在对罪犯的矫正过程中，或者说在罪犯再社会化过程中，国家的刑罚执行者往往忽视了罪犯的主体性，一味强化自己的主体性，在对罪犯改造和矫正过程中出现罪犯不积极参与合作、经常以消极被动的态度来应对改造和矫正的情况，没能调动起其主观能动性，变"要我改造"为"我要改造"。这样造成的后果只能是要么消极或抗拒改造，要么为了早日出狱伪装积极改造这两种情况。显然这两种情况都不是刑罚执行者愿意看到的。

（二）监狱管理、劳动改造和教育改造的关系问题。我国在罪犯改造方面早已形成具有鲜明中国特色，具体表现在通过罪犯劳动、罪犯教育和罪犯管理的三位一体模式，突出转化罪犯犯罪思想的价值目标。这三大改造之间相互渗透，紧密联系。

新中国监狱初创时，出于政治安全及劳动生产不与民争利的考虑，许多监狱建在远离城镇的边荒落后地区的同时，也远离了文化和社会文明中心。高墙电网和各种禁规在约束罪犯自由的同时，也隔绝了与社会的联系。在经费得不到保障的情况下，监企社的现状，迫使教育改造让位于人和监狱生存的第一需要。所以，劳动改造在三大改造手段之中一直处于基础和主干地位。然而，随着社会的发展变化，特别是我国进行司法体制改革以来，在司法领域有了较大的发展和变化。截至2011年底，监狱体制改革之"全额保障、监企分开、收支分开、监社分开"的任务已基本完成，公正廉洁文明高效的新型监狱体制初步形成。建立了监狱经费以省级财政为主，中央转支付为辅的财政保障体制，2011年全国监狱系统财政拨款总额比改革前的2002年增长

240%左右，财政拨款占监狱经费支出比重达到87.9%，实现了监狱经费按标准全额保障。建立了监管改造和生产经营两套管理体系，29个省份组建了省级监狱企业集团公司及其子公司。建立了监狱执法经费支出与监狱企业生产收入分开运行机制，实现了监狱和监狱企业财务分开核算与管理。监社分开初见成效，减轻了监狱办社会的负担。① 由此可见，我国监狱工作在体制和物质经费保障方面取得可喜的局面。这为提高罪犯改造质量打下良好的基础。但由于思维定式抑或工作惯性，即使现在，有的监狱为了经济利益，很大程度上，把精力花费在监狱企业的经营上，片面追求经济效益，挤占教育改造的时间、经费和场地。一些监狱领导和干警对教育改造工作具体的表现可以总结为"说起来非常重要，干起来总是次要，忙起来可以不要"。忽视了罪犯的教育改造工作，从而导致一些监狱罪犯改造质量上不去，重新犯罪率偏高，监狱职能严重丧失。所以，我们必须重新定位监狱劳动价值取向。目前，监狱当局不能再把组织罪犯劳动作为创造经济价值的手段，而是为了培养罪犯劳动观念，获得劳动技能，为今后回归社会谋生打基础。实行罪犯有偿劳动制度，让罪犯在劳动中品尝劳动成果，获得劳动喜悦，养成劳动习惯。把主要精力用到如何提高教育改造质量上来。刑释人员重新犯罪率逐年上升，一定程度上反映出监狱教育改造工作在实践中存在着一定的矛盾和问题。

在监狱管理方面，由于国家、社会及媒体对监狱的安全关注度较高，而且这种监狱安全事故很容易追责，在追责过程中会具体到哪所监狱，哪个领导，甚至哪个干警。迫于这种形势，每所监狱都很重视监狱的安全管理。各级监狱管理部门坚持把安全稳定放在首位，作为政治任务紧抓不放，全力确保监狱的安全稳定。随着押犯数量、结构日趋复杂，监管安全稳定目标越来越高，一些监狱不得不把保安全的目标放在首位，大量的财力、警力资源都集中配置到保安全中去。在监狱工作考核中，与一些其他指标相比较，教育

① 《2012年中国法律年鉴》，中国法律出版社2012年版，第258页。

改造方面的指标相对刚性较弱。例如，对重新犯罪率的考核，不仅考核难度较大，而且需要考核检查周期较长，加之教育效果体现又相对滞后，成绩显性不足。这种状况必然造成急功近利的、重管轻教的短期行为，严重制约着教育改造的发展。

教育改造为监狱在刑罚执行过程中对罪犯强制实施的措施，旨在使罪犯心理和行为得到矫正并重塑其思想、文化和技术教育活动。教育改造既有提高思想认识、树立法制、道德观念与改造信心方面的思想教育，又有提高科学文化能力的文化技术教育，还有以矫正恶习、养成文明礼貌的生活习惯与劳动习惯为内容的养成教育，涉及罪犯知、情、意、行等多种心理与行为素质的矫正与改善，有着丰富的改造内容。但日益增多的重新罪犯，暴露出我国对罪犯改造的理念、方式、方法存在问题，必须要通过改革逐步完善。监狱教育改造社会化就是一个很好的途径。监狱教育改造社会化是指将可利用的社会信息资源、人力资源和先进的知识与技术等社会资源同罪犯教育改造的内容有机结合，使监狱与社会合力完成对罪犯社会化教育改造的一种新型工作模式。当然我国正在实行的监狱教育改造社会化，还有漫长的路要走，它作为对罪犯的人文关怀和再社会化教育已成为世界现代行刑的趋势。监狱教育改造存在的问题具体还表现在：监狱教育改造与社会发展的要求不相适应。

第一，教育改造的空泛化。现有教育改造评价体系和管理体系与监狱管理改造的实际情况相脱节，对罪犯的文化教育存在明显形式主义倾向；技术教育与回归社会后的生活需求相脱离，不能对罪犯的刑满就业提供实质性的帮助；辅助教育手段总是随时事和政策需要而开设，成为时事政治的解说词，没有把辅助教育贯穿罪犯改造的全过程，深入罪犯服刑的每一天。

第二，教育改造手段的落后时代的变迁使得罪犯的成因、文化、结构等都发生了变化。无视罪犯犯罪思想、犯罪动因及社会意识形态、政治、经济的变化，几十年沿袭"三课"陈旧的内容、毫无创新观念，"三课"教育越来越流于形式，仍固守樊篱式的填鸭教育，已跟不上社会发展步伐，出监教育工作针对性较差，出监教育内容和形式明显滞后，导致罪犯改造不彻底，带着"问题"回归社会。

第三，从事监狱教育改造工作的专业人才严重缺乏。监狱警察队伍建设不能适应社会形势发展和监狱教育改造工作需要。主要表现在干警的专业结构失衡，学监所管理、法律等专业偏多，而实用型技术专业的人才匮乏，学心理学专业的警察更是少得可怜。即使有学心理学专业的民警，大多是近几年通过监狱系统强化培训后考证上岗的。这使得教育改造工作开展起来，大多是注重形式和走过场。再加上部分监狱警察的文化程度低，业务素质差且知识老化，在罪犯教育改造工作中处于被动状态，难以胜任本职工作。这使得监狱教育改造工作的开展雪上加霜。

（三）行刑社会化方面存在不足。罪犯改造主要是对其进行再社会化。从再社会化的概念来看，再社会化仍然是一种社会化，而不是非社会化。从刑罚行刑的目的来看，主要在于消减犯罪人的人身危险性，预防其重新犯罪。有些罪犯的确具有人身危险性，但这并不意味着罪犯没有社会需求。有社会需求就需要在社会基础上对其进行改造，不能完全脱离社会。从再社会化的效果来看，再社会化也确实需要个人积极配合与参与，才能变被动为主动，达到良好的效果。这也就要求我们在改造罪犯过程中，必须行刑社会化。行刑社会化一方面，是由于现在社会发展迅猛，社会开放程度不断提高，封闭的监狱管理势必造成罪犯在监狱再社会化的难度进一步增大；另一方面，由于社会转型，经济转轨，社会矛盾增多，引发犯罪人口增长，监狱拥挤，经费紧张，管理难度增大。可见，行刑社会化是历史的必然选择。行刑社会化不仅可以降低成本，而且能够提高行刑效能，一定程度上可以避免监狱内的"交叉感染"问题，也可以解决量刑和行刑之间所造成的"刑罚过剩"和"刑罚不足"的矛盾。

一切行刑的内容都是围绕罪犯重新回归社会而展开。刑罚的中心是对罪犯的主观恶性进行矫正和改造，由于刑罚的本质是惩罚，监狱的行刑是以剥夺人身自由为前提的，这样主观追求的目标和实际行刑之间存在着不可调和的矛盾和冲突，主要表现为监狱化和罪犯社会化的矛盾。为了克服监狱在改造罪犯方面的弊端，缓解目标和行刑这一矛盾，一方面在立法和司法环节上，一定要严格控制监禁刑的适用，更多地适用缓刑或非罪化、非刑罚化、监禁刑替代措施；另一方面要在行刑方式上加以改革，用开放式处遇替代监狱封闭的行刑方式。但是无论采用何种措施和方式，都需要社会力量的广泛参与和介入。这里所谓行刑社会化指的是司法机关在执行刑罚的过程中，应调动社会各方面力量的积极性，参与到对罪犯的改造和矫正中来，以促进罪犯更好地顺利回归社会。社会力量参与对罪犯的改造和矫正，并不是意味着要取代行刑的司法机关，而是要将行刑权下移分散化，为罪犯的改造和矫正创造一个更好的再社会化的环境。由此可见，行刑社会化主要是包括监禁刑执行的开放化和非监禁刑执行的扩大化。

我国的现实情况是伴随着社会转型，刑事案犯罪居高不下，恶性程度不断提高，监狱押犯不断增多。1982 年全国在押犯 62 万人，到 2013 年底全国监狱押犯近 170 万人，31 年期间，在押犯人绝对数增加将近 3 倍，监狱变得拥挤不堪。我国非监禁适用率又非常低。2011 年全国被判管制刑的 14829 人，仅占当年生效判决人数的 1.4%；免于刑事处罚 18281 人，占当年生效判决人数的 1.7%；宣判缓刑的 309297 人，占当年生效判决人数的 29%。相比之下，很多国家的缓刑率都在 50% 左右，最高的可达到 60%—70% 以上，例如，芬兰，通常有三分之二的监禁刑被缓期执行。[①] 而假释作为我国主要非监禁执行方式，2011 年我国裁定假释 42784 人，占在押犯人的 2.6%，假释的比例未超过 3%。而美国在 1995 年，假释犯大约占监禁人口的 50%。在日本，1997 年被批准假释的罪犯人数占监狱总人数的 58.3%。[②] 那么究竟是什么原因影响我

---

① 郭理蓉：《刑罚政策研究》，中国人民公安大学出版社 2008 年版，第 214—215 页。
② 郭理蓉：《刑罚政策研究》，中国人民公安大学出版社 2008 年版，第 224 页。

国行刑社会化呢？或者说影响行刑社会化的因素有哪些呢？

造成这种状况的原因是多方面的，首先，行刑社会化的观念基础的缺失。在我国受传统的"治乱世用重典"的刑罚思想的影响，重刑主义思想在一些决策者、立法者、执法者的头脑中根深蒂固。在多数人中"有一种虚伪的信念，以为把这些罪犯放在监狱里，我们就可以安全了"[①]。在这种思想的影响下，很多符合缓刑适用条件的犯罪人没有被依法判处缓刑，从而使得这一极有价值的刑罚制度难以充分发挥作用。报应主义刑罚的观念作祟，如有些人就认为对罪犯判处刑罚，是他应该承担的后果，是社会正义的体现。只有让罪犯执行完所有的刑罚，才能充分实现社会正义。假释是对那些没有执行完刑罚的罪犯提前释放，有些人认为这是对正义的实现打折扣，并对假释的效果表示怀疑。几千年来的传统，中国基本的社会结构形态是"大政府、小社会"，人们的观念一致认为打击犯罪是国家和政府的事，只要犯罪不涉及自己，基本是漠不关心，长期以来缺乏参与罪犯矫正的热情和社会责任感。

其次，行刑社会化相关制度不完善。从立法方面来看，现行刑法关于缓刑适用的条件规定过于原则、抽象、难以把握，导致实际操纵性不强。例如"确实不再危害社会""犯罪情节和悔罪表现"等规定，势必造成不同法官对同一案件有可能会做出不同判决，使得缓刑的适用具有一定的随意性。对假释的法律规定同样存在上述问题，所以一些法院、法官因为怕承担风险而不愿意使用假释或者说控制使用假释。从刑罚执行的角度，我国刑罚执行权分属于监狱、公安机关和人民法院，这种机制不利于行刑社会化的执行。从使用非监禁刑的机制来看，着实存在着急于控制和减少犯罪，轻视长期稳定机制的形成问题。例如，公安机关将主要业务和精力放在侦破案件和治安管理方面，刑罚执行只是"副业"。一方面确实由于公安警力紧张无暇顾及刑罚执行这一块，另一方面就是公安机关担心的是"我抓你放"，虽有利于罪犯再社

---

① ［美］约翰·列维斯·齐林著：《犯罪学及刑罚学》，查良建译，中国政法大学出版社 2003 年版，第 571 页。

会化，却会给社会治安带来一定威胁，这也是非监禁刑措施适用率低的一个原因。

最后，行刑社会化的客观条件还不完全成熟。非监禁刑的执行方式的适用是建立在对罪犯科学分类的基础之上的，通过对罪犯进行人身危险性的科学评估，筛选出人身危险性较小罪犯，把他们放在低警戒度的监狱或社会场所进行再社会化。遗憾的是我们至今仍没有科学可靠的罪犯分类标准和评估手段，这对行刑社会化的开展有很大的影响。另外，目前我国的社区建设还不完善，社会工作者和志愿者的数量和质量还不能满足行刑社会化的要求，这也是制约我国行刑社会化进一步开展的原因之一。

总之，行刑社会化符合人道、轻刑化的潮流和趋势，对我国罪犯顺利回归社会，减少重新犯罪都有重要意义。

（四）社区矫正不完善。社区矫正就是将符合条件的罪犯置于社区内，由专门的国家机关在相关社会团体、民间组织以及社会志愿者的协助下，在判决、裁定或决定确定的期限内，使他们与社会同步发展，能够过上正常的社会生活，对他们进行监管，并以帮助、教育为主，运用社会工作方法的罪犯矫治制度。[①] 社区矫正工作本质上属于社区刑罚执行，与监禁矫正一样，是对罪犯的惩罚和改造，目的是预防和减少犯罪，维护社会和谐稳定。从2003年我国开始社区矫正试点工作以来，社区矫正工作已开展十多个年头了。在这期间，"截至2013年10月底，各地累计接收社区服刑人员166.5万人，累计解除矫正100.7万人，社区服刑人员矫正期间再犯罪率为0.2%"[②]。由此可见，社区矫正开展以来，对维护良好的社会秩序、提高教育改造质量、降低重新违法犯罪率做出了可喜的贡献。随着社区矫正规模的扩大，尤其是社区矫正全国推开之后，这样一种超低的重新犯罪率是否还具有可持续性是一个值得深思的问题。

---

① 骆群:《"社区矫正"再界定》,《南通大学学报》2010年第2期。
② 《法制日报》2013年12月9日。

　　的确，开展社区矫正有利于推进我国刑罚执行制度改革，会进一步促进我国刑罚制度完善，有利于对罪犯的教育改造质量提高，还可以有效降低监狱拥挤问题，避免监狱内罪犯之间的恶习交叉感染，有利于避免罪犯与外界隔绝不适应社会发展变化的问题。社区矫正的开展也有利于合理配置行刑资源，降低国家的行刑成本等。但是随着社区矫正工作在全国全面深入地开展，在开展社区矫正的实践过程中，如果我们不认真总结经验教训，忽视自己的国情、自己的文化传统和自己的法律渊源，完全照抄照搬国外的社区矫正制度，不结合自己的实际情况进行制度创新，那么就会出现如康树华先生所介绍的"社区矫治在20世纪60年代末70年代初，在美国几乎每一个州都得到了迅速发展……但是70年代末期，由于社区矫治的效果并不理想，重新犯罪的人数不断增加。再加上舆论和新闻媒体的渲染。美国公众开始相信犯罪正在失去控制，越来越强烈地要求对罪犯采取更加严厉的惩戒措施，还有矫正机构本身官僚化及资金短缺的原因。人们对社区矫正的微词颇多"①。我国社区矫正的开展中也会存在或遇到一些不可忽视的困难和问题，影响社区矫正制度正能量的发挥。但是，必须要认识到社区服刑人员的再犯罪不仅仅与矫正对象自身的素质有关，同时还与社区矫正制度的完善、法律的完备、公众对社区矫正的认同、社区矫正工作者的队伍建设及监督机制等有着密切的联系。目前我国社区矫正存在的主要问题有。

　　第一，社区矫正存在制度不完善和法律不完备。《中华人民共和国刑法修正案（八）》从法律上确立了我国的社区矫正制度，但面对社区矫正发展的现实要求，还有待于进一步的完善及其他法律的相互配合，社区矫正制度建设还存在着一定的问题。比如，当前社区矫正工作的主体为司法行政机关，但是根据我国当前的刑事诉讼法、刑法等相关的法律规定，我国的刑罚执行机关主要是司法机关、公安机关、监狱机关等，而且进行监督考察的机关主

---

① 康树华等主编：《犯罪学大辞书》，甘肃人民出版社1994年版。

要是公安机关。因此，司法所作为社区矫正的主体，从法律上来讲，并不具有执法的权限。目前我国社区矫正法没有出台，司法行政机关进行社区矫正工作仍无相应的法律依据和强制措施保障。因而，社区矫正与刑事诉讼法不能对接，会导致管制、暂予监外、宣告缓刑、假释执行的执行落空。一项制度是否受欢迎和长久生存、发展，仅仅有好的理念是不够的，还要有好的执行体制作为保障。司法行政机关长期在我国政法部门中影响力最小，我国县区、街道、乡镇司法行政职能变得异常弱化。目前相关法律并无社区矫正具体的执行规定，机关衔接外部环境①还不具备，势必会造成推行社区矫正工作执法实践出现衔接方面的隐患。在我国现行的刑罚体系中，以监禁刑为主，非监禁刑为辅。目前社区矫正只包括管制、缓刑、假释、剥夺政治权利和暂予监外执行等五种，并且法律在刑罚的适用对象上设定的限制条件太苛刻。在实践中，与国外相比较，我国社区矫正适用比例偏低。根据 2000 年的数据统计，加拿大适用社区矫正刑的比例在全世界最高，达到 79.76%，澳大利亚达到 77.48%，新西兰为 76.15%，法国为 72.6%，美国为 70.25%，韩国和俄罗斯较低，但也分别达到 45.9% 和 44.48%。② 因此，要从源头上解决问题，就必须对现行社区矫正刑种和行刑方式的法律制度进行改革。

今后一段时间里，要加紧推进社区矫正立法工作的进程，继续研究建立完善与社区矫正发展相适应的法律制度，加快制定配套规章制度，推进执法规范化建设，制定适用社区矫正调查的评估办法、社区服刑人员收监执行程序规定、社区矫正教育规定制度等，进一步统一社区矫正工作流程，不断提高工作规范化水平。

第二，社区矫正还缺乏观念社会认同。社区矫正工作顺利开展并达到目

① 机关衔接外部环境主要包括司法行政机关与公安机关、社区矫正机构与专业机构、监狱与社区矫正机构之间的衔接及社区矫正机构与社区组织的衔接等。
② [美] 大卫·E. 杜菲:《美国矫正政策与实践》，吴宗宪译，中国人民公安大学出版社 1998 年版，第 26 页。

的的关键在于能否得到社区成员的认可。从目前的实践来看，一些社区成员对矫正服刑人员抱有怀疑和戒备的态度，大多数采取敬而远之的态度，对参与社区矫正的热情不高。即使参与，也呈现出参与的义务性、参与意识的被动性等特点。社区成员对社区矫正的不认可，直接影响到社区群众对矫正对象的监督，影响对社区服刑人员的社会帮扶，不利于社区矫正工作进一步广泛而深入地开展，甚至一些社区成员对社区服刑人员还持有排斥的态度。突出表现在家庭和就业对社区服刑人员的排斥、教育对社区服刑人员的排斥、社区对社区服刑人员的排斥和社会福利对社区服刑人员的排斥等方面。社会排斥导致的社区服刑人员对社区矫正工作心存疑虑，大部分社区服刑人员不愿意别人尤其是社区的人知道自己的矫正人员的身份，使得"群众监督"成为一纸空文，"公开宣布"程序也无法进行。从心理学的角度看，这种社会排斥感会造成部分社区服刑人员的焦虑和紧张感。这种压力很有可能造成对社会的不利影响，使其做出一些反社会的举动。有的会因为社会排斥再次犯罪。综上所述，社区矫正和我国目前的社会价值观的冲突是导致社区矫正缺乏社会认同的主要原因。因为受传统观念影响，大多数国人认为，犯罪就必须受到惩罚，必须把犯罪人投入监狱里才是最安全和最使人放心的。现在把罪犯放在社区中进行矫正，担心管理失控或者犯罪人因得不到良好的教育改造出现安全问题，社区成员不好接受。另外，在我国由于受重刑主义思想的影响，监禁刑为主的刑罚适用模式有着广泛的社会基础，非监禁刑的适用率极低，也使得社区矫正举步维艰。

社区矫正原本之意，是为了缓和罪犯与被害人和社区间的紧张冲突的关系，使得因犯罪行为破坏的社区关系得到修复。让被害人受到的损失得到补偿从而化解对罪犯的仇恨心理。令人遗憾的是我国现阶段的社区矫正还缺少被害人参与机制，这不仅不能使被害人得到补偿，同时也忽视了被害人和罪犯进行交流的应有权利，使被害人的相关意见也得不到表达，社区矫正几乎成为和被害人无关的事情。因此，在某种程度上讲，社区矫正也没有得到被害人及其关系人的认同。这也不利于今后社区矫正工作的顺利开展。

第三，社区矫正基础保障存在的问题。2006年《财政部、司法部关于制定基层司法行政机关公用经费保障标准的意见》颁布，但仍有部分省（自治区、直辖市）的地方，或因地方财力有限，或对社区矫正专项经费落实不够重视，至今没有把社区矫正专项经费纳入公用经费保障范围。有的地方由省级财政部门和县级财政部门一次性地划拨一批专项经费，作为开展社区矫正工作的开办经费，但是正常经费后续经常跟不上。经费保障、设备保障严重不足，直接影响到社区矫正的基础设施建设，使该项工作就会缺少开展工作的平台，社区矫正的信息化建设无从谈起。大力加强社区矫正网络化建设，加强与公检法以及监狱等有关部门相关网络平台之间的连接和资源共享，不断提高社区矫正信息化应用水平，是社区矫正发展必由之路。

第四，在实践中，社区矫正队伍建设还存在着诸多问题。社区矫正中具体矫正工作职责主要由基层司法所干部和专职社工承担，是社会工作者和社会志愿者积极协助的专群结合的社区矫正工作队伍。

目前社区矫正工作者队伍的总体状况是数量少，高素质的社区矫正社会志愿者严重缺乏；招聘的大多数社工不具备社会工作、心理学、社会学等学科专业背景，虽然后期会组织一些业务培训，但是缺乏系统性，多数专职社工不能运用社会工作的专业理念和手法开展工作。换言之，大多数社区矫正社工缺乏全面的专业知识，质量弱。缺乏专业化高素质相对稳定的执法队，社区矫正志愿者对社区矫正工作的参与不主动、不积极，呈现出参与的义务性和参与意识被动性等特点。社区矫正工作能否顺利实施及实施成效如何，相当程度上取决于社会力量的参与程度，总体来看，目前社会参与教育管理有了一定力量，但社会参与力量的有限性带来参与的不稳定性，参与范围、数量、幅度、质量，特别是作用的发挥还明显滞后。截至2014年12月，全国从事社区矫正的社会工作者8.1万人，社会志愿者约68万人。而《中华人民共和国刑法修正案（八）》实施以来，社区服刑人数每月以8000至10000的速度净增长，截至 2014 年 12 月底，全国在册社区服刑人员 73.2 万。[1] 随着社区服刑人员的增加，目前我国司法所平均仅 2.5 个编制的现状，在编制和人员没有明显改善的前提下大大增加了工作量，必然会限制工作的开展。社区矫正专职队伍建设面临的问题是由"专职社工"担任矫正工作的主力军有其弊端：一方面，目前社工的工资呈"机关化"趋势，难以与工作效果挂起钩来；另一方面，社工普遍较年轻，而在社区服刑人员的年龄结构中，青少年和社会经验和生活经验丰富的中老年社区服刑人员比例呈逐年上升趋势，这些人员多存在更多生理、心理问题。因此，社工开展工作时，其效果有可能不容乐观。所以，将来建立精简高效的社区矫正管理机构、工作机构以及组建专业化、高素质、相对稳定的执法队伍，充分有效发挥社会工作者及志愿者的积极作用，是明智之举。

第五，对社区矫正制度执行的监督机制还不够完善。我国对社区矫正制度的执行还缺乏有效的监督，这主要体现在两个方面：一方面是对社区服刑人员缺乏有效的监督和管理；另一方面是对社区矫正工作的执行过程缺乏有效的监督。落实社区矫正工作任务，就必须对社区服刑人员严格进行监督管理，督促社区服刑人员认真遵守法律法规、禁止令和各项监督管理规定，防止脱管、漏管和重新违法犯罪。要切实做好教育矫正，创新教育方式方法，不断增强教育矫正效果。要切实做好帮扶工作，积极完善和落实帮扶政策，为社区服刑人员融入社会创造条件。可是，在对社区服刑人员的监督管理实践过程中，由于观念问题使得社区人员对社区服刑人员有抗拒心理，认为这些应该是政府的事情，根本没有参与矫正和监督的热情。同时在参与对社区服刑矫正的社会志愿者当中，由于业务能力和技能等方面的问题，能胜任的志愿者不多。我国公安机关是负责对社区服刑人员监督考察的主体之一，由于繁重的治安管理和罪犯侦查工作已使他们不堪重负，实践中公安干警对矫

---

[1] 《2012 年中国法律年鉴》，中国法律年鉴社 2012 年版，第 272 页。

正对象的监管难以胜任或者流于形式。社区被害人有参与监督的热情与意愿，可是我国目前并没有被害人参与监督的机制，这样很容易导致社区矫正中权力的滥用。另一方面由于法律制度等因素，检察机关未能对社区矫正工作的执行过程进行有效监督，主要是检察机关对于社区矫正的法律监督方面依据不明确，检察机关对法律监督职能及如何监督的认识不明确。检察机关对社区矫正工作检察主要是事后监督，社区矫正决定前的监督和同步监督缺失，何况一些规模较小的基层单位检察院未设监所检察机构，这也是检察监督的一大缺陷。于是，就有一些地方在办理服刑人缓刑、假释、监外执行等工作中，出现了程序不规范，随意性大，更有甚者出现了权钱交易等腐败现象。没有监督，社区矫正这一非监禁行刑方式甚至在一些地方异化为罪犯"合法"逃避法律惩罚的途径。由上可见，如果社区矫正工作的检察监督不力、执行不到位，都会导致社区服刑对象的再犯罪概率增大。

三、社会安置帮教虚化与缺失

刑释解矫人员[①]安置帮教工作（以下简称安置帮教工作）。刑释解矫人员的帮教安置是预防重新违法犯罪、促进社会和谐的一项重要工作。近几年来，我国的安置帮教工作在各界的努力下，取得了长足发展。譬如，2011 年设计并启动全国刑释解矫人员信息管理系统（网络版），进一步规范服刑在矫和刑释解矫人员信息，加强全国刑释解矫人员信息库建设。完善监所与服刑在矫人员户籍地或居住地的帮教组织信息沟通机制，实现监所与基层帮教组织、服刑在矫人员与刑释解矫人员的信息对接。各级安置办、辖区监狱、看守所、司法所以互联网为纽带实现服刑在矫人员、刑释解矫人员信息衔接共享。基本上实现了刑释解矫人员的信息核查、衔接、安置、帮教各项工作的动态管理，为进一步加强改进对特殊人群的社会管理打下基础。但是，依笔者对中

---

① 刑释解教人员指的是刑满释放和解除社区矫正的人员。

南地区和华北地区的安置帮教实际调查情况来看，还存在大量问题：监所和安置帮教机构衔接管理不规范，刑释解矫人员底数掌握不够清楚和及时；刑释解矫人员流动现象严重，造成户籍所在地和人口流入地的管理衔接难问题；刑释解矫重返社会后面临巨大的生存和就业压力，部分地区安置帮教虚化现象严重；等等。从社会学理论视角分析我国安置帮教工作中所存在的问题，主要有以下几个方面原因。

其一，基础保障薄弱，安置帮教工作措施难以落实到位。中央八部委联合下发文件，明确要求各级财政要将安置帮教工作所需经费列入财政预算，但部分县（市、区旗）安置帮教工作经费至今没有得到落实。由于经费得不到有效保障，许多县级司法局和基层司法所没有计算机、打印机、网络等信息化办公设备，没有交通工具等必要的装备。据不完全统计，2011 年全国司法所共有电脑 5.4 万台，汽车 1 万多台，摩托车 1.6 万辆。现在一些基层司法所基础设施落后，信息化建设滞后，服刑在矫人员的基本信息沟通和核查、核实工作困难，根本无法满足工作的正常开展。刑释解矫人员的有效衔接是安置帮教工作的前提，由于已经启用的全国司法行政系统刑释解矫人员信息管理系统应用，工作还不够熟练，其应用还停留在较低层次，难以适应安置帮教工作的需要，衔接管理不完善，刑释人员管控措施难以落实到位。在具体操作中衔接涉及监狱、看守所、刑释解教人员户籍所在地司法所、派出所等多个有关部门，这些部门之间需要及时沟通、交流信息。但由于经费无法保障，信息化建设滞后，各种文书和手续的传递只能通过纸质邮寄的传统方式来进行，导致工作效率低下，而且由于信息不畅或不能及时有效衔接，经常会造成刑释人员底数不清、情况不明，出现刑释人员脱管、漏管的问题。

社会成员单位之间信息交流不畅，衔接管理不完善，职责落实不严格。各成员单位及各级安置帮教组织之间缺少信息交流，联系不紧密，没有从根本上形成齐抓共管的工作局面，使得衔接渠道不十分畅通。例如，有的监狱、公安看守所未能按时将刑释人员"两书"寄出，造成这部分人员回归社会后很久，当地还不知情，不能及时有效地对其实施安置帮教。有的安置帮教组织收到"两书"后，经查找核实，该辖区没有此人，既不上报也不反馈，到此为止，造成刑释人员脱管失控现象，这些做法严重影响衔接工作的顺利进行。另外安置帮教领导小组成员单位没有形成合力，仅仅司法行政部门"单打独斗"很难抓出成效。

安置帮教工作人员数量不足、素质不高也会影响安置帮教工作的顺利开展。安置帮教协调小组办公室都设在各级司法行政机关，具体工作任务由司法厅（局）基层工作处（科、股）来兼职完成，普遍面临人少事多的困难。从事安置帮教的人数逐年下降，2011年、2010年和2009年从事安置帮教工作的人数分别为13021人、16282人和21341人，即2011年比2010年下降20.03%，2010年比2009年减少23.71%，2009年从事安置帮教人员比2008年减少2.51%；相反，2011年刑释解教人员达468462人，比上一年增加15.76%，2010年刑释解教人员404661人，比上一年增加29.43%。这样，一方面从事安置帮教的工作人数在下降，另一方面每年刑释解教的人数在不断增加，势必造成安置帮教工作的难度进一步增大。特别是有的司法所编制严重不足，目前，部分地方基层司法所"一人所"还占有一定的比例，还有一些司法所是"有所无人"的"空壳所"，在刑释解矫人员逐年递增形势下，司法所现有人员数量根本无法保障工作的正常开展。

政府在安置帮教中的缺位，在调研中也得到体现。据对重新犯罪的服刑人员的问卷调查显示，在上次出监后依靠什么维持生活的问题中，仅有6.3%的人回答是依靠政府的资助。这说明通过政府渠道对刑释人员的支持帮助比例非常低，远远低于其他各选项。就调研情况看，虽然各级政府都成立了"安帮办"这一机构，但是由于诸多原因和受各方面因素的制约，"安帮办"有名无实，安置帮教工作大多流于形式，很难真正落实到位。主要是协助将刑释解矫人员接回，对生活有困难的人帮助申请低保、送米送油，以解决暂时的生活急需。这种安置帮教类似于给下岗职工"送温暖"的方式，还没有建立起一个制度化、规范化的安置帮教长效机制。机制的缺乏导致安置帮教功能难以发挥，大部分刑释解教人员因无法得到政府及时有效的安置帮教而处于无控状态。这说明安置帮教工作作为社会管理创新的一项重要内容，在实践中还面临许多问题。

通过对华北、中南和西南地区的一些调研情况看，基层一些安置帮教机构存在的主要问题是硬件不达标、软件不合格。主要表现在：一些地方安置帮教组织不健全，很多县级安置帮教工作组织机构受人员编制制约，大多数安置帮教工作人员属于兼职人员，很少有专职从事安置帮教工作的人员。刑释解矫人员安置帮教工作经费不到位，即对此投入的人力、物力显然不足；办公设备简陋、基本设备缺乏，信息化程度不高。有的司法所没有专门的办公室，电脑设备陈旧，连接互联网都无法保障；安置帮教队伍建设薄弱，业务素质不高。乡镇司法所人员配备本来就不足，绝大多数安置帮教人员都是兼职，事务繁忙，对本辖区刑释人员底数掌握不清，对流动的刑释人员没掌握，刑释人员衔接管理不规范。对刑释解矫人员漏管失控，一些村（社区）党组织和司法所、公安派出所没有建立刑释解矫人员帮教责任制，奖惩考核机制虚化。在安置帮教工作方面管理手段落后，缺乏主动性和积极性，更谈不上工作创新，难以适应安置帮教工作的需要和形势的发展。

其二，安置帮教工作缺乏法律制度化保障。在市场经济和社会多元化的大背景下，我国关于刑释人员回归保护方面的法律法规主要是一些意见、通知、办法等，在体例上还没有统一，没有一部专门的系统的法律法规。在落实安置帮教措施上，对相关部门、社会机构和社会公民的约束力不够。纵观中央及各部委就安置和帮教工作发布的通知、意见、指示等，多数属于政策范畴，其显著特点就是政策性强，法律保障较弱，从而导致安置帮教工作执行上约束力不够，随意性较大。

安置帮教工作是一项融就业安置、生活帮扶、法制和思想教育于一体的社会系统工程，这项伟大的工程需要众多部门和成员单位的共同参与、大力支持、相互配合才能完成。目前，过去旧式安置帮教工作体系被打破，现在新的安置帮教工作体系尚未健全，开展安置帮教缺乏法律依据和行政支持。2010年，中办发文又一次明确了安置帮教工作的性质：安置帮教工作是在社会治安综合治理委员会指导协调下，以司法行政部门为主，相关成员单位密切配合、齐抓共管，社会力量积极参与的刑释人员安置帮教工作格局。然而至今，除了1994年12月29日颁布施行的《中华人民共和国监狱法》涉及的个别原则性条款对我国开展安置帮教做出了明确的规定外，其余中央及各部委就安置和帮教工作发布的通知、意见等，多数属于政策范畴，其主要特点就是政策性强，法律保障较弱。

现实生活中，由于司法行政机关职能有限且"软化"、权限不够，难以约束、协调相关成员单位履行安置帮教职责。在司法行政机关"权、责、利"严重失衡的情况下，将这么一项宏大、艰巨的系统工程交由其完成显然是勉为其难。目前，安置帮教工作的推动和开展主要依靠上级的各种红头文件和各种会议精神的传达，具有明显的政策性、应急性和灵活性，而制度化、规范化、长效化的刚性规则还没有建立起来。无论是"安帮办"的职能定位、各安帮单位及被帮教人的权利义务、责任追究等，还是安置帮教的具体内容、程序、经费来源等都缺乏具有可操作性的规范依据。这是制约安置帮教工作向纵深发展的根本性问题。正是由于缺乏法律制度性的保障，导致安置帮教工作在执行上约束力不够，随意性较大。正如人们所言安置帮教是"说起来重要，做起来次要，忙起来不要"。

在市场经济条件下，经济活动频繁，许多安置帮教对象为了谋生到外地经商、打工等，这样就造成人户分离的情况大量增加，给安置帮教工作带来了一定的困难。另外，一些刑释解矫人员的工作生活的流动性较大，其思想动态如何、流向哪里，这些情况安置帮教机构都很难掌握。还有相当一部分刑释解教人员回归社会后，根本就不返回原籍，直接就混迹于社会，其情况帮教组织不得而知，安置帮教措施也难以实施。这些人之所以不愿回到原籍一方面是因为担心回去后遭到乡邻的歧视；另一方面是因为回去后找不到工作。因此，他们大多选择到外省市打工。他们出监所后根本不来司法所报到，其流向何处、在什么单位打工等，司法所均无法掌握其行踪和相关信息。对于"人户分离"和到外地打工的刑释解矫人员，事实上很难实现有效开展帮教工作。

其三，刑释人员安置工作难度大，流动和重点刑释人员帮教难。从客观方面看，随着改革开放的深入，劳动力的市场化与劳动力供求的失衡矛盾使得部分劳动力成为过剩的劳动力群体。企业改革带来的城市失业工人的就业问题和由教育体制改革引发的大学生就业问题叠加，又有大量流动人口涌入城市，加剧了城市就业压力。而刑满释放人员多数文化素质低，社会和从业技能差，加之部分社会排斥，在这场就业竞争中明显处于不利位置。一些地方由于思维惯性，把安置工作仍然停留在原有的安置框架内，即由政府直接组织指令式安置，但是客观上已不符合新形势的要求。就目前而言，若要实现社会化、市场化运作，条件还不太成熟，社会又缺乏正面舆论引导，导致帮教安置对象安置难、就业难。另外，自 20 世纪 90 年代以来，人们的就业观念，特别是对于从商的观念正逐渐经历一个从冷到热的转变。原来个体经商是刑满释放人员的传统领域，现在个体经商之类的工作被多个阶层看好，这也进一步压缩了刑满释放人员的就业空间，增加了其就业难度。

从主观方面来看，对就业的期望值过高或不切实际。大部分刑释人员由于文化较低，从业技能差，对脚踏实地、艰苦创业没有准备。加之好吃懒做、不劳而获的思想作祟，在较好就业岗位竞争中处于明显劣势。相比较而言，这部分人更适合在一些传统的劳动工作条件差、比较吃苦受累的岗位从事体力劳动。但有一部分刑释人员对政府部门千方百计、经多方协调努力争取到的临时性安置或就业相关岗位缺乏兴趣，根本不体谅和理解政府的良苦用心与实际困难。

这些问题主要表现在，一是老弱病残罪犯回归社会难。部分老弱病残罪犯刑满释放时遭遇家属拒收，有些病残刑释人员家属因安置问题直接到监狱闹事，严重影响了监狱的正常执法活动。有些则提出接受病残刑释人员少则十几万元，动辄几十万元的安置、生活、治疗费用，这是现行民政救助保障政策无法解决的。更有甚者赴上级部门上访，造成了不良的社会影响。要解决此类矛盾，中央有关部门必须制定相关的工作意见，进一步明确各方责任，提出具体的处置措施，确保监狱刑罚执行和安置帮教工作的顺利开展，维护法律的权威。二是流动和重点刑释人员帮教难。随着我国经济体制深刻变革、社会结构深刻变动、利益格局深刻调整和思想观念深刻变化，服刑人员的教育改造和刑释人员的帮教安置工作不可避免地出现了许多新情况、新问题。其中，较为突出的问题就是刑释人员衔接率低，管理脱节现象严重。每年都有相当数量的"三假人员"和"三无人员"出狱后流向社会，不知其去向；异地务工人员的增多和流动性的加大，也使得不少刑释人员无法帮教，难以管控。三是对人户分离刑释人员的管理难。就业的广泛性、随意性和流动性虽然缓解了就业压力，但是刑释人员缺乏单位和社会组织的约束，给有针对性的预防重新犯罪工作带来难度。城市化、城镇化带来的拆迁、搬迁、重新建设等人户分离增加了管理难度，公安机关和安置帮教机构信息化管理手段落后等原因，使安置帮教对象游离于工作视线之外。

四、社会控制的弱化

在社会转型过程中，随着现代化进程的不断加速，社会开始发生巨大变迁，社会关系进一步出现深刻的调整，社会的政治结构、经济结构和文化结构开始重新组合，社会利益开始重新分配，社会结构的耦合度变得不高，脆性加大，社会运行的机制也变得不稳定。在这个过程中，社会控制变得更加复杂，也更加重要。"规范失灵"与"控制失灵"是这一时期最常见的社会控制失调现象。当社会控制出现弱化时，就会出现犯罪和重新犯罪失控。在这个失控的历史契机中，犯罪不但会出现量的增加，还会出现质的"飞跃"，即犯罪的组织形态会由低级向高级，乃至更高级发展。

自 1901 年美国社会学家罗斯最早提出"社会控制"的概念以来，社会控制一直是社会学研究的重要内容之一。社会秩序是社会良性运行的重要条件，良好的社会秩序有赖于有效的社会控制。社会学强调通过社会控制以保障社会秩序的维持。其后美国社会学家派克和伯吉斯进一步发展了这一概念，认为社会控制问题是一切社会问题的本源。狭义的社会控制是指对社会越轨者施以社会惩罚和重新教育的过程。① 这里所使用的是狭义的概念。从不同角度可以对社会控制进行不同类型的分类。这里我们从控制手段的角度考察，把社会控制分为组织控制、制度控制、文化控制和犯罪情景控制四类。我国现在处于社会转型期，随着市场经济的快速发展，社会结构发生了很大的变化，社会利益冲突日益加剧，社会问题层出不穷，特别是社会总体犯罪率以及重新犯罪率的上升，表明我国社会控制体系还存在漏洞和社会控制弱化问题。社会控制力减弱是刑释人员重新犯罪的主要原因之一。下面主要从文化控制和组织控制、制度控制和犯罪情景控制的弱化角度来看其对重新犯罪的影响。

第一，文化控制手段弱化与社会不正之风对重新犯罪的影响。文化控制手段是指通过人类在长期的共同生活中创造的、为人类共同遵从的行为准则和价值标准对社会成员进行控制的方式。文化控制的手段包括伦理道德、风俗习惯、信念信仰和社会舆论等。改革开放以来，我国社会发生了巨大变迁，同时，引起文化的变迁，因此，文化各部分失调或文化堕距现象十分突出。特别是随着社会转型的深入，工业化和城市化速度的加快，人们的价值观、行为方式以及人际关系都发生了剧烈变化，加之外来文化和本土文化、传统文化相互冲突，多种文化在各种碰撞中共存，社会主流文化缺失现象尤为严重。人们的思想意识、道德观念、价值取向发生了裂变。市场经济的确立和发展，促使人们的功利和物欲的觉醒，使得人们的价值观发生了扭曲。于是，

---

① 郑杭生主编：《社会学概论新修》，中国人民大学出版社 2003 年版，第 401 页。

社会上的拜金主义、极端个人主义开始滋生蔓延，"黄、赌、毒"等社会丑陋现象沉渣泛起，道德下滑的疾病开始传播，这些问题极大地败坏了社会风气，从而也加重了少部分人的内心不平衡感，使得一部分人渐渐出现偏离正常道德规范的行为，从而走上违法犯罪或再次违法犯罪的道路上来。

　　社会舆论监督可以揭露各种违法犯罪、贪污腐败和其他的社会丑恶现象，从而防范各种不法行为特别是权力寻租等腐败行为的发生，还可以追踪有关的信息源，为监督机构和司法部门提供线索和重要证据，特别是它可以鼓舞人们同违法犯罪和社会丑恶行为做斗争的信心。不幸的是由于利益、权力等因素，社会舆论监督弱化，没能减少和阻止社会不正之风的蔓延。加之，刑释人员对社会亚文化的吸收能力比较强，而且现在社会上的确存在着权力寻租、贪污腐败、社会公众人物道德滑坡以及唯钱是王道等社会不正之风，这不仅败坏了社会风气，而且在社会上起到了负面的示范效应。尤其对那些社会认知能力及思想道德本来就不高的刑释人员来讲，他们就会放大地误认为个别官员的腐败行为就是党的腐败、就是整个社会的腐败，甚至会极端地认为"人都是自私的""现在社会上就没有好人""金钱是万能的"。笔者在中南地区某男子监狱和某女子监狱对 27 名重新犯罪服刑人员访谈时发现，其中有 9 人回答他们再次犯罪的原因是受社会不正之风影响。在所发的 260 份问卷调查中，有 21%左右的人认为自己再次犯罪的原因主要是生活困难解决不了；38%左右的人认为自己再次犯罪的原因是受社会不正之风的影响；19%的人承认自己再次犯罪的原因是受不正确的金钱观影响；其余的 22%的人认为自己再次犯罪和家庭、婚姻、就业和心里不平衡有关。这充分印证了社会不正之风不仅催生刑释人员再次犯罪，同时侵蚀着监所改造成果。社会不正之风会使刑释人员在世界观、人生观、价值观方面发生严重偏离，同时，还会使一些刑释人员的罪责感、道德感、耻辱感和自我约束力下降，进而实施重新犯罪。

　　第二，组织控制手段弱化对重新犯罪的影响。由于我国社会转型，经济体制转轨，社会发生巨大的变迁，原来的"单位人"向"社会人"转变，由传统的"熟人社会"向"陌生人社会"转变，社会结构开始重组，社会流动加速，人口的大规模流动所造成的流动人口成为社会控制面临的突出问题。目前社会组织控制主要依靠的载体是基层组织。转型后的社会基层组织主要是基层的自治组织，也就是平时大家所说的城镇居委会和农村的村委会。从目前实际情况看，许多农村的青壮年基本都出去"打工"，农村留守的大多数是一些老人、部分妇女和儿童，甚至一些村委会班子成员都出去务工。很明显，基层组织控制的力量在不断地削弱。加之，在实际操作层面上，居委会的工作涉及计划生育、公共卫生、优抚救济、青少年教育等方面，面对上级激增的任务，让居委会无暇应对，哪里还会顾及刑满释放人员。因此，社会帮教工作往往流于形式，即使有一些帮教，帮教内容只能停留在传统的思想教育，无法解决实际问题。从刑释人员的角度来讲，由于刑满释放时，各部门衔接工作的不完善，许多刑释人员根本就不到当地司法所和派出所报到。当然不去报到还有其他方面的原因：其一，回到家乡或过去的社区，担心被街坊四邻耻笑。其二，回到家乡工作不好找，不如直接到外地去打工，混口饭吃。2013 年 5 月，笔者在华北某监狱访谈了 18 个重新犯罪人员，其中 11 个人说他们没到当地派出所和司法所报到过。他们在外面做事既不受户籍所在的安置帮教管理，也不受流入地的帮教管理，出狱后基本上处于失控状态。因此，基层组织弱化、安置帮教工作无法落实，使得监狱改造的效果得不到进一步巩固，重新犯罪的可能性增大，为刑释人员留下再次犯罪的隐患。

第三，制度控制弱化对重新犯罪的影响。中国现在处于社会转型期，开始从一个道德戒律和法律规范不分，从有着浓重的私人情感和身份地位成分的伦理社会向重视立法和依法办事的法治社会转型，亦即从伦理社会向法治社会转型。对罪犯进行强制性的改造，往往忽略罪犯的主体性，缺陷主要体现在对其定罪、量刑和行刑中的各个环节。在这个转型的过程中，部分制度还不完善，人情、关系、权力和利益的介入，社会制度控制弱化，司法的各个环节都有可能出现一些问题，出现一些致罪因素而导致犯罪及重新犯罪现象发生。

在审判工作过程中，量刑是重要的一个环节，按照罪刑法定主义原则，要求罚当其罪。但在法院实际审判中，出现了一些人情案、关系案，少判或轻判现象时有发生，滋生不少腐败现象。其造成的严重后果之一就是有些犯罪分子没有得到应有的惩罚，放纵犯罪，助长犯罪人的侥幸心理。减弱刑罚还造成被害人及其亲友对国家强烈不满，大大降低法律的威慑力。还有一些法院因为人情关系原因，量刑倚重，侵犯被判刑人的合法权益，严重影响其认罪服法及洗心革面的决心，使亲友对国家也会产生一定抵触情绪，甚至制造一批残酷报复社会的累犯。总之，量刑问题是事关国家长治久安和社会稳定的重大问题。在中南区某监狱访谈一些服刑人员时发现，有部分服刑人员反社会倾向比较明显，其原因在于对法院的判决不服，认为判决认定的事实与实际案情不符，自己被判刑或被判处重刑完全是被法院冤枉的结果，明确表示如果申诉不成功，不能通过再审纠正错误，刑满出狱后不排除采用暴力手段制造大案报复社会。当然他们反映的不一定客观或只是一些抱怨的话，但却不能不引起我们的警觉。

在案件侦查过程中，由于公安机关少数干警工作责任心及业务能力不强，对犯罪打击不到位，致使一部分案件久侦不破，不仅很大程度上助长了犯罪分子的气焰，特别会使部分刑满释放分子更加嚣张，大大降低了刑罚的威慑力，没有达到刑罚的目的。有研究表明，当刑事案件的总数被侦破达到50%时，犯罪者就会停止观望，不敢贸然行事；当案件侦破率达到50%以上时，一部分犯罪者就得放弃犯罪意念，另择职业；当刑侦破案率高达80%以上时，一些犯罪者就会自首投案或隐姓埋名躲避打击。[①] 而中国2010年、2011年刑

---

① 汪明亮：《犯罪生成模式研究》，北京大学出版社2007年版，第130—131页。

事案件侦破率分别为 38.51% 和 39.03%。[1] 这样的侦破率显然对犯罪分子没有足够的震慑力，不利于犯罪的控制。贝卡里亚讲过"刑罚的目的仅仅在于阻止服刑人员再重新侵害公民，并规戒其他人不再重蹈覆辙"[2]。同时，在办案过程中，如果以罚代刑现象较为严重，商业化执法，过度追求经济利益，甚至警匪勾结、纵容犯罪，便会使那些进行违法经营的刑满释放人员以及其他类型违法犯罪分子更加明目张胆、气焰嚣张。这些现象很容易让刑释人员认为，犯罪不一定会得到应有的惩罚，从而铤而走险再次犯罪。

有部分刑释解教人员之所以走上重新违法犯罪道路与公安工作不负责任或滥用职权有关。甚至可以说，公安机关玩忽职守或滥用职权在一定意义上"制造"了重新犯罪。在对一些重新犯罪的服刑人员进行访谈得知，有些人谈到其身份证在初次涉嫌犯罪时被公安机关收缴，出狱后到当地派出所重新办理时，派出所工作人员以各种理由推诿、拖延、故意刁难，甚至拒绝申请人的申请，使得刑释人员无法或很难顺利取得合法的身份证明。由于无身份证导致出狱人员在寻找工作时被用人单位拒之门外，成为身份不明的"流浪者"。这些做法无形中把刚出狱人员又重新推向了犯罪的边缘。还有在涉毒犯罪中，为了完成目标任务或破案立功的需要，个别侦查机关人员滥用职权，利用"线人"和"耳目"进行"犯意诱发型"侦查，以高价为诱饵引诱一些吸毒人员或有涉毒前科但无犯罪意图的人员重新走上贩卖毒品的犯罪道路。例如，在中南某女子监狱访谈时，一名女性服刑人员范某某讲述了她二次犯罪的经过："当时，我在自己开的商店里和几个朋友打牌时，接到一个朋友的电话，这个朋友让我帮忙联系一些'好货'[3]。他知道我以前在洛阳认识这个道上的人，我开始一直不同意，我真不想再干了。后来经不住他几天的苦苦相求，答应帮他试试。我刚到他指定那个宾馆和他接头，就被抓了。我知

---

① 2011—2012 年中国统计年鉴，中国统计出版社 2011—2012 年版。
② ［意］贝卡利亚：《论犯罪与刑罚》，黄风译，中国大百科全书出版社 1993 年版，第 42 页。
③ "好货"就是上等毒品。

道他当公安的'线人'了，他耍了我。等我出去我一定会报复他的。"在涉毒重新犯罪中，这一现象应当引起重视，这种做法从某种意义上讲，不仅制造了重新犯罪，而且制造了社会的不和谐和更多的仇恨。

在刑罚执行过程中，由于刑罚执行权配置过于分散，影响了刑罚执行的效率。我国的公安机关、人民法院及监狱都有一定种类的刑罚执行权，公安机关负责对拘役、剥夺政治权利的罪犯执行，对被判处有期徒刑的罪犯，在被交付执行刑罚前，剩余刑期在三个月以下的，由看守所代为执行。人民法院负责死刑立即执行、罚金刑和没收财产的执行，监狱则负责死刑缓期两年、无期徒刑和有期徒刑的执行。其中，人民法院和公安机关的刑罚执行职责在其所有的工作中处于附属性的地位，没有引起足够的重视。目前其内部都没有专门的刑罚执行机构，法院的刑罚执行职责由承担刑事审判职能的刑事审判庭负责，公安机关的刑罚执行职责由承担繁重治安管理职责的派出所承担，以致出现财产刑执行难、缓刑和假释监督效果差的状况，监外执行和收监执行的衔接也因为主体不同而出现纰漏，导致监外执行的罪犯需要收监执行时没有人负责收监执行的状况。

司法行政部门是监狱的主管机关，但除了对监外执行等刑罚执行方式和刑期的变更有决定权或建议权外，对监狱其他行刑管理行为并无强力约束。显然，这对提高罪犯的改造质量，降低重新犯罪率都是不利的。

在司法监督过程中，各级人民检察院作为法律监督机关，对执法、司法、行刑活动的具有监督的权力和义务。但是在实际监督过程中还存在范畴有限和可操作性差的弊病。例如，人民检察院对监狱活动的监督大多局限于程序性监督，对一些违法行为只能提出纠正违法的建议，并不能进行直接的实体处分。监督范围仅限于监外执行等刑罚执行方式的变更或罪犯刑期的变更等。在行刑实践中，有的监狱采取将检察院的同意意见作为提出减刑、假释和监外执行等建议的前置步骤的做法，表面上看是强化了检察监督的作用，但实际上违背了监督的事后性特征，已经使监督变成主管职权，有悖国家权力的设置原理。

另外，社会的控制弱化表现在家庭、学校、社区等非正式组织社会控制的弱化。本书将从社会区隔和排斥、社会网络和社会交往差异等社会学理论视角分析非正式组织社会控制弱化对我国重新犯罪预防和控制工作的影响。根据戈夫曼的"污名化"理论，由于刑满释放人员所具有的"身份受损"，在家庭、社区及社会成员眼里，这些人存在社会价值和社会信誉缺失，从而遭受社会区隔和排斥。经过监禁服刑的生活后，使得刑释人员在和社会沟通方面的机会和能力有所减少和降低，很难参与到家庭、社区和社会成员普遍认同的社会活动，往往会受到家庭、社区和社会的区隔和排斥，从心理学上讲，这种区隔和排斥会促使这些人内心产生焦虑和自卑，甚至产生反社会心理。这会对他们的交往方式和行为方式产生很大的影响。为了释放压力，他们可能会选择破坏性行为或重新违法犯罪。

社会网络理论认为，建立强社会关系网络，最为重要的是培养归属感，包括社区归属感、家庭归属感和学校归属感等，这些社会网络可以加强社会联系，修复自己的社会支持系统。对于那些确有悔过自新的刑释人员来说，如果得不到来自社会和家庭的接纳，并一味地区隔和排斥他们，就会将他们再次推向以往的生活，重新回到刑释狱友的小圈子，大大妨碍这些人重新融入社会。常言说，近朱者赤，近墨者黑。刑释人员如果得不到社会和家庭的接纳与认可，那么在这样的群体内会增加他们的挫折感和失落感。此时他们会重新向那些与自己有相同相近经历和遭遇的人靠拢，特别是一些青少年群体更容易被易感，成为不良的人际交往人群。

美国社会学家萨瑟兰的差异交往理论认为，犯罪行为是经过社会互动学习得来的。犯罪行为主要发生在个人的亲密的群体中。一个人之所以犯罪，是因为他所接触的赞同违法的定义超过了反对违法的定义。[1] 重新犯罪人员的

---

① 张小虎：《转型期中国社会犯罪原因探析》，北京师范大学出版社 2002 年版，第 124 页。

前后人际交往，很多局限在与其犯罪密切相关的不良群体内。因为在这样的群体内他们能找到归属感，使精神有所寄托；所有的消极思想能够在这个群体内得到交流并因群体文化的感染进一步得到巩固；各种不良需求会因为受到群体的认同和激发而激烈扩张；受到不良群体的激励犯罪动机更加坚定；群体的支持使得一些犯罪行为更加残忍和猖狂。

在西南地区某监狱对犯人访谈时就有这样一个案例：杨某某，1974 年出生，未婚，四川人。入狱前，曾做过推销，因为亏本外出打工，不料在建筑工地打工 3 个月左右拿不到工钱，开始了第一次犯罪。此次犯罪是因为从老家到昆明一建筑工地打工被拖欠工资，讨薪未果，身上所带钱已所剩无几，迫于生计，与几个工友一起盗窃电缆，当场被抓。被判盗窃破坏罪。服刑期是 2004 年至 2010 年，后减刑 1 年零 9 个月，于 2007 年释放。2007 年提前释放出狱后，回到老家开了一个自行车修理店。因住过监狱，来找他修自行车的人不多，在家里修自行车生意也不好。在老家的弟弟也因他犯罪而与女朋友告吹，故家里人对他不大理睬。几个月后，杨某某接到狱友电话，邀请其来云南昆明喝酒。在昆明玩的这几天，他和以前狱友进行了第二次犯罪。罪名是盗窃罪。服刑期为 2008 年 5 月 23 日至 2019 年 5 月 22 日。此次犯罪是因为以前的狱友劝说和诱惑，在昆明市一家电脑专卖店，盗窃 20 多台笔记本电脑，被抓后感觉很后悔。由此可见，社会区隔和排斥、不良交往往往对重新犯罪起到催化作用。

第四节　条件因素与重新犯罪

犯罪的条件因素主要包括情境因素和被害人因素。情境犯罪预防理论主要关注的是对犯罪发生的时间和空间方面的考察，而不是把注意力只集中在犯罪人的身上。它关注的是实施犯罪的机会，因而是以犯罪而不是以犯罪人为基础的。通过情境预防模式，公民既可以采用"技防"，也可以依靠自己的力量有效保护，实现社会责任分担来对犯罪进行更加直接的预防。它能够充分调动公众的积极性，采取警民合作的方式或在自愿的基础上组织成非正式组织，对犯罪进行有效的监控。这种模式可以提高被害人的警惕意识和自觉性，对减少犯罪和重新犯罪等都会起到重要作用。

一、情境犯罪预防问题

情境犯罪预防是指针对某些发生率高的犯罪，直接通过管理、设计、调整的方式持久有效地改变环境，从而使犯罪行为人意识到实施犯罪的难度增加，被捕概率增大，犯罪成本升高，收益有所减少，因而主动减少或放弃犯罪。情境犯罪预防的理念是犯罪的"情境"（犯罪的时空、机会和条件）等要素，对犯罪人的理性抉择和犯罪决策具有重要影响。具体来讲，犯罪情境预防包括五大类措施，即提高犯罪难度、提高犯罪风险、降低犯罪回报、减少犯罪刺激和排除犯罪借口等。情境犯罪预防理论将犯罪原因研究的视角从犯罪人转移到犯罪行为发生的情境；将犯罪预防的重点由正式或非正式的社会控制转移到犯罪行为的控制，使犯罪预防措施具有了突出的可操作性和现实性，并且极大地降低了预防犯罪和重新犯罪的成本。就一般社会犯罪和重新犯罪的关系而言，重新犯罪原因与社会一般犯罪具有共性的一面，社会一般犯罪现象的原因与重新犯罪现象的原因具有同一性。制约社会犯罪现象的一定社会的基本矛盾规律，同样制约重新犯罪的发展。换言之，重新犯罪与社会一般犯罪有着本质的联系，诱发社会一般犯罪的各种不良因素，同样会对重新犯罪产生诱发作用，只是作用程度有所差别。重新犯罪者因为有过犯罪和服刑的经历和体验，犯罪经验较为丰富，并且在抗拒犯罪诱惑方面免疫力较差，对犯罪情境非常敏感，一旦犯罪情境具备，他们很容易重蹈犯罪的覆辙。

在中南地区某监狱访谈得知：方某某，男，现年35岁，2000年因盗窃罪被判入狱服刑八年，在服刑期间因减刑于2007年出狱。出狱后在县城一直经营一家小百货商店，用他的话说"小店生意一直还凑合，最起码照顾家里的基本生活没问题"。2010 年 8 月他去临近的某地级市去进货时，发现一家金店没有安装任何监控设备，放置黄金饰品的柜台也没有锁，并且经常是两位年轻女性服务员晚上住店值班，两人晚上回来休息时间比较晚。老板在别的地方经营一家大型的金店，很少过来这个小金店。这个小金店周围环境十分有利于作案后逃跑。方某某观察到这些情况后，经过了一段时间激烈的心理斗争，最终未能经得住这么有诱惑力的犯罪情境诱惑。他于 2010 年国庆节假期后，来到该金店实施盗窃，盗窃成功后因其他案件最终又被公安机关抓获，在 2011 年被投入中南地区某监狱服刑，被判服刑期为 12 年。在访谈即将结束时我问他什么原因导致他此次再犯罪，他说："这家金店防备措施太差，我认为太容易得手，就动了手，当然也怨我自己不争气，没管住自己。"当然，方某某再次犯罪主要是他自己的原因，但是不可否认的是犯罪情境的情况对于犯罪者，特别是有过犯罪经历的人来讲，还是有一定的诱发犯罪动机的作用。

由此可见，情境预防是基于对犯罪规律的揭示，力图掌控直接诱发犯罪动机和犯罪动机转化为实际行动侵害行为的外部环境的控制权，以切实减少犯罪和重新犯罪发生的概率，或者说减轻该犯罪的社会危害程度。

二、被害预防问题

以色列学者门德尔松曾云："被害人学的目的不是减轻对罪犯的惩罚，而是尽力公正地对待每个人，特别是弱者。"[①] 任何犯罪均有被害人。犯罪人和被害人是构成犯罪不可或缺的主体因素。从某种意义上讲，一种行为是否被认定为犯罪正是因为有人被害。这里所说的被害人指的是因受犯罪行为而使其人身或财物遭受损害的人，是相对于加害人或犯罪人而言的。犯罪行为的发生是加害人与被害人互动的结果，这是必须正视的客观问题。在犯罪过程

---

① ［德］汉斯·约阿希姆·斯奈德主编：《国际范围内的被害人》，许章润等译，中国人民公安大学出版社 1992 年版，第 23 页。

中，被害人无论出于何种状态，他与加害人之间的关系并不是静止不变的，而是始终处于一种相互作用、相互影响的动态之中。甚至被害人也被包括在加害人形成犯罪动机的主观过程之中，被害人也许自觉不自觉地在犯罪的中立化和合理化的过程中起了重要作用。比如被害人具有的诱发性特征、易感性特征和受容性特征等，被害人的这些主观特征因素在犯罪过程中起着一种催化剂的作用。那么为什么有人被害？为什么被害的是某人而不是其他人呢？

从生活方式暴露理论和社会角色差异理论的视角来分析被害人因素在犯罪生成中所起的作用，就比较容易理解以上两个问题。生活方式是指个人的日常生活活动方式，包括职业活动（学习、生活、家务等）和娱乐休闲活动方式。生活方式暴露理论是美国学者亨德兰提出的，该理论认为一个人之所以被害，主要是由其生活方式使其经常处于被害的危险情境或经常与有犯罪特征的人接触，增大其被害危险或使之成为被害人。[①]从表面看，某种生活方式似乎是个体自主选择的结果，然而实际上个体的生活方式是受个体的社会角色的约束和限制的。被害人的社会角色是由其性别、年龄、受教育程度、婚姻状况和职业等特征决定的。不同的社会角色特征成为被害人的概率也是不一样的。一般来讲，男性、文化水平低、社会阶层比较低下的青年属于易犯罪人群，同时，大多数被害人也往往属于这个群体。从其发生的机制来看，被害人的过错程度影响着犯罪生成的催化程度。被害人的不当举动和行为对犯罪容易起到诱发和促进作用。例如，暴露、显富、被害人的无知、疏忽和愚蠢等都会增加自身面临的危险性。被害人的挑衅和促成是被害人引起犯罪人反应的主动性诱因。被害人的挑衅和促成行为不再是被动、消极的，而是主动或积极地参与犯罪人的互动。对于一些刑满释放人员而言，他们本来自控力就差，易冲动，面对一些挑衅和促成行为，他们再犯罪的可能性非常大。

在华北地区某监狱访谈时就发现这样一个案例：犯罪人杨某某，2007 年

---

① 康树华、张小虎主编：《犯罪学》，北京大学出版社 2000 年版，第 166—167 页。

曾因故意伤害罪被判处有期徒刑五年，在狱中表现良好，服刑期间有过减刑，于2011年底被释放。在释放的当天杨某某的妻子到火车站接刚出狱的丈夫。二人走出火车站后，有出租车司机热情招呼让打车，并帮助提行李。后来杨某某嫌打车费太贵而拒绝乘坐，出租司机则以帮助提行李为由索要10元服务费。杨某某当然不给。出租车司机叫来了一些人威胁，并动手打杨某某，杨某某妻子见状忙用身体护住丈夫，并跪下求不要打她丈夫，说她丈夫今天刚从监狱出来。出租车司机和他的同伙说："从监狱出来有什么了不起，吓唬谁啊!"并接着打杨某某且推操其妻子。杨某某此时愤怒爆发并失去理智，从地上捡起一块砖头，砸向出租司机头部，司机当场倒下，他又用砖头砸了两个出租车司机的同伙。事后，杨某某被判死缓。可见出租司机的挑衅和促成行为是造成杨某某再次犯罪的重要原因之一。加害是指被害人首先对另一方实施犯罪行为，加害表明被害人是由犯罪人转换而来的。具体指人们的侵害和攻击行为是导致或促成自身死亡或其他自身被害的促成因素。例如，加害的典型案例就是丈夫长期对妻子施以家暴，后来妻子实在忍无可忍，最终把丈夫杀害。需要强调的是，在研究犯罪原因中强调被害人因素，并不是为了袒护加害人或苛求被害人。而是把被害人作为一种犯罪的催化剂因素，从犯罪被害人学的角度说，有些被害人应对自己的被害承担一定的过错责任，从而使更多的潜在的被害人提高犯罪预防的自觉性，避免自己成为被害人。同时，被害人提高犯罪的预防自觉性能够减弱犯罪人的犯罪动机，避免更多的犯罪和重新犯罪行为的发生。

第七章　重新犯罪防控机制的构建

犯罪治理是社会治理的重点和难点。组织开展犯罪和重新犯罪问题调查研究，系统分析犯罪和重新犯罪的趋势、规律和原因，提高预测预警预防各类犯罪能力，可以为增强维护国家安全和社会稳定的主动性、精准性提供有力支撑。防控就是预防和控制。重新犯罪的防控就是对重新犯罪的预防和控制。犯罪消灭不了，但犯罪却可以控制在一定限度。只要把犯罪控制在社会容忍的限度内，社会就会处于相对稳定状态。所以，控制犯罪是犯罪防控所追求的根本目标。而犯罪预防是犯罪控制的重要手段，犯罪预防做不好，就不可能对犯罪进行有效的控制。正如刘广三教授所认为"一方面，犯罪预防和犯罪控制难以精确区分；另一方面，犯罪预防体系体现的是一种理想的状态，而犯罪控制则体现出一种理性的态度和实际的运行状态"[①]。这里笔者认为过度区分二者意义不大，同时应该基于社会学的分析方法，参照社会学的社会控制概念来界定重新犯罪的防控。所谓的重新犯罪防控，是指基于对重新犯罪原因、重新犯罪条件和重新犯罪风险的考量，由国家和社会采取各种方法和措施，致力于抵御重新犯罪风险，降低重新犯罪发生概率，提高对抗重新犯罪的能力以应对重新犯罪的过程。

[①]　刘广三：《犯罪控制宏论》，《法学评论》2008 年第 5 期。

　　早在 19 世纪，法国著名社会学家迪尔凯姆就提出犯罪是任何社会都不可避免的常态现象的观点。学界已渐渐接受"犯罪学是以承认犯罪不可避免为其展开研究的逻辑起点"[①]。同理，重新犯罪是犯罪的一种特殊形式，以承认其不可避免为其展开研究的逻辑起点。马克思哲学告诉我们，世界是物质的，物质是运动发展变化的，运动的物质是有规律的，一切事物及其规律是完全可以被认识的。犯罪和重新犯罪虽然是错综复杂的、千变万化的，但它毕竟是客观存在的事物，因而是有规律可循的，是能够认识并加以掌握与控制的。人类社会治理犯罪的斗争历程表明，犯罪现象和重新犯罪现象是有规律的，其规律是可以被认识的，犯罪和重新犯罪预防是可以实现的。

　　因果联系原理告诉我们，世界上一切事物都是相互依赖、相互制约的，事物的这种联系表现为因果联系。犯罪现象是社会政治、经济、文化和思想等多种因素综合作用的结果，具体犯罪行为的发生是主客观因素的综合产物。那么，揭示犯罪结果和犯罪原因之间的关系，只要找出发生犯罪的原因，采取相应的措施，就能有效地控制、破坏或消除形成犯罪的原因与条件，从而可以减少或防止犯罪现象的产生。因果是客观的，犯罪原因是可以被认识的，这就为预防犯罪提供了可能性。割断或削弱了犯罪原因与犯罪结果之间的因果关系，犯罪和重新犯罪便会自然得到制止和减少。综上所述，犯罪和重新犯罪是不可避免的。重新犯罪和犯罪规律具有可知性，决定了它们预防的可能性；犯罪原因的可客观性，决定了犯罪和重新犯罪预防的可控性。

　　机制是指一个系统中各元素之间的相互作用的过程和功能。"机制"一词的定义应该包含着四个要素：第一，事物变化的内在原因及其规律；第二，外部因素的作用方式；第三，外部因素对事物变化的影响；第四，事物变化的表现形态。机制是在各种有效方式、方法的基础上总结和提炼的，而且一定是经过实践检验有效的方式方法。机制本身含有制度的因素，并且依靠多

[①]　储槐植、许章润等：《犯罪学》，法律出版社 1997 年版，第 10 页。

种方式方法起作用的，而方式方法可以是单一起作用的。

重新犯罪防控机制就是通过采取一切必要的措施，最大限度地阻止或消除重新犯罪行为与结果发生的一系列有效的工作方式或系统。预防和控制使重新犯罪不超出一定范围或使犯罪处于自己的影响之下，即将重新犯罪状况限制在正常度以内的事物内部各部分的机理或相互关系。

重新犯罪是犯罪的一种特殊形式，以承认其不可避免为其展开研究的逻辑起点。即"犯罪控制以犯罪无法消灭为前提，也是一种不得已的理性选择"①。对它的防控是基于犯罪原因和犯罪条件的揭示，由国家、社会乃至公民采取各种措施与方法，合力减少、限制犯罪发生的致罪因素，对于个体犯罪现象以及社会犯罪现象予以限控的一系列活动。重新犯罪具有规律性，防控具有可行性。犯罪发生的机理是社会基本矛盾的运动反映在个人与社会的对立与统一关系之中，并由此衍生出各种致罪因素；各种致罪因素通过一定的形式和渠道再次作用于社会成员个人，并在个人观念中逐步积累，而形成犯罪意识、犯罪决意和犯罪行为。② 鉴于犯罪形成的复杂性，预防和控制犯罪的发生，就要控制"关节点"，从社会的角度阻断致罪因素的传播、聚集和作用。

新中国成立以来，重新犯罪防控政策大体经历了三个阶段：新中国成立时的"刑释人员不得返回大中城市留场就业"政策阶段、1983 年以来的"严打"治理阶段、"重视罪犯的教育改造质量"政策阶段。在"留场就业"政策阶段，当时主要处于计划经济阶段，社会人员流动性小，社会状况比较封闭，所以该制度比较适应当时计划经济体制下那种静态的治安管理模式，对重新犯罪的防控比较有效。不过这种制度在一定程度也损害了刑释人员的合法权益。改革开放伊始，犯罪和重新犯罪率开始猛增，导致 1983 年的"严打"出台。此后，"严打"政策一直主导了我国的刑事立法和刑事司法的基本方向。"严打"的理

---

① 储槐植：《任重道远：犯罪学基础理论研究》，《社会公共安全研究》1997 年第 2 期。
② 杨焕宁：《犯罪发生机理研究》，法律出版社 2001 年版，第 99 页。

念之一就是用威力震慑使刑释人员不敢再犯罪；在监禁行刑方面，主要通过少用减刑和假释等方法让犯人在监狱待尽可能长的时间接受改造。这种政策，对扭转当时短期内的社会治安状况有一定效果，但是从长远来看，其对犯罪和重新犯罪的防控效果是十分有限的。进入 21 世纪后，"重视罪犯的教育改造质量"成为重新犯罪防控的新的理念。

从社会学角度来讲，犯罪问题既是社会矛盾的综合反映，也是建设和谐社会的主要障碍。在新时期，新的社会形势下，应积极探索出动态性的有效的重新犯罪防控机制。笔者认为，社会防控是重新犯罪防控的基础、条件因素的防控是其重点、法律的防控是其关键、安置帮教的防控是补充。目前，犯罪防控的基本动力源于国家，犯罪防控是对犯罪的一种反应。最大限度地调动社会各方力量，增大社会宽容度，更加有效地防控犯罪，有利于减少重新犯罪。

第一节　社会防控机制

一、宏观角度中的社会防控

路易丝·谢利曾指出"在现代社会，暴力犯罪越来越多地与财产犯罪的实施相联系，因为人们为了得到所想要的财物而不择手段"[①]。通过笔者在中南地区的某监狱对二次以上犯罪判刑的人员问卷调查发现：20%的服刑人员认为自己在犯罪时的原因是贫困，15%的人认为是因为没工作，43%的人认为金钱的原因。从 1981 年至 2011 年间，在中国，侵财型犯罪占所有刑事犯罪的比例一直在60%—90%之间波动。通过对以上情况的分析发现，中国犯罪现象发生的深层次原因是中国的社会结构不合理，也就是说社会结构有问题。从犯

---

① ［美］路易丝·谢利：《犯罪与现代化》，何秉松译，群众出版社 1986 年版，第 161 页。

罪防控的"关节点"来看，调整社会结构是今后相当长一段时间内的社会防控犯罪的主要任务，并且目前需要调整的"关节点"主要是拓展就业渠道，改善就业结构性矛盾；调整收入分配结构，提高劳动报酬在初次分配中所占比重，缩减社会成员收入差距；调整区域发展不平衡状况，缩减城乡之间、行业之间的收入差距；调整收入分配结构，处理好效率与公平的关系，逐步提高居民收入在国民收入分配中的比重，提高劳动报酬在初次分配中的比重。

第一，社会结构的健全与完善，是杜绝和减少犯罪现象的根本性前提之一。犯罪现象得到最大限度的抑制和减少，是社会结构完善过程的客观收获。完善的社会结构加上健全人格的人是预防和减少犯罪最理想的条件。

调整社会结构，就必须要加强社会建设和社会管理创新，更离不开社会资源和社会机会的合理配置和获取。当然，社会资源的公平合理配置也是实现社会正义的重要手段。改善民生又是社会资源合理配置的关键所在。所谓"社会资源"，是指一个社会及其社会个体赖以生存和发展所需的人力、财力、物力、机会等生产和生活资料。社会资源是价值性、有限性和主体性的统一，所谓"社会资源配置"则是指上述各种资源在各种不同的使用方向之间的分配。只有选择合理的、高效的社会资源配置方式，才能使有限资源的开发利用达到最佳效果。[①] 正如北宋政治家刘畅在《患盗论》所言："丰世无盗者，足也；治世无赋者，均也；化世无乱者，顺也。"即当人们生活富足，贫富差距不太大，心情顺畅。自然盗窃现象会减少，犯罪的发生也会减少。

党的十八大报告把就业、居民收入、社会保障等直接涉及改善民生的问题作为重点关注的领域，这是十分正确的。在市场经济条件下，我国当前就业形势十分严峻。每个社会成员在社会分层结构中的位置不再是某个"再分配者"

---

① 郑杭生：《抓住社会资源和机会公平配置这个关键——党的十八大报告社会建设论述解读》，《求是》2013 年第 7 期。

赋予的结果，而是自己在职业活动中自致的结果。也就是说，社会分层的基础主要是自身在职业活动中所显示的技能，而不是其他。特别是对一些刑释人员来讲，他们在再就业方面处于劣势，国家一定要对他们加强职业技能培训，帮助他们树立正确的就业观，在就业过程中给他们提供就业信息和必要的帮助，让他们有工作可做，生活有着落，以免这些人重新再犯罪。

要"千方百计增加居民收入"，必须深化收入分配制度改革，努力实现居民收入增长和经济发展同步、劳动报酬增长和劳动生产率提高同步，提高居民收入在国民收入分配中的比重，提高劳动报酬在初次分配中的比重。初次分配和再分配都要兼顾效率和公平，再分配更加注重公平。还要着力解决贫富差距问题，建立健全利益整合机制。

大力解决城乡发展不平衡问题，建立健全统筹发展机制。只有大力调整社会结构，加强社会建设和社会管理创新，合理解决就业问题，兼顾公平和效率，千方百计增加居民收入，缩减不合理贫富差距，统筹城乡、区域和地方居民的社会保障体系，解决好人们的基本生活、健康的基本保障问题，才能解决社会稳定问题，为建立健全安全保障机制奠定基础。与其他预防措施相比，社会预防是一种积极和治本的措施。它的作用在于从根本上消除犯罪现象赖以产生和存在的社会原因和条件，而不是对犯罪行为的事后惩罚和强制。社会预防犯罪属于治本之举，而其他防控都属于治标之策。社会预防的核心目的是创造一个健康完善、和谐的社会，提供一个能够预防犯罪和其他消极现象发生的社会环境。

第二，重新犯罪与净化社会环境。我国处于社会转型时期，社会分层给社会犯罪的控制带来一定的难度，犯罪产生于社会条件，个人生活于社会中，犯罪发生机制中自然有社会环境的连带责任。在个人被强制社会化这一过程中，社会怠于履行职责从而没有使个人社会化完全实现，所以，社会环境对一个人的社会化过程而言有着重要影响。正如奥地利学者杜立奥曾谈到的"人的社会缺陷性的形成，不是由于他个人的缺点，而是不同环境与不同境遇的产物"①。无论是普通的公民，还是回归社会后的刑释人员，都要生活在现实的社会大环境之中，就像每一个人离不开空气一样，每一个人也脱离不了自己生活的社会环境。社会环境对每个人有重要的影响。

在社会和经济转轨的背景下，在追求现代化的过程中，中国作为后发外生性现代化国家，西方的意识形态和生活方式等异质性因素的侵入，造成传统文化和现代文化的冲突。现代化的推进是社会的全面变革，引起社会生活各个方面结构性的变化，包括社会关系的重组和生活方式的变革，引起个人与个人关系、个人与社会的关系重新互构，在互构的过程中，出现了多种矛盾和冲突，从而引发大量的犯罪。伴随着市场经济的快速发展，市场经济所存在的消极方面的因素给社会发展带来了负面影响。趋于对功利和物欲的追求，人们的思想意识、道德观念、价值取向发生了裂变，有些人价值观出现了扭曲，道德开始滑坡。社会上一些"黄、赌、毒"等丑恶现象开始沉渣泛起，滋生拜金主义、极端个人主义和利己主义及以权谋私、公权滥用等消极腐败现象。这些问题极大地败坏了社会风气，加重了部分人内心的不平衡感和反社会情绪，成为一些人走上违法犯罪道路的原因之一。

我国处于转型时期，市场经济体制还很不完善，市场配置资源的功能还不够完备。因此，政府在资源配置过程中起着至关重要的作用，加之社会主义法制尚不健全，监督制约机制缺失，特权思想的影响，我国出现了一些权力寻租现象。权力寻租必然导致腐败，而腐败的存在则会带来一定的腐败效应。寻租腐败造成严重社会不公正，导致不掌权者心里不平衡。这时，社会学中的"葡萄串效应"就会发挥作用，由于社会腐败犯罪的存在，使得不少人对其缺乏完整客观的分析，于是在认识上会出现偏差，变得浮躁，不满情绪开始扩张，为求得心理平衡，便通过犯罪的方式来实现。在一个社会之中，当权者是一般是公众心目中的楷模，是公民的行为道德模范，对公众起到一

---

① 康树华：《预防未成年人犯罪与法制教育全书》（中卷），西苑出版社1999年版，第763页。

种引领社会风气的作用。可是，一旦当权者开始腐败，在公众心目形象败坏，这种效应会极端放大，引起民众思想道德信仰混乱，道德自我约束力下降，犯罪后罪责感和悔罪感降低，会对犯罪和重新犯罪起到一定的诱发作用。

常言说：橘生淮南则为橘，生于淮北则为枳。一个社会的整体环境如何和风气如何，对青少年的社会化的质量和个性品质的形成尤为重要。从社会原因角度考察，好的社会状况会将好人变成坏人，而坏的社会状况会将好人变坏。从个人角度考察，是否进行犯罪是一种选择，个人原因的积累形成现象后就会成为类型化的社会原因。据有关调查，初次违法犯罪的年龄低于11岁，将来大约有65%会重新犯罪；12—15岁开始违法犯罪的未成年人，将来再犯率为54%；16—21岁开始违法犯罪的人，将来再犯率为46%。在成年人累犯中，在其少年时期曾违法犯罪者比少年时期没有违法犯罪者要高出7倍之多。[①] 违法犯罪年龄越早，违法犯罪次数可能越多，犯罪持久性将越长。可见，良好的社会环境对青少年的健康成长多么重要。

据天津重新犯罪调查科研数据库对在押重新犯罪人员的调查结果显示，重新犯罪人员中认为"我之所以犯罪，社会不正之风的影响最大"的2002年占71.9%，2004年占31.1%。[②] 在西南地区某监狱对重新犯罪者访谈时发现，在被访的16个人当中，有9人自认为再犯罪和当前社会风气及社会环境有关系。当然，这也不排除罪犯向社会推卸责任的主观倾向，但在一定程度上也反映了社会不正之风和不良的社会环境对犯罪和重新犯罪起到一种催化剂的作用，对罪犯改造成果有一定的销蚀作用。

正如北宋政治家刘敞在《患盗论》中所言："不务衣食，而务无盗，是止水而不塞源也；不务化盗，而务禁盗，是救焚而救以升仓也。"要减少犯罪和重新犯罪现象的发生，我们必须要着手从犯罪的根源找原因，铲除犯罪生长的土壤和条件方是治本之策。当前我国犯罪防控的重点就是进一步调整和完

---

① 参见中国犯罪学研究会第七次学术研讨会的大会简报（四），第1页。
② 丛梅：《重新犯罪实证研究》，天津社会科学院出版社2011年版，第179页。

善社会结构，大力净化社会环境，把犯罪和重新犯罪控制在合理范围之内。

第三，提高教育质量，加强文化建设是社会预防犯罪的根本。青少年的社会化过程是其自身与整个社会环境相互影响、相互作用的过程。因此，全社会应努力消除社会上已经存在的各种消极因素，为青少年的正常社会化创造良好的环境和条件。当然，预防犯罪的最可靠但也是最艰难的措施是完善教育。教育不在于课目繁多，而在于选择上的准确。当偶然性和随意性向青少年稚嫩的心灵提供道德现象和物理现象摹本时，教育起着正本清源的作用。教育把年轻的心灵引向道德。为了防止它们误入歧途，教育借助的是指出需要和危害的无可辩驳性。而不是捉摸不定的命令，命令得来的只是虚假的和暂时的服从。①

教育由家庭教育、学校教育和社会教育三大部分组成。三者之间互相联系、相互促进。教育会在很大程度上造成人与人之间的差别。但是，对一个人的成长来说，家庭教育却是整个教育的基础。"人的早期教育在人的社会化过程中起着关键性甚至是决定性的作用。"② 根植于孩子心里的许多品德、意识、价值观以至各种习惯会一生都起作用，这与早期的家庭教育密不可分，可以说家庭是社会的细胞，也是人生的第一站。家长是子女的第一任教师，家庭环境和教育方式对未成年人的健康成长起决定性作用。预防未成年人犯罪，完善的家庭教育是第一道防线。因此，在有未成年子女的家庭中，夫妇双方应尽力维护家庭的稳定，避免激烈的冲突，善于化解家庭矛盾，增强家庭的亲和力，共同营造和谐的家庭气氛，使未成年人在健康、文明的家庭环境中成长。在发现不良品德萌芽时，更要注意教育方法，主要采取说理、疏导等积极的方式，避免简单粗暴，让子女自己认识问题的危害，主动纠正。

学校教育，特别是中小学教育，不仅是传授科学文化知识，更是培养优

---

① ［意］贝卡利亚著：《论犯罪与刑罚》，黄风译，中国大百科全书出版社 1993 年版，第 104—108 页。

② 王牧主编：《新犯罪学》，高等教育出版社 2005 年版，第 292 页。

良德品质和法制观念的重要环节。为防止青少年的行为偏差，应着力提高教学质量，改进以往教育工作中存在的弊端，探索和研究正确的教育方法，为青少年的社会化提供良好的学校环境。必须加强对未成年人的思想品德教育，即在抓好文化知识教育的同时，加强对学生的世界观、人生观教育以及爱国主义教育和法制教育。并将此作为教育的重要方面常抓不懈，使学生在德、智、体各方面全面发展，将来成为有理想、有道德、有文化、守纪律的社会成员。①

加强正面的宣传教育，建立健全市场经济制度，健全和完善法制，减少因发展市场经济而产生的消极因素，引导企业合法经营、平等竞争，免受市场经济的负面影响。

大力加强文化建设，立足于中国现实国情，发掘继承优秀传统文化，借鉴西方优秀有益的文化成分，提高文化融合力，重铸中国特色的主流文化。大力加强文化市场的管理，净化社会传媒，积极引导舆论正确的方向，坚决依法查禁各种色情活动和有害的各种媒介，严格娱乐场所和游戏场所的管理和控制，发展健康向上的文化事业，创造良好的社会文化环境。加强伦理和道德建设，增强自己内心自觉控制力，有利于犯罪和重新犯罪的减少。

道德对人的约束作用是显而易见的。社会上许多善行的发生或者违法犯罪行为的收敛可以归因于社会道德标准自律和他律，或者说归因于道德情感的成熟。运用道德的力量来预防犯罪，就要加强道德建设和道德教育。道德建设就是对道德规范体系的确定，道德教育是对道德规范的宣传和灌输。要创新道德伦理规范的传授方式，避免单纯的政治说教。道德规范的执行主要表现为非正式的社会监督和舆论谴责。它凭借社会舆论的道德评价和谴责得以执行，通过个人的良心借用道德控制来调节社会关系和预防犯罪的发生。道德的约束对某些犯罪的发生有一定的抑制作用。

---

① 李春雷、靳高风：《犯罪预防理论与实务》，北京大学出版社 2006 年版，第 230 页。

舆论监督最早源于西方的新闻自由理论，舆论监督可以揭露各种违法、渎职和腐败行为，进而防范各种违法犯罪行为。舆论监督还可以追踪有关信息源，为监督机构提供查处违法、渎职等犯罪的重要证据，还可以鼓舞人们同各类违法犯罪行为作斗争的信心。要充分发挥舆论监督的作用。加强党风和廉政建设，加大对腐败，特别是司法腐败的惩治力度，彻底清除各种社会不正之风和腐败现象，净化社会环境，增强公民对社会的信任感，提高党和政府在群众中的威望和号召力，使人们能在正确思想观念的指导下，用符合社会要求的观点、方法认识社会，分析问题，自觉抵制社会不良因素的影响。

二、微观角度中的社会防控

社区、家庭、群体（包括组织）和公民个人是社会的基本单位。在社会生活中，它们既要接受政府的统一组织管理，又要积极地实行自组与自治；在犯罪预防活动中，它们既要支持和配合犯罪预防的国家行动，又必须作为主体而采取积极的行动。家庭、社区、群体（包括组织）和公民个人对犯罪预防活动的积极参与，是犯罪预防的国家行动的必要补充。

社区兼有社会化、社会控制、社会福利和社会参与功能。社区预防目的在于形成抵御、制止犯罪社区的社区氛围和社会心理，消除或限制犯罪机会，使犯罪分子难以作案、难以藏身。鼓励社区参与犯罪预防历来是我国犯罪预防实践中的一个成功做法。社区参与犯罪预防的具体形式和做法主要有：

第一，开展安全文明小区建设活动。可以有多种形式开展安全文明小区建设活动，稳步推进1+N社区警务模式。以社区警务室为平台，以社区民警"1"为核心，以社区民警为辅助警力，整合各种社会资源力量为"N"，融入社区警务联勤联动，形成专群结合、警民联防、共建共享平安的互动格局，变社区民警单打独斗的勤务模式为联合所有社区资源、社会治安综治力量"1+N"的勤务模式，实现社区警务共建共享共创平安的互动格局和"警力有限、民力无穷"的理念，进一步推动警务工作社会化，切实改善警察公共关系，提升公安机关的良好形象，真正使社区民警成为群众的安全顾问和安全卫士，成为新形势下发动群众、引导群众以及做好群众工作和更好地构建警民和谐关系。例如，以村镇、街道、住宅小区等为单位开展精神文明的"警民共建"活动，开展警民联防活动，开展有益于人民群众身心健康和增强社区集体情感的文化、体育活动等。

充分发挥社区功能，积极开展社会工作和社区服务。强化邻里关照意识，搞好邻里关系。加大居民小区、楼院、散居户等重点区域的整治力度，着力建设群防群治组织、建立值班守护制度、安装必要的技防设施、开展邻里守望、加强治安防范知识的宣传普及等，有效打击违法犯罪行为。邻里守望的核心是在邻里之间互相瞭望，报告嫌疑，鼓励市民成为警察的"眼睛""耳朵"。邻里守望的概念是，市民应彼此了解，守望相助，不分分内分外，监视嫌疑，报告警察，组建市民小组，定期碰头开会，交流犯罪信息，研究打击方法。邻里守望的精华是交流信息，互相监督，报告警察，提高破案率。减少街面上的罪犯，减少危险地区的作案人员。组织开展积极向上的社区文化，积极开展就业指导，有组织地开展社区矫正和安置帮教工作，对减少和预防犯罪与重新犯罪大有裨益。

第二，发挥家庭、学校及公民个人的自我管理和自我保护的作用，使他们参与犯罪预防活动。家庭是社会最基本的组成单元，它不仅是一个生活单元，而且还是重要的社会机构，肩负着对家庭社会成员最初的社会化重任。在影响犯罪现象发生的诸多因素中，家庭不良环境是重要的因素之一。要发挥好家庭第一道防线的作用，就要充分提高家长对教育好子女重要性的认识。努力维护家庭结构的健全、稳定，尽可能使家庭处于稳定状态。养成良好的家风，不仅有利于家庭成员在潜移默化中形成良好的品质，而且有利于及时发现和纠正家庭成员的不良心理和行为倾向。要发挥家庭在预防犯罪方面的作用，家长必须要用科学的方法教育，培养子女健康的人格。家庭教育应与各种社会教育力量相结合，特别是要加强与学校和有关单位密切配合，形成对青少年教育的合力。对残缺家庭的孩子来说他们更需要社会的爱护和温暖。对于生活在这样环境下的孩子，学校、社会更有责任去关怀、爱护和帮助他们。政府部门更应该从外部给予救济，一些社会组织也可以参与完善他们的家庭环境。

学校作为社会教育机构，是个体社会化的重要执行场所。同时学校又是一个社会控制机构，对于人格塑造和发展有着重要的作用。所以，学校是犯罪预防方面，是家庭和社区之后的又一道重要的防线。成功的学校教育是防止青少年违法犯罪的重要途径，相反，失败的学校教育则可能埋下致青少年犯罪的种子。

加强师资队伍建设，使教师具备良好的师德，确实成为人之楷模。青少年从小在优良老师的熏陶下，自觉遵守社会公德和法律秩序，那么违法犯罪现象就会大大减少。青少年违法犯罪的主观原因，主要是思想意识问题。所以，依据青少年的生理和心理特点，对他们有计划、有针对性、连续系统地进行人生观、世界观和价值观的教育，同时，还要注重对青少年的中华民族优秀传统美德教育。结合社会和学校治安状况，对青少年开展法制教育，从小培养他们的法律意识和法制观念，养成对法律的信仰。加大对学校周边环境的治理，净化学校环境。正确对待一些所谓的"差生"和流失生，重点关注对他们的管理教育，帮助其完成九年制义务教育，防止他们过早失学流向社会。这些措施的落实对预防青少年犯罪将会有很大的作用。家庭和学校对预防犯罪各有独特的不可替代的作用，但二者又是相辅相成的，在预防和控制犯罪过程中共同发挥着作用。

我国的单位众多，并拥有一定的公共权力，对经济发展和社会稳定与发展有重要作用。在犯罪和重新犯罪的防控中扮演着重要角色。故此，必须要发挥单位在犯罪防控中的作用。

个人作为社会的主体具有自我约束和自我防卫的特征，个人有责任和义务行积极参与犯罪预防活动。被害事件一旦发生，要勇于与犯罪行为作斗争，要及时向司法机关报案，不使犯罪分子逍遥法外。一方面，在面临犯罪侵害的时候，要勇于凭借自身体力或智力与犯罪分子做周旋或搏斗，并尽可能地取得外界援助；另一方面，要见义勇为，积极协助公安、司法机关或者被害人同犯罪作斗争。

社会预防虽有治本之效，但有赖于复杂的组织、庞大的资金支持，并且见效周期较长。

第二节　条件因素防控机制

一、被害预防

被害预防是根据易被害的个人和群体存在的一些个性特征，采取各种措施，防止他们遭受犯罪侵害的活动。犯罪学家汉斯·冯·亨蒂在其《罪犯与其被害人》一书中提出了"双重结构"的概念，强烈主张从犯罪人和被害人的两个方面探讨犯罪的原因。后来，他又在其另一本著作《论犯罪人与被害人的相互作用》中，对被害人在犯罪生成中所起的作用进行了较为全面的论述和分析。另一名学者法塔也认为，只有充分考虑被害人对犯罪发生的作用，亦即被害人与犯罪人之间的相互作用，对犯罪原因的解释才是动态的和全面的。[1] 把被害人因素同样纳入犯罪原因系统予以考虑，无疑对犯罪的防控研究有重要意义。但在犯罪生成过程中起到何种作用？该作用地位如何？没有进行进一步的探讨。笔者认为，被害人因素在犯罪生成中更多的是起一种催化剂的作用，被害人的主观和客观特征在和犯罪人互动中起到关键的作用。个人被害前预防的首要问题是要有针对性，每个人对自身的易被害特征都要有

---

① 郭建安：《犯罪被害人学》，北京大学出版社 1997 年版，第 36 页。

清楚的认识。不同的犯罪有不同的犯罪诱因和条件。个人被害性特征不同，所引发的犯罪也不相同。在了解自身弱点的基础上，有意识地调整自己的言行甚至生活方式。这种有针对性的犯罪的预防，实际上也是对犯罪心理的推测与揣摩，具有很强的实践意义。

首先，加大预防宣教，增强公众预防被害意识。传媒可以通过制作一些专门栏目对预防被害做一些必要的宣传，对一些突出的问题，可以邀请这方面的专家进行专题讲座；一般性预防犯罪的知识可以通过社区进行宣传，告知人们基本的预防措施；相关部门可以和社区合作，经常举办一些个人预防犯罪的技巧之类的培训，例如提醒人们安装安全门，提防出现在社区有嫌疑的陌生的人，不给陌生人开门等。

其次，注意调整自身言行，保持言行的防害性。行为的防害性是通过行为人有意识调整自己的言行，去除激起犯罪人产生犯罪动机的言行，减少其实施犯罪行为的特点。这与个人的性格、精神状态和心理素质等有重要关系，也与个人的生活经验、社会阅历以及对各种防范知识和防范技能的掌握程度密切相关。一方面行为的内容、时间、空间、方式等不要过于规律，否则容易被犯罪人掌握，从而增大被害可能性；另一方面要注意举止行为。例如，在华北地区对重新犯罪者访谈时就有这样一个案例值得深思：罪犯商某某，河北石家庄人，现年35岁，离婚。2001年因盗窃被判服刑6年，于2007年7月出狱。2010年8月因强奸罪再次被判入狱。他讲述了他犯强奸罪的过程：2010年7月出狱后，在一次理发时，结识理发店的某女，经常去找她聊天，并谎称自己和她是老乡。有一天下午，商某某谎称石家庄有某大牌明星演唱会，他骑摩托车带理发女去看演出，并请她吃饭，该女未犹豫就答应了。那天该女穿着非常暴露，举止还有点轻佻，商某某自认为该女对他有那方面的意思，就将其带到一块偏僻的玉米地，将其强奸。显然该受害人衣着暴露、交往不慎、轻信他人、贪恋小利，这些因素都会刺激犯罪人，诱发其实施加害行为。与他人冲突时，最好以迂回、平和、理性的方式处理冲突，不要过分太刺激对方。另外，要拒绝参加非法的商业活动、赌博、卖淫、嫖娼、吸毒等行为，因为这都容易给各种类型的犯罪制造机会和条件，把自己陷于危险和紧张境地的可能性会增大。

最后，利用科技手段支持，加强技术防范力量。随着犯罪手段的科技含量的增加、犯罪智能化，仅靠传统的人力、物力进行被害预防已经不能完全适应时代的发展，高新科学技术的应用势所必然。如搜集犯罪信息并及时报警与控制的观察反馈系统、探测和警报装置系统、监控系统等。

与犯罪预防相比，被害预防具有两个明显的优势：一是被害预防强调公民个人的责任。因为人人都有被害的可能性，预防被害人人有责。所以，被害预防可以最大限度地调动广大群众的积极性，这使得犯罪预防的理论容易落到实处。二是从实际情况看，个体的不良行为，常常成为被害的重要因素。改变被害人或潜在被害人的行为习惯和一些不良生活方式，比改变犯罪人或潜在犯罪人的行为要容易得多。因此，预防被害比预防犯罪更具目的性，其举措会更容易落到实处和取得成效。因此，加强被害预防研究，将会使犯罪防控体系更加完善。

二、犯罪情境预防

社会学家威廉·托马斯在《行为形式与情境》一文中提出一个重要观点：人的行为既受情境的影响，同时也影响情境的改变，两者是相互作用的。他的这一观点，其实是将犯罪原因的视角从影响犯罪现象的一般因素转移到影响犯罪行为发生的具体情境因素，将犯罪预防的重点由强调正式或者非正式的社会控制转移到同时注重犯罪行为发生过程的控制。从犯罪情境预防的视角来看，既然情境对于犯罪心理的形成能够起作用，犯罪个人的背景对犯罪的情境因素的理性判断和选择有影响，这就有可能使情境与个体倾向相结合，犯罪与犯罪性相结合，在情境因素和犯罪倾向之间构筑了座桥梁，使得理性选择理论成为一个最大限度的解释犯罪的理论框架。情境预防理论研究的重点是犯罪行为，但它同时也重视行为人在犯罪中的地位和作用。从宏观角度来讲，它把犯罪看成犯罪人、被害人和社会（宏观犯罪现象而言）一起参与互动的过程。从微观角度来讲，它把犯罪看成犯罪人、被害人和情境（就微观犯罪行为而言）一起参与互动的结果。这说明情景能够影响行为人的心理形成，并对行为人的动机外化为行为起作用。同时，行为人也能够通过自己的主观能动性改变和创造情境。情境和行为人之间存在着双向互动的关系，这种双向互动关系正是情境预防理论的作用机理的逻辑基础。正因为如此，我们可以通过改变情境的方式来影响行为人的理性选择，达到防控犯罪和重新犯罪的目的。

一般认为，情景预防理论奠基于三大理论支柱：理性选择理论、日常活动理论以及环境犯罪学理论。情景预防的方法论基础是基于潜在犯罪人这一视角来观察现实世界。具体地来说，情景预防试图了解人们是如何发现犯罪机会的，同时试图铲除这种犯罪机会或者至少确保潜在犯罪人不那么容易发现这些犯罪机会。

情境预防措施具有操作性、现实性，而且极大地降低了犯罪预防成本，提高了犯罪预防的实效性和针对性，它不仅易于掌握，还方便大量运用在实际生活中。同时，它也实现了两个转变：从被动的预防犯罪向有意识犯罪预防的转变；从法律控制犯罪到物质制止犯罪的转变。尤其是在犯罪增长、治安状况比较严峻的情况下，情景预防与我国的基本刑事政策具有很强的互补性，因此，注重情景预防的作用显然具有一定现实意义。但同时也应看到，情景预防不能消除犯罪社会诱因，只是治标之策，存在侵犯隐私之虞以及犯罪转移等弊端。

第三节　法律防控机制

"司法处于这样一个特殊的社会结构点上，它对社会生活的直接介入，很容易使自己处于社会矛盾和冲突的中心……司法必须在应对如此复杂的社会问题和矛盾中，既能有效地平衡各种关系和利益，促成社会秩序的稳定，又能始终保持其秉公持正的品格。"[1] 罪犯改造主要是对其进行再社会化。刑罚的目的在于消减犯罪人的人身危险性，预防犯罪人重新犯罪，这都需通过行刑过程来实现。行刑的过程就是在实现刑罚价值目标的同时，矫正罪犯犯罪心理和行为恶习的过程。通过这一过程，使罪犯刑期届满后能够回归社会，顺利适应正常的社会生活。在我国的行刑实践中，一个普遍性存在的现象是：许多监狱在行刑过程中，只满足于罪犯不逃跑、不发生非正常死亡、不发生重大恶性事故，能提高生产效益就行的低标准。对教育改造功能没有给予足够的重视。对罪犯进行强制性的改造，往往忽略罪犯的主体性，缺陷主要体现在对其定罪、量刑和行刑中的缺陷。日益增多的重新犯罪，表明我国对罪犯改造的理念、方式方法还存在一些问题。因此，要加强政法各职能部门之间的密切配合和有效合作，把宽严相济的刑事政策贯彻落实到刑事侦查、起诉、审判和刑罚执行各环节中，要落实"首要标准"的具体要求，积极推进监狱工作法制化、科学化、社会化建设，进一步推进社区矫正工作，提高罪犯教育改造质量，减少和预防重新犯罪的发生。

一、完善和落实宽严相济的刑事政策

刑事政策是国家基于指导打击及预防犯罪的活动而制定的各种原则的总称，是国家政策体系的有机组成部分。刑事政策是以遏制和减少犯罪为目的的。司法活动是贯彻刑事政策的重要手段，刑事政策对司法活动的指向性和力度都具有重要的调整作用。

刑事政策可以分为广义和狭义两种。广义的刑事政策是指国家以预防和控制犯罪为目的，所采取的一切手段或者方法的总称。狭义的刑事政策，是

---

[1]　舒国滢：《从司法的广场化到司法的剧场化一个符号学的视角》，《政法论坛》1999 年第 3 期。

指国家以预防控制犯罪为目的，运用刑罚和具有与刑罚类似作用的各种制度，对于犯罪人和有犯罪危险的人所采取的刑事上的对策。狭义刑事政策也就是刑事法律政策，是刑事政策的基本手段。而广义刑事政策有助于从根本上预防犯罪。刑事政策主要是作为有效地实现惩罚和预防犯罪目的之行为准则，它也作为刑法的指导观念、思想而存在，并促使刑事法律和司法制度的理性变革。刑事政策的指导思想、价值目标将会直接影响甚至决定刑事政策的运行与实施，刑事政策的决策者以此指导和导向构建刑事政策体系。本书使用的是狭义的刑事政策概念。

我国刑事政策制定过程存在的主要问题：其一是民意表达不足。质言之，在我国的刑事政策制定过程中，公众参与程度存在不足，民意的表达尚缺乏有效的渠道。其二是科学化程度不高。刑事政策制定得科学与否、主要取决于对犯罪状况的统计分析是否及时、精确和科学。我国目前犯罪的有关数据，特别是重新犯罪的有关数据，经常被以保密为理由不得公开，对犯罪状况的统计分析又缺乏系统性、严密性。因此，刑事政策的制定缺乏相应的指标分析和科学数据的支撑。其三是协调性不足。刑事政策本来与社会政策是紧密相连、相互协调的。但是现在的某些刑事政策存在与社会政策不协调的现象，出现政策的结构性缺陷。其四是可操作性欠佳。刑事政策既要有宏观上的指导作用，又要在微观上具有可操作性。然而，某些具体的刑事政策，在一些细节上存在疏漏，容易使刑事政策在实施过程中效果受到很大影响。

从总体上，刑事政策可以分为基本刑事政策和具体刑事政策两类。基本刑事政策就是在犯罪预防和控制的全过程中在较长时间内起主导作用的刑事政策。例如，惩办与宽大相结合的刑事政策、社会治安综合治理刑事政策及宽严相济的刑事政策都属于基本刑事政策。具体刑事政策是指在犯罪预防和控制的某个领域或者某个阶段中起作用的刑事政策。例如，1983 年以来进行的"严打"政策、"少杀、慎杀"政策、"教育、感化、挽救"的方针等都属于具体刑事政策。刑事政策和基本刑事政策之间存在着依赖和被依赖的关系。

社会治安综合治理和宽严相济的刑事政策是我国的基本刑事政策。

社会治安综合治理方针酝酿于 20 世纪 70 年代末，提出于 80 年代初，形成于 90 年代初。社会治安综合治理的基本内容包括打击犯罪、加强防范、加强教育、加强行政管理、加强基层组织建设和制度建设及改造工作六个环节。社会治安综合治理在我国刑事政策体系中具有基石范畴的地位。社会治安综合治理是一种主动性、综合性的刑事政策。1991 年中共中央、国务院《关于加强社会治安综合治理的决定》，确定了"打防并举，标本兼治，重在治本"是社会治安综合治理的工作方针。由于受重刑主义传统思想影响的因素，也有刑罚工具主义追求刑罚短期效果而忽视人道、人权价值的功利主义因素。在 20 世纪 90 年代转型期社会治安综合治理刑事政策面临的困境，即在实践中"打防并举，标本兼治，重在治本"的方针无法得到真正而全面的实现，综合治理工作中存在着重打击、轻防范的倾向，于是作为具体刑事政策的"严打"政策大行其道。今后一段时间，我们一定要把社会治安综合治理落到实处才是最关键的。

在 2005 年 12 月召开的全国政法工作会议上，中央政法委员会书记罗干提出要注意贯彻宽严相济的刑事政策。综合治理刑事政策属于国家和社会对犯罪反应的全局性的刑事政策，而宽严相济刑事政策只是适用于刑事立法、司法和执行领域的政策或策略。从这个意义上说，宽严相济刑事政策应当服务或服从于综合治理刑事政策的需要。因为从根本上说，综合治理刑事政策是一种社会政策，是一种广义上的基本刑事政策。而宽严相济刑事政策仅仅是在刑事法治领域具有主导作用的刑事政策，即在刑事法治这个基本方面具有主导作用的刑事政策，是刑事立法政策、刑事司法政策、刑事执行政策的统一体。仅适用于刑事立法、司法和执行领域，属于狭义上的刑事政策。

刑事政策是一个历史的范畴，是一个动态的过程，其总是以社会总体态势为依据，以社会犯罪和重新犯罪的态势为晴雨表、风向标的。不同刑事政策背后有着不同的深刻的社会、政治、经济和文化背景。宽严相济的刑事政策的科学定位，为"首要标准"的要求的具体落实指明了方向，使重新犯罪的防控可以通盘考虑如何进一步完善社区矫正和安置帮教制度的建设，不断创新改进监管改造新思路、新方法，拓展非监禁刑罚处遇制度，并使之有机衔接起来，形成重新犯罪防控的新机制。

从刑事政策视角对重新犯罪问题进行研究，就是以重新犯罪问题为切入点，以刑事政策学所特有的反思与重构的精神为基础，通过对重新犯罪现象的原因分析，以求发现犯罪人再社会化的特点和规律，并对我国的重新犯罪的防控提出有针对性的建议和措施。刑事政策的制定和变动，必定会引起刑事立法、司法和执法活动中采取的措施或制度方面的变动。在刑事侦查、起诉、审判和刑罚执行各环节贯彻宽严相济的刑事政策，是减少和预防重新犯罪的重要途径。

宽严相济刑事政策在刑事立法环节可以通过法律化的途径，从宽严两个方面修改刑法。例如，可以完善和扩大缓刑、假释和罚金刑制度的适用范围，使这些制度更具有实际的操作性，充分体现出刑事政策宽的一面；目前，在矫正技术没有较大的突破情况下，本着"矫正可以矫正的罪犯，使不可矫正者不为害"的理念，同样可以通过修改刑法加大对一些特殊类型罪犯的处罚力度，如对累犯、暴力犯罪和黑社会性质犯罪等进行重罚，体现法律严厉的一面。在立法环节上也可以通过法律化的途径修改刑事诉讼法，规定刑事和解制度、建立暂缓起诉制度等来体现刑事政策宽的一面。对刑事案件侦办程序的修改体现刑事政策严厉的一面。例如，可以适当放宽对涉嫌严重有组织、特别是恐怖犯罪分子的逮捕条件，延长对涉嫌恐怖犯罪分子的羁押期限等。在刑事司法环节，贯彻宽和的刑事政策，可以在诉讼阶段，依法尽可能适用刑事和解；在审查起诉阶段，针对轻微的犯罪，可以扩大相对不起诉的适用范围。在进入审判阶段，尽可能推行量刑辩论制度，均衡控、辩、判三方力量，使量刑更趋于合理；进一步控制死刑；对于符合法定条件的案件，能够适用简易程序或可以简化审理的，要主动适用。贯彻严厉的刑事政策，针对现阶段的刑事犯罪的高发阶段，对于主观恶性和人身危险性大的罪犯，要坚持依法从严，该重判的一定要重判，改判死刑的一定要判，绝不手软。在刑事执行环节，扩大非监禁刑的适用，贯彻宽严相济的刑事政策，要积极推进社区矫正工作的开展和监狱体制改革进程，整合和合理配置司法资源，完善落实安置帮教制度，为控制和减少重新犯罪奠定基础。

二、改革完善现行的刑罚执行制度

完善现行的监禁刑执行制度，就必须完善罪犯分类处遇制度，完善现有的劳动改造制度、加强行刑社会化进程，促进行刑科学化，创新和改进矫正服刑人员的新方法，健全社区矫正制度，构建我国监禁刑执行和非监禁刑执行协调统一、相互贯通、互为支撑的新型刑罚执行体系，以提高服刑人员教育改造质量，减少和预防重新犯罪的发生。

首先，改革并完善罪犯分类处遇制度，合理配置司法资源。依据相关的标准，对新入监的罪犯进行分类并分别处遇的制度。对在监狱服刑的罪犯进行科学分类，是开展所有矫正处遇的前提和基础。监狱行刑实践表明，罪犯分类制度是现代监狱管理制度的基石，该制度同监狱分类制度、行刑累进制度密切相关。罪犯分类制度也是行刑科学化和个别化的要求，是贯彻宽严相济刑事司法政策的前提和基础。只有科学的罪犯分类和监狱分类，才能保证合理配置有限的刑罚执行资源，使刑罚执行的效能有所提升。

我国现代意义上的罪犯分类起始于20世纪80代中期，原上海市劳改局在白茅岭劳改农场进行了分类改造的试点。当时对盗窃犯罪、性犯罪、暴力犯罪等实行分类关押管理，建立罪犯个人改造档案，并进行有针对性的矫治，收到了较为明显的效果。原司法部劳改局在总结白茅岭劳改农场经验的基础上，于1989年10月制定了《对罪犯实施分押、分管、分教的试行意见》，针对在押罪犯的改造提出了整体性改革措施，提出按犯罪性质实行分类关押、分类管理和分类教育。1991年10月，原司法部劳改局颁布了《对罪犯实行分押、分管、分教的试行意见（修改稿）》。分押、分管、分教作为当时我国监管改造工作的重大改革举措，对于促进监管改造工作向规范化、科学化转变，提高改造质量，探索具有中国特色的监管改造工作都具有极其重要的意义。在总结以往分类工作经验的基础上，《中华人民共和国监狱法》第39条对分类工作做了如下规定："监狱对成年男犯、女犯和未成年犯实行分开关押和管理"，"监狱根据罪犯的犯罪类型、刑罚种类、刑期、改造表现等情况，对罪犯实行分别关押，采取不同方式管理。"之后，我国在罪犯分类上又进行了许多有益的探索。

对罪犯的科学分类，要汲取以往我国"三分"的一些成功经验，在此基础上建立科学的罪犯分类制度。首先，罪犯分类要与监狱分类相结合，与监区分类相结合。以不同级别监狱关押人身危险性不同的犯人。在原来监狱分级的基础上，还可以在不同级别的监狱再分出功能不同的监区，例如为职务犯人设置职务犯监区，为即将出狱的犯人设置出监监区，为传染病犯人设置传染病犯人监区等。这样一来便于提高教育改造工作的针对性与有效性。总之，监狱和监区的合理分类，有利于国家根据监狱和监区分类分级情况，更有效合理配置设备、警力等司法资源。其次，应设立专门的罪犯分类机构。该分类机构应设于监狱内部，成员由监狱内外的专兼职专业人士组成，他们应分别具备心理学、精神病学、医学、法学、教育学、社会学等方面的专业知识和技能。将犯人按监狱警戒级别分到各监狱，在各个监狱建立罪犯收容中心，中心负责办理收押交接手续，并对犯人进行服刑生活指导。对罪犯进行初步人格调查后，根据罪犯不同情况，将罪犯分流到不同的监区。最后，应建立系统的罪犯调查分类制度。罪犯调查就是指罪犯人格调查，应由罪犯分类机构的专业人士借助医学、心理学、教育学、社会学及其他专门知识和技术，对罪犯进行诊断观察和检查。调查内容包括犯罪人的个体状况、表现情况、所处的环境因素等方面。人格调查应是动态的分阶段的调查。入监后，对罪犯初次制订的矫正方案和处遇计划进行调整，制订出更加符合罪犯实际情况和再社会化需要的个别化矫治方案和处遇计划。释放前调查，主要在罪犯释放前一年之内，对罪犯改造质量进行评估，为其回归社会做准备。为刑释人员回归社会后继续接受教育和安置帮教提供参考意见。

其次，完善监狱行刑社会化制度。总体来讲，犯罪是一个社会问题，罪犯来自社会，最终还要回到社会中去，罪犯与社会不可能分离，这决定了现代刑事执行的目标应该是帮助或者促使罪犯尽快复归社会，但将罪犯长期监禁起来与社会隔离是无法实现这个目标的。要解决犯罪与罪犯重新犯罪问题，需要社会与监狱的共同努力。目前，我国监狱正面临犯罪率居高不下、监狱经费紧张、监狱拥挤不堪、监狱人民警察超负荷工作以及行刑效率低下的问题，并已经非常突出。为缓解监狱的压力，提高监狱的行刑效能，国家把目光转向了社会，希望通过一系列社会化的行刑措施来解决监狱问题及由此带来的社会问题。国内外实践也证明，行刑社会化既是刑事执行历史发展的产物，又是刑事执行进步和文明的体现。只有将罪犯与社会联系起来或者相结合才能实现现代刑事执行的目标，所以行刑社会化作为一种趋势或者一项原则，对于完善监狱行刑社会化的建议如下。

第一，设立开放式监狱。开放式监狱是相对于封闭式监狱而言的行刑空间。开放式监狱不必采用严密的安全措施，只是采取相对有限的安全防范措施，并给予罪犯较多的人身自由。开放式监狱主要关押两类罪犯：一类是即将出狱的罪犯，对于这类罪犯要为其回归社会做准备，不仅需要加强心理的调整，还要在其行为以及观念上予以调整，以便其适应出狱后的生活；另一类是犯罪行为危害较小，主观恶性小，人身危险性不大，经评估会珍惜监狱给予其较大自由的罪犯。我国目前虽然没有以开放式监狱命名的监狱，但是存在为即将释放的罪犯设置的出监监狱。出监监狱就是在罪犯出监前的一段时间内，一方面集中对他们进行思想、法制、道德及前程教育并加强回归指导，巩固教育改造成果，预防其重新犯罪；另一方面出监监狱举办的职业技术教育，可以让罪犯有针对性地、有选择性地掌握一门职业技术，为其出监后能自食其力打下基础，这样有助于他们出狱后迅速融入社会，减少重新犯罪概率。其实这种出监监狱就是开放式监狱的一种。

新刑诉法规定"对被判处有期徒刑的罪犯，在被交付执行刑罚前，剩余刑期在三个月以下的，由看守所代为执行。对被判处拘役的罪犯，由公安机关执行"。以及新《中华人民共和国刑法修正案（八）》关于对于某些类型罪犯减刑、假释的限制性的规定，都会增加监狱罪犯的人口。2013 年 12 月 28 日闭幕的全国人大常委会通过了关于废止有关劳动教养法律规定的决定，这意味着已实施 50 多年的劳教制度被依法废止。劳教废止后，意味着劳教所和一些劳教干警闲置。有鉴于此，笔者建议利用原来劳教所的一些设施，改造成开放式监狱，劳教干警可以继续在开放式监狱工作。开放式监狱主要关押过失犯、渎职犯及余刑在一年以下和三个月以上的罪犯。将来再进一步将拘役犯和余刑三个月以下的罪犯，也关押在开放式监狱，这样既可以避免与重刑犯关押在一起导致的交叉"感染"，又可以节约财政经费，还可以减轻看守所负担，有利于看守所看守好未决犯和行刑体制的进一步理顺。

第二，扶植社区发展，鼓励社会力量对罪犯矫正事业的参与。行刑社会化的发展离不开公众参与和社会支持。民间力量以平等身份介入对罪犯的矫正，对罪犯更具有亲和力，能促进服刑人员与社会之间的交流，为提高矫正效果提供了更为广阔的空间。由于我国社会尚处于转型过程之中，现在的社会环境和社会基础发展不够充分，使得一些社会化的行刑措施因社会配合不够而难以有效实施。因此，国家应大力扶植社区的发展，鼓励各种民间社会力量对罪犯矫正事业的参与，为行刑社会化的发展营造良好的社会基础。

充分发挥亲情帮教的作用，提升罪犯改造效能。笔者在中南地区某监狱访谈时，有位狱警告诉我，我下一位将要访谈的对象改造效果他很放心。访谈之后，亲情的帮教对罪犯改造具有很大的作用。翟某某，1979 年生，初中文化程度，农村户口，未婚，现家中有父亲和自己两人，有三个哥哥都已成家。有 2 次犯罪经历。初次犯罪发生在 1996 年，当时年仅 17 岁，在私企上班，经济状况还行，有固定住所。在冬季，起因于一朋友丢东西，出于哥们义气他出面将嫌疑人叫到出租房中待了2个多小时，让嫌疑人写下欠条后方才放出。当时他觉得无所谓，被抓后方知自己触犯法律，自己所犯罪名为非法拘禁罪，被判一年。在看守所期间父亲经常来看望，被帮的朋友始终未来看望，其在看守所未受到任何技能训练。出看守所后自我感觉没有别人的歧视，在当地一家工厂找到一份工作。第二次犯罪的时间为1998年底，距离第一次犯罪相隔2年多，罪名为抢劫罪，被判死缓。他因结婚时缺钱，主动联系几个有抢劫前科经历但未被抓过的同乡进行了抢劫。当时觉得为了结婚去抢劫很值，现在感觉对被害人有内疚感。在监狱服刑期间，家人常来看望，三位哥哥每年固定存一部分钱，作为他将来出去后的事业启动基金。他表示在狱中最牵挂父亲，打算出去后利用启动基金，好好工作，照顾好父亲，陪父亲安度晚年，不会再走上犯罪道路。该家庭的这种做法值得推广。

此外，监狱应加强与社会教育部门的协调，依靠社会力量对罪犯进行文化技术培训、职业教育以及学历教育。还应加强同社会上各类企业的合作，鼓励企业参与对罪犯的职业培训，并争取企业入监招聘刑满释放人员。

第三，完善减刑、假释制度，扩大非监禁刑的比例。假释制度既是对犯罪的一种鼓励，又对罪犯有一种威慑和压力。它在不改变罪犯身份和刑期的情况下，让罪犯在严格限制自由的监禁状态与刑满释放后完全自由状态之间有一个逐渐适应社会的过渡阶段，从而比较顺利地实现"监狱化"向"再社会化"的转变。假释是重要的监禁替代措施，对于激励罪犯改造、促其平稳回归社会，起着十分有益的作用。

同其他国家相比，我国的假释适用率偏低，执行机制也不健全，致使适用效果不够理想，假释的作用没有充分发挥出来。从实践看，我国司法机关更多依赖减刑实现行刑调控目标，减刑的适用率远远高于假释适用率。虽然《中华人民共和国刑法修正案（八）》对假释制度进行了完善和修改，如将《刑法》第85条修改为："对假释的犯罪分子，在假释考验期限内，依法实行社区矫正，如果没有本法第八十六条规定的情形，假释考验期满，就认为原判刑罚已经执行完毕，并公开予以宣告。"增加并强调了依法对假释犯实行社区矫正，但还需要通过修改和增补《刑法》和《中华人民共和国监狱法》中的部分条款，才能充分发挥行刑调控机制，便于监狱和法院在司法实践中更具有操作性，以提高假释的比例，充分发挥其积极功能。与假释制度相比，通过缩短刑期而减少监禁总量，同样减刑也具有激励罪犯改造的作用。但假释具有的让罪犯在监禁生活与自由社会之间缓冲、过渡的特殊功能，是减刑制度所不具备的。为此，必须在完善相关立法及制度的基础上，进一步提高假释适用率。

从罪犯人权保护的角度看，我国未成年犯罪人和成年犯罪人一样适用减刑、假释制度，刑法没有专门规定未成年人减刑、假释的条款，对未成年人在这方面的保护不够突出。长期以来，我国更倾向于对刑期长的犯人的减刑、假释。而忽视短刑犯的减刑、假释的权利，这显然违反了平等对待罪犯的公正原则，侵害了这部分罪犯的合法权益。因此，出于对罪犯人权保护的目的，同时维护法律的公正和人人平等，应高度重视并积极完善未成年犯、短刑犯的减刑、假释制度。通过立法和制度设置的途径，实现平等对待罪犯，维护法律的公平公正。

针对目前部分司法工作人员在适用减刑、假释制度时滥用职权，一些监督人员权力寻租的问题，新《刑法》第401条增设了枉法减刑、假释、监外执行罪，加大了制度的约束作用。同时，需要加强检察机关的执法监督和监狱内部监督，进一步完善狱务公开制度，确保减刑、假释制度顺利执行，以保障服刑罪犯的合法权利。

加大非监禁刑比例对预防重新犯罪具有积极作用。判决和执行非监禁刑时，不用将犯罪人和社会隔离开来，罪犯可以一直在社会上正常工作、学习。犯罪者本人能够更多地接触正常人的生活和亲情教育，在执行刑罚后，他们也不存在重新适应社会生活和家庭生活困难问题。在司法过程中，非监禁刑可以免受监狱亚文化的影响，避免犯罪"感染"，使罪犯能够珍惜国家给他的悔过自新的机会，更有助于他们成为合法公民，降低重新犯罪的可能。也不会因为刑罚的执行对社会产生仇恨心理，减少有非监禁刑执行完毕后去报复社会而重新犯罪现象。对于轻微犯罪人来讲，特别是对于那些初次犯罪和过失犯罪的人，他们犯罪具有极大的偶然性。这些人有温暖的家庭和稳定的收入，社会危害性较小，重新犯罪的可能性很小。如交通肇事罪、过失犯罪等，应酌情减少监禁刑的比例，扩大假释、缓刑等非监禁刑的适用比例，督促其合理赔偿受害人损失，以避免其入监后受到"交叉传染"。这样做不仅对犯罪者本人和被害人都有利，而且可以节省国家行刑成本，各方都可以满意。当然，犯罪人的情况各有不同，不能将社会危害程度作为唯一依据来分析是否判处非监禁刑，还要充分考虑犯罪者的犯罪情节、主观态度、平时的一贯表现等因素，真正做到罪刑相适应。如处理不好这种情况，后果也会很严重。

在西南某监狱调研时就发现这样一个案例：张某某，1987年生，大学本科文化程度，未婚，系第二次犯罪。初次犯罪发生在2012年，在某省会一家公司做会计工作，在休假期间回到老家，和一些亲戚朋友聚会喝酒，因喝酒驾驶被当地交警查处，在被查时与交警发生争执，被刑拘。在刑拘期间结识另一名酒驾被刑拘人员李某某，二人共同感到此次被刑拘影响自己的前程，公安交警处理得有点过重，存在故意整他们的意图。两人从看守所出来后，一直预谋烧坏交警执勤岗亭，报复交警。有天晚上，二人带上汽油焚烧交警执勤岗亭，后来再次被抓被判刑。在对张某某进行访谈时，他一直给我讲他现在恨交警，假如交警不刑拘他，对他罚款或其他处理他，他也绝不会再酒驾或再犯罪。当问及刑满释放后干什么，他说还要报复交警。这案例从反面告诉人们，用监禁刑处理类似犯罪未必有好的社会效果，也没能降低犯罪重新犯罪的可能性，发人深思。相信非监禁刑处理，可能更有助这类罪犯回归社会。因此，适当扩大非监禁刑比例，压缩监禁刑的比例，有助于预防重新犯罪。

总之，若要罪犯顺利地重返社会，就必须有基本的生活条件的保障，如必要的住所及生活费用、一份赖以生存的工作等。而解决这些问题，仅靠罪犯亲属的帮助及政府的帮扶是远远不够的。必须建立针对服刑人员的社会保险制度，使服刑人有机会享受养老保险、劳动工伤保险、医疗保险、出狱后的失业保险、生活保险等，完善有关服刑人权利的社会保障机制，从而为其顺利回归社会提供有力的物质保障。

再次，完善监狱行刑科学化。现代监狱行刑的目的是改造罪犯，促使罪犯实现再社会化，这就要求监狱遵循行刑规律，实现行刑的科学化。

第一，建立科学的行刑机制。改造罪犯的过程，就是消除罪犯人身危险性的过程，这是一个漫长而渐进的过程。与罪犯分类制度相联系的累进处遇制度是实现这一过程的理想的行刑制度。设置科学的分类分级处遇，在保障罪犯基本处遇前提下实施差别处遇，对罪犯实行累进处遇制度。累进处遇制度通常会使刻板的自由刑由于罪犯表现的差异而富有弹性，能够激发罪犯的改造热情和改过自新的积极性，使其有不断奋斗的目标；同时，由于这一制度把刑期设计成逐渐平缓的阶梯，使罪犯逐渐接近外部正常社会生活，有利于其顺利回归社会。运用科学方法测定罪犯的人身危险性程度，然后根据其人身危险性的不同将其关押同警戒程度的监狱中。在同一监狱内部，再根据罪犯的基本情况进行分类，确定其初始的行刑待遇。然后根据其行刑表现，逐步提高其行刑待遇，最后是假释。这样一种根据人身危险性和改造表现而逐步改变处遇的行刑机制是符合行刑的基本规律的。

第二，建立刑事审判与刑事执行的互动机制，提高刑罚适用的科学性。刑社会化的实施，在很大程度上受到刑事审判的制约。在当前我国刑事审判工作中，法官关注更多的是社会正义的实现，而较少考虑到罪犯人格和再社会化问题。这在一定程度上不仅制约着刑事判决的科学性，而且制约着罪犯矫正的质量。如果监狱拥挤现象严重，法官则可以通过适当扩大缓刑、假释等非监禁刑的适用比例，来缓解监狱人口压力，避免改造质量恶化。因此，建立刑事审判与刑事执行之间的互动与沟通机制，使法官在适用刑罚时，既要考虑犯罪分子犯罪行为所造成的社会危害性，又要兼顾到罪犯的人格状况和再社会化问题，同时，还要适度考虑监狱的容量和负荷。如监狱向法院定期提供预警制度等，这些制度不仅有利于发挥行刑环节对于刑事审判的调控、反馈机能，也有利于提高刑罚适用的科学性。

第三，要引入科学的改造理念、手段和方法。通过科学改造理念、手段和方法的引入，提高监狱行刑的针对性和科学性，减少随意性和盲目性，提升行刑效率。改造罪犯的目标是通过对罪犯的再社会化，使其顺利回归社会。显然，这一目标在封闭的监狱环境中不可能完成。所以，在罪犯服刑期间，就要适当扩大与社会联系，建立行刑社会化的制度。把医疗的循证理念和原则引入刑事司法项目，通过有效的项目和政策来改善刑事司法制度。在罪犯矫正采用循证研究的方法最大的好处，就是把主要矫正资源集中投入经过循证研究被证明是有效的项目当中去，避免在无效的项目上浪费有效的资源，降低罪犯重新犯罪风险。在目前矫正技术没有大的突破的情况下，总有一些罪犯矫正无效。例如一些"三进宫""四进宫"甚至"六进宫""七进宫"的罪犯，我们可以采取类似美国的"三振法案"的政策。即采取剥夺政策，剥夺其犯罪能力，实现剥夺目的的主要手段就是监禁，通过监禁可以剥夺罪犯再犯罪能力。引入罪犯再犯预测技术，根据罪犯的个体基本情况和犯罪情况以及其他因素对罪犯进行再犯预测，测定罪犯的人身危险性，为其矫正和释放作参考依据。用科学的方法去除某种类型的犯罪，例如，通过对性犯罪者的犯罪原因进行生物学和心理学上的诊断，对于性欲过度亢奋者，在其自愿的基础上，可以通过使用化学阉割等手段降低罪犯性欲到正常水平。对某些精神病罪犯只能通过精神病药物治疗，思想政治教育是起不到作用的；积极采用心理矫治技术，将最新的科研成果尽快应用于罪犯心理矫治实践中。例如，根据罪犯心理测试结果显示的不同个性特点，来安排有利于罪犯改造的改造岗位，为分类关押、分类管理提供科学依据。

最后，促进教育改造制度完善。教育改造与监管改造和劳动改造是中国监狱改造的三大手段。在监狱执行刑罚过程中，罪犯教育主要是转变服刑人员的犯罪思想、行为恶习、教授其文化知识和生活技能的各项活动的集合。导致犯罪者内心转化才是治本，刑罚制裁只是治标。专以刑罚治罪，在现实面前是无能为力的。因此，应依靠教育改造的力量对罪犯进行改造，以降低重新犯罪率。

正确处理好教育改造与劳动改造和监管安全之间的关系。劳动改造可以培养服刑人员的劳动观念，在劳动过程中学习社会化的行为方式，改善并促进服刑人员的身心健康。积极落实国家司法体制改革精神实现"全额保障，监企分开，收自分开、监社分开"的要求。教育不再受劳动制约，解决监狱任务的错位与罪犯劳动的异化问题，不得把监狱劳动当作赚钱工具，不得把劳动作为惩罚罪犯的手段，不能过分夸大劳动改造在罪犯改造中的地位和作用。马卡连柯在《论共产主义教育》一文中指出："在任何情况下，劳动如果没有与其并行的教育——没有与其并行的政治和社会教育，就不会有教育的好处，会成为不起作用的一种过程。"① 即劳动改造是改造罪犯的基本手段之一而不是全部手段，要使罪犯顺利地实现再社会化，除了要运用劳动改造的手段以外，还要运用教育改造、狱政管理、心理矫治等多种改造罪犯的手段和方法。要将罪犯的劳动和教育都纳入"八小时"之内，保持劳动和教育的均衡作用。要根据罪犯的愿望和需求，开展职业技术教育，使罪犯的职业技能学习和监狱的生产紧密结合，做到学而致用。

正确处理安全稳定同教育改造之间的关系，对监狱工作提出安全稳定的要求是无可厚非的，当然，也是监狱教育改造工作得以成功开展的基本条件。然而，仅仅安全稳定就是监狱工作的最终目标？显然不是，现代监狱工作的最终目标是转化罪犯、顺利使罪犯实现再社会化。诚然，安全稳定是监狱工

① 吴永发、董强、汪晶、刘洪军：《试论提高劳动课教学质量的几个问题》，《教育学报》1995年第4期。

作的最基本的要求，试想连监狱的基本安全都无法保障，何以再谈对罪犯的教育改造。所以，无论何时何地，都不应放松对安全工作的要求，但监狱安全稳定也不能脱离现实，过于分一味地强调严防死守，最终从长远看这种做法也是不可取的。科学的态度应当是在提高改造质量的同时，积极争取社会的长远稳定。

其一，要重视传统文化在罪犯教育改造的作用。我国社会目前处于转型期，传统的道德思想、道德观念和现代市场经济体制下的一些思想道德观念发生了剧烈的冲突，加之国外的思想意识形态的渗透，国人的思想道德价值观念变得异常复杂。一些人开始出现思想观念混乱、道德失范和价值观念冲突。假如一个人的人生观变得扭曲，伦理道德渐次沦丧，价值观也逐渐失衡，那么其很容易滑向违法犯罪的深渊。我们在东南地区、中南地区和西南地区的一些监狱调研发现，多数罪犯的犯罪行为与个人主义、无政府主义、拜金主义和享乐主义思想盛行，社会道德水准下滑有密切关联。

人与人心灵之间最好的桥梁就是文化，中国的传统文化博大精深，其精华所蕴含的丰富人文思想和人生哲理，对帮助重塑及提升服刑人员的价值观、人生观、思想道德观都有着重要作用。中国传统文化精髓的核心是道德教化，道德教化最大的特点就是强调"润物细无声"。这使得罪犯教育改造过程中克服了过去教育改造方法简单教条、偏重强制灌输的弊端。在教育内容方面，也避免只重视重政治说教和重法律教育，不注重思想道德培养和重塑的弊端。在教育改造效果来看，中国传统文化的这种教育实现了由干警强制改造向罪犯自觉改造的转变。

在中南地区某监狱问卷调查过程中发现，该监狱有93%的重新犯罪者认为，在监狱服刑中最能触动他们的就是父母亲情，换言之，"仁爱孝悌"伦理思想是最能触动罪犯心灵的最敏感因素。在对罪犯杨某进行访谈时也印证了这一点。杨某，1973年生，河南人，文盲，农村户口，离异，育有1男1女2个孩子，系第二次犯罪。第一次1995年夏天，他和几个年轻人出去玩，临时起意去偷一辆破旧三轮车被当场抓获。因盗窃罪在看守所服刑 1 年 6 个月，此前在北京拾荒，妻子、孩子均在北京，经济一般，交往对象多为老乡，交往人员中均无犯罪前科。在北京看守所，哥哥常去看守所探望，老婆未去看望，出来后未感觉受到什么歧视，继续拾荒。第二次入狱是在 2001 年，因盗窃被判无期，从看守所出来后，同乡中有从事盗窃汽车的人员主动和自己取得联系，自己心存侥幸心理，经不住金钱的诱惑加盟该盗窃团伙。自己纯粹偷车卖钱，从未想过去伤人，自己仅仅分得几万元钱就被处以无期，感到判决有些重。入狱后，家庭发生很大变故，2006 年父亲去世，妻子于 2007 年与自己离婚，孩子随妻子生活，曾一同前来看望过一次。自己在狱中学习织毛衣，最牵挂家中的老母亲，打算出去后不再去城市谋生，回老家种地，一心一意照顾老母亲，不会再次走上犯罪道路。当被问及在监狱教育改造中对他触动最大的是什么？他毫不犹豫地回答监狱孝文化教育对自己触动最大，对自己今后出狱后不再犯罪有很大作用。

中国传统文化之"己所不欲，勿施于人"的为人处世之道，引用之于罪犯教育改造之中，让罪犯反省自己行为的危害与受害者的伤害，使其理解把自己的意志强加于别人是不对的，培养罪犯换位思考的思维能力，对于罪犯认罪伏法，自觉接受改造大有裨益。鉴于罪犯普遍文化水平低的实际情况，在教育改造实践中，可选用一些通俗易懂的经典著作作为教材，例如《弟子规》《三字经》等，这些教材内容所蕴含的思想，正是对中华传统文化的伦理道德概括和提炼，对于伦理道德缺失的罪犯来讲，这些文化思想潜移默化的滋润是相当有益的。另外，中国传统文化的文学、戏剧、琴棋书画以及手工艺术等，既可以陶冶罪犯的情操，让他们明白一些做人的道理，同时还可以让他们掌握一些技能，学会自食其力，为将来谋生打下基础，将中华民族的优秀传统文化引入对服刑人员的教育改造，无疑是一个有益的探索和创新。

其二，创新教育改造，积极探索提高教育改造质量的新途径。我国在监狱改造方法方面存在的问题，使得监狱的改造质量下降，重新犯罪问题突出。

当务之急，应当创新教育改造手段，增强教育改造的实效性和针对性。加大教育改造经费、设施、场所投入，修改完善教材内容，提高教育改造的针对性、有效性。加强心理矫治工作，培训骨干，大力推行"5+1+1教育改造模式"，落实罪犯劳动保护措施，提高罪犯劳动素养和劳动技能。进行分类施教，强调出监前的特别指导。除了集体教育和个别交流以外，分类教育也是品行教育的有效方式。对罪犯科学的分类关押和分类处遇，应该是未来监狱制度和工作实践的发展趋势。随着关押和处遇制度的改善，对罪犯的分类教育趋势是，应逐步有针对性改善并加强对罪犯的分类教育，细化分类方式，充实分类教育内容，使分类教育既有"规模"教育的效果，又有"个别"教育的针对性。个别教育是我国犯罪改造中常用的方法之一，使用个别教育法时一定注意谈话的节奏、谈话时的氛围和条件，选择好问题再进行谈话，针对性强的个别教育比起其他教育方式收效更为显著。此外不要忽视过去在刑罚执行过程中创造的有效方法，如关心疾苦等做法。动员社会力量广泛参与对罪犯的教育改造，社会教学机构进入封闭的监狱开办其分支教学组织，将促进对罪犯的文化和职业技术教育向正规化、科学化和社会化发展，对罪犯出狱以后的升学和就业将有更加实际的帮助。

大力发展监狱心理矫治工作，使罪犯改造工作逐渐步入科学化、正规化、专业化的轨道上来。信息技术的广泛应用，有助于缓解所谓的监狱行刑悖论，使服刑人回归社会之路更为通畅。近年来，我国一些监狱在这方面进行了有益的探索，使用录音、录像等形式传递罪犯及亲人的信息，让罪犯在服刑期间保持与家庭和社会的联系，有助于提升罪犯改造质量。

利用现代化教育手段来完善教育，改革教育改造内容，使教育改造更加贴近罪犯实际教育改造的内容。应根据经济社会发展变化现状，及时修改、完善、充实新的内容。在完善思想教育和文化教育的同时，突出职业技术教育。准确把握思想教育切入点，不要搞形式主义，提倡实事求是地对罪犯进行思想教育，不断提高罪犯思想教育的水平。顺应社会发展，提高文化教育的程度，对罪犯文化教育要力求内容丰富、形式新颖，力争做到使罪犯自觉学习文化知识。应规范罪犯职业技术教育，对罪犯的职业技术教育应着眼于将来刑满就业，以实际内容来吸引人，使其习得一技之长，为将来回归社会谋生奠定一定的基础。总之，在实践中不断完善思想教育、文化教育和职业技术教育，使罪犯在接受教育的同时得到改造和矫治，从而降低重新犯罪率。

将服刑人员职业技术教育并入当地劳动和社会保障部门再就业培训的计划，争取地方政府给予一定的政策支持和资金投入，监狱要与当地劳动和社会保障部门共同拟订对罪犯职业技术培训的项目、方案和计划，并共同组织实施。建议各省市建立罪犯职业技术教育指导中心，统一制定教学大纲、师资培训、业务指导，组织社会上的有关专家和高级技术人员到监狱进行面对面的授课，加强对在押罪犯的职业技术培训。

三、完善社区矫正制度

社区矫正是与监禁矫正相对的行刑方式，是指将符合社区矫正条件的罪犯于社区内，由专门的国家机关在相关社会团体和民间组织以及社会志愿者的协助下，在判决、裁定或决定确定的期限内，矫正其犯罪心理和行为恶习，并促进其顺利回归社会的非监禁刑罚执行活动。① 社区矫正是一种与监禁矫正相对应的非监禁刑罚执行制度，实现社区服刑人员的再社会化是社区矫正基本目标所在。预防和减少重新犯罪，构建和谐社会，是其根本目的。

2003 年，中央相关部门联合下发通知，决定开展社区矫正试点工作，并把北京、山东和上海等 6 省（市）确定为首批试点地区。2005 年中央相关部门又联合发文，将试点范围由原来的 6 个省（市）扩大到全国的 18 个省（区、市）。2006 年，党的十六届六中全会做出的《中共中央关于构建社会主义和谐社会若干重大问题的决定》明确要求，实施宽严相济的刑事司法政策，

---

① 该定义来自最高人民法院、最高人民检察院、公安部、司法部联合下发的《关于开展社区矫正试点工作的通知》。

积极推行社区矫正。从 2009 年 9 月起，经中央批准，全国全面实行社区矫正，并且最高人民法院、最高人民检察院、公安部、司法部联合下发《关于在全国试行社区矫正工作的意见》。2011 年 2 月，十一届全国人大常委会审议通过的《中华人民共和国刑法修正案（八）》规定，对判处管制、缓刑及假释的罪犯依法实行社区矫正。2012 年 3 月，十一届全国人大会议通过的关于修改刑事诉讼法的决定，对社区矫正制度又做出了进一步规定，即依法实行社区矫正的对象包括判处管制的罪犯、宣告缓刑的罪犯、假释的罪犯或者暂予监外执行的罪犯，并由社区矫正机构负责执行。刑法和刑事诉讼法关于社区矫正的有关规定，是我国社区矫正法律制度确立的重要标志。2012 年 1 月，"两院两部"联合制定了《社区矫正实施办法》，为社区矫正工作在全国依法顺利开展提供了制度保证。党的十八届三中全会《中共中央关于全面深化改革若干重大问题的决定》中明确提出要"健全社区矫正制度"。到 2013 年 10 月底，我国现有社区服刑人员共有 65.8 万人，各地累计接收社区服刑人员达到 166.5 万人，累计解除矫正也有 100.7 万人，社区服刑人员在矫正期间的重新犯罪率一直保持在 0.2%的较低水平。今后一段时间内，我们要进一步完善社区矫正制度，加强社区矫正工作的创新，切实采取有效措施和方法，减少和预防社区服刑人员的重新犯罪。

加强和完善社区矫正制度建设，推进社区矫正立法工作。对于那些犯罪情节轻微、主观恶性不大的罪犯，应该在社会上依法实行社区矫正，而不应简单地将其收监关押。只有将宽严相济刑事政策真正落实到刑罚执行工作中去，才能从源头上遏制、减少违法犯罪。要想真正破解在社区矫正工作中所面临的法律依据不足的问题，就必须制定配套规章制度，积极推动执法规范化建设，规范社区服刑人员收监执行程序，制定适用社区矫正调查评估办法，继续研究建立完善与社区矫正发展相适应的法律制度。为了进一步贯彻教育、感化、挽救方针和坚持教育为主、惩罚为辅原则的要求，建议完善和出台未成年人社区矫正相关立法，以有利于未成年人顺利回归社会。

　　要提高管制、缓刑、假释等非监禁措施的适用水平，就一定要提高对罪犯再犯罪情况预测的水平。当然也需要由专门机构承担此项工作。笔者认为，这项工作由社区矫正机构来完成比较合适，因社区矫正机构在调查的开展上有着较多的便利，更容易了解罪犯的情况，对罪犯是否在社区会再犯罪会有一个相对准确的判断。还可以在社区矫正裁决过程中提前介入，介绍社区矫正机构对罪犯的调查情况，和法院与监狱做好沟通工作，有利于社区矫正工作任务更好的落实。

　　要切实做好帮扶工作，积极完善和落实帮扶政策，为社区服刑人员融入社会创造条件。社区是社区服刑人员帮扶和矫正的阵地，社区矫正工作全面开展需要社区大力支持，认真建立健全监督、管理、教育矫正机制，使社区服刑人员接受教育、矫正恶习，增强群众的安全感。让罪犯保持正常的家庭和社会生活，增强其家庭责任感和社会责任感，促进家庭和睦，最大限度增加家庭的帮扶力度，为维护社会稳定做出积极贡献，要不断探索建立新型非监禁刑罚执行制度，力争把社会适应性帮扶教育与矫正、监督管理融为一体。

　　为不断提高社区矫正工作的信息化应用水平，加强社区矫正信息化和网络化建设是必由之路，也只有这样，才能推进社区矫正工作与公、检、法以及监狱等有关部门相关网络平台之间的连接和资源共享。各地高度重视社区矫正信息化建设工作，探索运用通信等技术手段，创新对社区服刑人员的监督管理。例如一些地方探索运用 GPS、手机定位等电子化监控手段对社区服刑点及社区服刑人员进行监督管理。有的地方针对手机定位监管中出现的"人机分离"现象引入了"声纹比对"技术，对社区服刑人员的监管起到了很好效果。要建立起全国联网的社区矫正信息交换平台，实现全国公、检、法、司以及社保、工商、税务等各相关部门共享社区矫正信息，覆盖全国、布点到街道乡镇司法所、公安派出所等基层单位，及时、准确传递跨省判决和执行情况，提高对社区服刑人员的管控能力。

　　我国监狱的高负荷运作，使监狱的承载能力、运转效果不佳，监狱普遍的超押状态也直接影响着罪犯改造质量的提高。开展社区矫正，将一些不需要监禁或不再需要继续监禁的罪犯置于社区中进行改造转化，使被矫正人员处于不断发展变化的社区当中，既避免了服刑人员的监狱化，又提高了其适应社会的能力，还有利于监狱集中力量，有针对性对那些只有在监禁条件下才能改造的危险而顽固的犯罪分子进行重点改造，切实提高监狱的改造质量。社区矫正机关可以通过多种途径，置社区矫正对象于熟悉的社区生活环境中，充分利用社区资源，有效地对其实施社会化改造，从而提高罪犯的改造质量，降低重新犯罪，维护社会稳定，进而实现刑罚的终极目的。

第四节　安置帮教机制

减少刑释人员重新违法犯罪是安置帮教工作的目的。刑释解矫人员安置帮教工作，简称安置帮教工作，是指在各级政府的领导下，依靠相关部门密切配合，调动社会力量，对刑满释放人员及解除社区矫正人员进行的一种非强制性的引导、扶助、教育和管理活动。这里所讲的安置帮教工作主要是指针对刑满释放人员，即被判处拘役、有期徒刑、无期徒刑、死刑缓期两年执行，刑期届满依法予以释放的服刑人员。安置帮教工作的效果如何直接关系刑释人员个人的社会适应和发展，关系社会的和谐稳定。加强对刑释人员的安置帮教工作，做好对重新违法犯罪有效的防控工作，既有利于维护社会稳定，同时又是创新社会管理工作的一项重要而紧迫的任务。罪犯被判的刑期是一定的，而罪犯的矫正和改造措施是根据未然再犯罪的可能性和罪犯的刑期来确定的，这样就有可能造成"刑罚过剩"和"刑罚不足"现象。开展刑释人员的安置帮教工作不仅可以巩固监狱的矫正和改造效果，更重要的是可以弥补刑罚不足可能造成的恶果。从这方面来讲，安置帮教工作是解决罪犯刑期与改造好罪犯所需要的期限之间矛盾的一种理想方法。同时，也是对解决监狱改造过程中社会化不足问题的重要补充。在社会管理创新的语境下探索刑释人员的安置帮教工作，对促进刑释人员顺利回归社会具有重要的理论意义和现实意义。我国刑释解教人员安置帮教工作在预防和减少重新犯罪，维护社会稳定，实现国家长治久安，构建社会主义和谐社会中具有重要作用。司法行政机关能否有效降低重新犯罪率，达到首要标准的要求，很大程度上取决于安置帮教工作的成效。对于刑释人员的重新社会化而言，安置帮教工作正处于承上启下的关键环节，上承狱内所内教育改造之功，下接社会安全稳定之效，对于降低刑释解教人员重新违法犯罪率具有极其重要的作用。

一、健全信息化互动机制

充分利用信息化手段改进和加强信息交流，对促进安置帮教衔接工作，推进监所教育改造与社会帮教安置工作一体化进程大有裨益。市场经济条件下，改进和加强社会管理的基础在于实现信息化。2011 年，中央安置帮教办设计并启用全国刑释解教人员信息管理系统（网络版），进一步规范服刑和刑释人员基础信息，加强全国刑释人员信息库建设，完善监所与服刑人员户籍地或居住地的帮教组织信息沟通机制，实现监所与基层帮教组织、服刑人员与刑释人员的信息对接。基本实现刑释解教人员的信息核查、衔接、安帮教各项工作的动态管理，为进一步加强和改进特殊人群的社会管理打下重要基础。全面建立刑释人员信息库，依据实时性、准确性、安全性和保密性原则，实现安置帮教工作网络化管理，及时了解和掌握刑释解教人员情况，全天候在线管理等功能。还应根据形势发展的需要，逐步做到刑释人员衔接工作微机化、网络化，使脱管人员始终纳入跟踪帮教视线。进一步强化刑释人员安置帮教工作管理网络信息平台建设，依托改造质量评估信息系统，落实刑释人员衔接管理工作、帮扶措施，可以更好地掌握刑释人员基本情况、接受教育改造情况、回归社会危险性评估和安置帮教工作情况等。加强监所与安置帮教机构信息沟通，实行信息化管理、查清核实刑释人员的情况，切实有效解决刑释解教人员脱管、漏管问题。只有实现对刑释人员基本情况的动态管理，才能提高对刑释人员的衔接安置帮教水平。

二、拓展就业安置渠道

目前，主要由司法行政、人力资源和社会保障部门对服刑人员进行职业技能培训。今后，可以将服刑人员的职业技能培训也纳入下岗再就业职工劳动职业技能培训总体规划中，并按照国家职业技能标准和教学大纲，实行免费培训。对于那些经技能鉴定合格的服刑人员，应颁发相应职业资格证书。做好罪犯职业技能培训的两个结合工作，即服刑人员的职业技能培训要与监狱的日常教育培训相结合，服刑人员的职业技能培训与刑释回归社会后的技能培训、就业指导服务相结合。

安置帮教组织应鼓励企业借鉴高校招聘模式，走进监狱高墙内，通过企业和即将回归社会的服刑人员双向互动，实现就业市场化。让企业更多了解到即将回归社会的服刑人员的真实表现，为他们提供更适合的工作岗位，消除对他们的歧视，同时也使服刑人员增强信心，消除其回归社会的恐惧心理和不安。

鼓励建立过渡性安置基地，解决困难群体就业。各地因地制宜狠抓落实，探索建成了一批符合实际、形式多样的过渡性安置基地。为了能解决有效"三无"人员等重点帮教对象的生活就业困难，有条件的地方，可以建立起集住宿、救助、培训及教育"四位一体"式的过渡性安置基地。鼓励和动员企业吸纳刑释解教人员就业，并对企业在税收等方面给予优惠。各级安置帮教组织还要积极落实刑释人员社会保险政策。

三、丰富创新一体化建设

社会帮教是在党委和政府的统一领导下，由社会治安综合治理部门统一协调，依靠各种力量对回归社会的刑满释放人员和解除社区矫正人员进行非强制性教育与管理活动，是回归社会人员社会处遇的重要组成部分。从内涵上讲，社会帮教应包括教育、管理和日常生活帮助三个环节。安置帮教社会成员单位密切配合是一体化的基础。各地安置帮教组织和司法行政部门要加强与劳动和社会保障部门、工商部门、民政部门、税务部门、财政部门等有关单位的协调配合，共同形成合力，采取多种形式，积极开展对服刑人员的职业技能培训，对刑释人员进行失业登记和就业服务，大力推动刑释人员就业、税收工作的落实。对于生活困难的刑释解教人员，给予救助。通过落实减免税和信贷政策，鼓励和动员刑释解教人员自主创业、自谋职业，而对于安置刑释解教人员的企业，要落实国家促进就业税费减免等政策。

社会力量参与是对安置帮教一体化工作的有力支持。对各种社会资源进行整合，共同服务帮教工作。在工会、团委、妇联等群众组织和社会团体帮教的基础上，积极争取民间组织等社会力量参与帮教工作。要充分发挥基层党员、离退休干部、教师以及热心公益事业的各界人士的力量，参与对刑释人员的帮教活动。将安置帮教工作与青少年保护、创建文明家庭、"法律进社区"、创建民主法治模范村等工作有机结合起来，以灵活多样的形式提高帮教效果。建立健全帮教志愿者队伍建设机制，形成社会化网络管理体系，营造良好的社会帮教氛围。

各级安置帮教组织应主动帮教，将安置帮教工作关口前移，主动将安置帮教的触角向监、所内延伸。利用重大节日组织探监、探所的机会，一方面鼓励服刑人员好好改造，迷途知返，争取早日回归社会；另一方面掌握了解本辖区将要刑释人员的基本情况，为将来他们回归社会后安置帮教工作提前做好准备，及时衔接。

关爱家庭困难服刑人员子女。对于那些有未成年子女失学、家庭婚姻关系紧张、长期无人探视等情况的服刑人员，监狱和看守所要定期进行排查，并通知服刑人员户籍所在地或居住地的县级安帮办，各地民政、教育等部门及乡镇（街道）人民政府（办事处）应积极配合当地安帮办，设法解决这些人的未成年子女入学就学问题，帮助协调和稳定家庭婚姻关系，并动员家属或亲属到监所进行探视，用真情和温情感化服刑人员。同时，还可以动员各种社会力量，对服刑在教人员的家庭进行结对帮扶，把党和政府的温暖送到他们身边，使他们能够体会到社会给予的关爱。

把对刑释人员的帮扶教育与为其排忧解难，依法维权相结合。做到真心帮扶，实意服务。通过对辖区内刑释解教人员进行正面教育，以增强其社会责任感。同时，积极开展多种形式的思想政治、法制、道德和文化教育，努力减少和消除其消极对抗情绪，激励引导其遵纪守法、自食其力，力争使其顺利融入社会。

四、构建科学化分类系统

创新安置帮教工作，科学分类，突出重点管理，破解刑释人员管理难题。对刑释人员进行科学分类，是对他们进行有效管控的第一步。按照刑释人员犯罪类型、监狱改造表现并结合其刑释后经济、家庭和就业状况等多种因素，采用科学的方法，对刑释人员进行风险性评估，逐个确定风险等级，实行分类管理。对重新违法犯罪可能性小的人员，根据以往经验，这部分人员占刑释人员的大多数，往往对其采用常规安置帮教方式即可。

对于无家可归、无业可就、无亲可投的"三无人员"，监狱和看守所应在刑释前一个月，及时与其户籍所在地县级安帮办进行沟通，同时将其综合评估意见、回执单等相关材料送达。在一个月内，县级安帮办要将这些人员有关情况反馈给监狱、看守所。户籍所在地乡镇基层政府部门派专人将其接回，帮助对其安置和实现就业。当地司法所应以负责任的态度，落实后续帮教措施。例如，对具有城镇户口而又丧失劳动能力的"三无人员"，经当地民政部门审核后，可将符合条件的人员安排在城市社会福利机构；而对那些符合"五保"条件的农村户口人员，则可纳入"五保"范围。对于人户分离的"三假人员"（假姓名、假身份、假住址），一定要合理有效利用信息核查机制，和监狱、看守所多沟通，深入查找出现这种问题的原因，将工作做细、做实，提高这类服刑人员信息的核查率和核实率。确实无法核实身份的，刑释后，应将其临时安置在案发地过渡性安置基地，确保对"三假人员"能够安全管控。

基层司法所、公安派出所、街道办及社区等部门，对有重新违法犯罪倾向的刑释人员，要成立联合帮教小组，针对这部分人员建立专门档案，实行专人负责，重点帮教，彻底摸清这些人员底数，熟悉其情况、掌握其动向和去向，并且公安机关要将这类人列入重点管控对象，预防和减少其重新犯罪。

外出务工流动和人户分离的刑释人员一直是安置帮教管控的难点。安置帮教各地要加大对流进、流出的刑释人员的管控，摸清去向，掌握动态。协调法院、公安、监所和司法行政机关建立互动网络应用系统，特别是与公安机关密切配合，实现资源共享，为安置帮教核查、衔接打下坚实的基础。对流动刑释人员的管理，可以通过建立健全委托管理机制，使户籍地司法所与居住地司法所通过定期互通情况，既可以改变两边都不管的情况，又避免了脱管、漏管现象。既落实好了跟踪帮教措施，又确保了对外出刑释人员的情况掌握和管控。

各级党委和政府要加强对刑释解教人员安置帮教工作的领导，充分发挥社会治安综合治理的体制机制优势，加大对各区各部门刑释人员安置帮教工作的考核奖惩力度。各监所要主动同地方安置帮办部门以及司法所的沟通联系，应在服刑人员在监狱和看守所服刑一个月内，将《基本情况登记表》送达到服刑人员户籍所在地或居住地县一级安置帮教工作领导小组办公室；同时，安帮办也要提前主动到监狱了解情况，进行出狱前衔接。乡镇（街道）司法所接到通知后，要提前组织帮教小组为帮教做好准备。司法所对刑释人员要落实"必接必送"制度。对"危安犯"、未改造好的"危顽犯"等本省籍重点刑释人员，也可以由监狱单位送回其原籍。及时通知公安机关和当地派出所，以做到对重点管控对象的及时安置帮教。

五、推进安置帮教法制化建设

安置帮教工作执行上存在着约束力不够、随意性较大问题。究其原因，我国对刑满释放人员的管理所依据的仅仅是《中华人民共和国监狱法》的个别条款和相关的刑事司法政策等，但是主要以政策为主。至今，我国还没有一部统一的、专门的、系统的，关于刑释人员保护方面的法律法规。纵观中央及各部委就安置和帮教工作发布的通知、意见、指示等，多数属于政策范畴，同国家的立法相比，其显著特点就是政策性强，法律保障较弱。这显然不利于对逐渐增加的刑释人员的管理和控制。

对出狱人的社会保护，是国家为了帮助刑释人员回归社会后能顺利融入社会、适应社会生活，避免其重蹈犯罪覆辙而对出狱人所采取的各种保护性措施。故此，建议有关部门制定一部专门的刑满释放人员保护法，以法律的形式进一步明确负有监管、保护责任的国家机构主体。从现有体制框架范围内来看，授权司法行政机关行使该职权，建立专门的刑释人员管理保护机构相比较更具有可行性；对管理和保护刑释人员所需的基础设施、内容、措施和经费来源等要进行详细规定，确保管理保护体系的可操作性；将企业和社会组织等社会主体纳入管理保护体系内，将刑满释放人员的安置工作作为企业和社会组织履行社会责任的法定方式来加以落实，即加大刑释人员就业的保护性政策性规定，用人单位招用人员时，同等条件下，不得因刑释人员为由拒绝录用；探索建立刑释人员社会保障制度，特别是对老弱病残刑释人员的医疗保险、失业保险、最低生活补偿等制度；社区将成为后期社会的主要构成单位，要建立刑释人员社区管护制度，由司法行政部门依据刑满释放人员的具体情况进行划分相应的管护等级，依据管护等级进标相应的观察和教育，移交给社区民警，要建立社区警民合作型刑释人员管理保护制度。总之，通过国家立法，加大对刑释人员的支持性规定，促进该群体改过自新，帮助其重新融入社会，有利于减少重新违法犯罪。

第八章　总结与讨论

第一节　总结

任何一种社会现象的发生都是在一定的社会背景之下发生的。我国重新犯罪的发生也离不开中国社会转型的大背景。自改革开放以来，中国急剧的社会变迁，导致社会的分化和社会结构的变迁。社会结构的本质是社会利益分配格局与社会系统复杂性密切关联的社会利益的分化，引起了社会结构性系列矛盾，加剧了社会系统内部的资源竞争，促使社会冲突的频度与程度不断升级，这构成了当代我国犯罪的社会基础。

预防与减少刑满释放人员重新犯罪是一个世界性的社会难题，也一直是我国社会治安综合治理的重点之一。重新犯罪作为社会犯罪的一个重要组成部分，不仅影响社会治安，而且对社会和谐稳定和健康发展也构成潜在威胁。特别是个别重新犯罪人的犯罪意识浓厚，悔罪心理淡薄，对社会充满报复心理和敌视情绪，因而科学地揭示重新犯罪人群犯罪的原因和犯罪特点，对于预防重新犯罪具有重要价值。在社会转型时期，重新犯罪特点发生了新的变化，适时全面掌握新时期重新犯罪的规律特点，可以帮助我们有针对性地预防和控制犯罪，从而有利于维护社会的和谐稳定。

早在 19 世纪，法国著名社会学家迪尔凯姆就提出犯罪是任何社会都不可避免的常态现象的观点。学界已渐渐接受研究犯罪是以承认犯罪不可避免为展开研究的逻辑起点。同理，重新犯罪是犯罪的一种特殊形式，其发生也是不可避免的。从初次犯罪和重新犯罪二者的关系来看，如果在短时间内，监狱改造质量和罪犯矫正技术没有大的突飞猛进式的提高，社会结构得不到合理优化以及社会环境得不到充分改善的情况下，重新犯罪和初次犯罪应该是成正比关系。换言之，重新犯罪会随着初次犯罪量的增加而增加。

　　根据我国各地区监狱的文献资料及结合笔者自己调研情况来推测，目前我国服刑人员重新犯罪的比重为 20% 左右，在押女犯的重新犯罪比重在 4.5% 左右。在未来一段时间内，20% 左右的重新犯罪比重还会持续保持甚至有所升高。考察重新犯罪不仅要树立"数量"概念，还应强化"质量"的概念。因为许多重新犯罪不仅在直接危害后果重于初次犯罪，而且犯罪方式和犯罪手段也为潜在犯罪人提供犯罪行为示范，其对社会公共安全心理造成很大冲击，容易引起社会恐慌，就像原子一样的"聚核裂变"效应，形成犯罪的辐射能量。所以，重新犯罪的防控应从量和质两个方面着手，根据社会的发展和重新犯罪的发展变化情况，及时有效地配置和调整各种社会资源和战略。

　　重新犯罪具有规律性，防控具有可行性。犯罪发生的机理是社会基本矛盾的运动反映在个人和社会的对立与统一关系之中，并由此衍生出各种致罪因素。各种致罪因素通过一定的形式和渠道再次作用于社会成员个体，并在个人观念中逐步积累，而形成犯罪意识、犯罪决意和犯罪行为。鉴于犯罪形成的复杂性，预防和控制犯罪的发生，就要控制"关节点"，从社会的角度阻断致罪因素的传播、聚集和作用。在对重新犯罪原因或重新犯罪致罪因素分析过程中，个体因素和社会因素之间互构、相互作用导致重新犯罪的发生。其中个体因素主要包括罪犯的年龄因素、个人社会状况因素和心理与人格因素；社会因素主要包括文化因素、司法因素、社会控制弱化因素和社会帮教因素。当前重新犯罪防控机制存在社会防控、法律防控、条件防控及安置帮教防控之间发展不平衡、不协调问题，突出表现为对重新犯罪的法律防控和条件防控较为重视，而对社会防控和安置帮教防控重视不足。

针对以上致罪因素，积极构建以社会防控为基础、条件因素的防控为重点、法律的防控是关键、安置帮教的防控是补充的重新犯罪防控机制。从社会学角度来看，犯罪问题既是社会矛盾的综合反映，也是建设和谐社会的主要障碍。目前，犯罪防控的基本动力源于国家，犯罪防控是对犯罪的一种反应。最大限度地调动社会各方力量，更加有效地防控犯罪，社会宽容度增大，有利于减少重新犯罪。

重新犯罪是一种社会现象，根植于社会之中。从长远来看，要使重新犯罪降低并保持到一个合理的程度，社会因素对犯罪和重新犯罪有重大影响。从宏观角度来讲，国家必须优化社会结构，改善社会环境；从微观来讲，要重视家庭、学校和社区建设，充分发挥其应有的社会作用，使每个人都能在其中很好完成社会化，减少初次犯罪数量。从法律的角度来看，提高罪犯改造质量和矫正技术，对重新犯罪的防控有一定的直接效果。在监所完成再社会化后，对罪犯再次犯罪有一定的抑制作用，可是出狱后，罪犯终究要回归社会。如果社会结构和社会环境出现问题，还是有可能导致罪犯重新犯罪。故社会因素的治理与罪犯改造和矫正质量属于治本与治标的关系。另外，在重新犯罪的防控机制构建中，条件因素对重新犯罪的防控也有着重要作用。因此，要加强被害人防控意识和犯罪情境的预防工作。

第二节　讨论

重新犯罪大数据监测分析平台（一期）已经实现了法院、检察、公安、司法行政重新犯罪相关数据的汇集，组织开展了重新犯罪实证调查，获得了现阶段重新犯罪率数据结果。目前，重新犯罪大数据监测分析平台（二期）建设已基本完成。

中国目前还没有建立重新犯罪的信息服务平台，重新犯罪的统计内容、重新犯罪相关的统计标准尚未统一。为此，建议建立全国统一的重新犯罪信息发布平台，完整准确的重新犯罪信息不仅为重新犯罪防控政策的制定提供了科学的依据，而且为重新犯罪防控效果的检验提供了参考标准，同时也为同国际重新犯罪进行比较研究和学术交流打下良好的基础。要健全完善中国特色重新犯罪问题调查监测长效机制，深化开展重新犯罪问题调查，为制定更加科学完善的犯罪治理刑事政策和社会政策、提高社会治理现代化水平提供理论支撑。

《中华人民共和国刑法修正案（八）》增加了限制减刑的内容。对于累犯、暴力型的死缓犯，人民法院可以对其限制减刑，也就是延长这一部分人的服刑时间。对于限制减刑的罪犯来讲，在缓期执行期满后，依法可以减为无期徒刑的，服刑期也不能低于 25 年，如果再加上 2 年死缓考验期，那么共要服刑 27 年；缓期执行期满后依法减为 25 年有期徒刑的，不能少于 20 年，加上 2 年的死缓考验期，共要服刑 22 年。还进一步明确规定了不能假释、缓刑的范围和条件："对累犯以及因故意杀人、强奸、抢劫、绑架、放火、爆炸、投放危险物质或者有组织的暴力性犯罪被判处十年以上有期徒刑、无期徒刑的犯罪分子，不得假释。"又进一步明确规定：累犯和犯罪集团的首要分子，将不再适用缓刑。《中华人民共和国刑法修正案（八）》的相关修正明显将会延长这类罪犯的服刑时间，也在某种程度上意味着重刑犯监狱的服刑人数会进一步增长。这样，由于限制减刑和限制假释的一些规定，在今后一方面这部分罪犯的监狱外重新犯罪机会有所减少，另一方面也增加了监狱改造工作的难度。

在今后的重新犯罪的防控过程中，还应当从加强刑事和解制度建设、完善社会调查制度和构建监禁刑与非监禁刑协调统一刑罚执行体系等方面下功夫，对重新犯罪的防控将会有所裨益。

一、加强和完善刑事和解制度建设

刑事和解，又称加害人与被害者的和解，是指在犯罪后，经由调停人，使加害者和被害者直接相谈、协商，解决纠纷冲突。其目的是恢复加害者和被害者的和睦关系，并使罪犯改过自新，复归社会。① 在刑事和解中，人们不是将犯罪人与社会环境隔离开来，而是通过将犯罪人重新整合进社区生活中，通过建立有效社区，预防他们重新犯罪。

刑事和解理论，产生于20世纪中叶，是西方国家新的刑事思潮和法律价值观变化的产物，主要背景是被害人犯罪学的产生以及矫正手段在遏制犯罪方面的失败。刑事和解具有促进公正与效率两方面的价值。在公正方面，刑事和解在保护被害人利益的同时，也兼顾了对犯罪嫌疑人利益的保护，有助于促进刑事司法的整体公正性。在效率方面，对轻微的刑事案件进行刑事和解，司法机关只需对和解协议进行审查和确认，并根据和解协议做出处理，节省了获取、审查证据的精力，从而提高了对个案处分的效率。同时，由于实践中轻微刑事案件大量存在，所以通过刑事和解也会提高刑事司法的整体效率，使司法机关可以集中精力打击严重暴力犯罪、黑社会性质组织犯罪等恶性犯罪。此外，刑事和解还能够克服监禁、改造的缺陷，通过有效发挥个别预防的作用，减少公共利益被再次侵犯的可能，较好地缓和社会冲突和矛盾，增进社会和谐关系。总的来说，在构建社会主义和谐社会的背景下，刑事和解作为一项新型的刑事案件处理机制，对于妥善化解社会矛盾，解决社会纠纷，保持社会稳定具有十分重要的意义。

西方法治发达国家，在严格的刑事法律制度运行数百年之后，于20世纪末在国家刑事追诉职权的体制中为刑事和解开启了刑事司法或刑事立法的闸门，从而步入践行恢复性司法理念的阶段。目前，刑事和解的观念已成为国际思潮，被许多国家和地区所接受。1999年7月28日，联合国就做出了《制定和实施恢复性司法措施》的26号决议。2002年4月，在维也纳联合国预防犯罪和刑事司法委员会第11届会议中通过《关于在刑事事项中采用恢复性司

---

① 刘凌梅:《西方国家刑事和解理论与实践介评》,《现代法学》2001年第1期。

法方案的基本原则》。因此，建立刑事和解制度是与国际接轨的需要。① 毫无疑问的是，相对于具有漫长历史渊源和深厚尺文基础的刑事法律制度而言，刑事和解制度的出现给人们的感觉是一种渐变之程、微调之举。

从社会分析视角看，强调刑事和解具有个别预防作用，减少了公共利益被再度侵犯的可能，从而间接地实现了社会防卫，且有利于当事人和解及怨恨的泯灭，达到矛盾的彻底解决，这是构建和谐社会的现实需要；从公正与效率的视角看，刑事和解的公正价值体现的是社会的现实需要；从公正与效率的视角看，刑事和解的公正价值体现在对被害人、加害人及公共利益的全面保护，促进了刑事司法的整体公正性，其效率价值体现在以较小的司法资源耗费，获得较理想的实体性目标的实现；从文化视角看，刑事和解有着深厚的传统文化土壤，是综合吸纳中西文化的一种体现；从政治学视角看，刑事和解体现了新型的国家与社会关系形态，为了实现国家与社会的良性互动，社会团体及各种利益组织必须发挥重要作用。

刑事和解价值，建立在对其基本精神和基本内涵的认识基础之上，而基本精神和基本内涵又集中在"刑罚"与"赔偿"关系的认识之上。我们所主张的是刑事和解的修复观，认为刑事和解的基本精神是被害人、犯罪人和社会关系的全面修复，基本内涵在于对话交流所成就的教育感化和被害恢复，刑罚的作用在于保证和解的对话交流，赔偿是犯罪人人身危险性减弱的表征以及对被害损害的恢复。

刑事和解作为贯彻宽严相济刑事政策的一项重要措施，体现着社会治理的价值。刑事和解又是国家主导的犯罪处置形式，犯罪处置的直接目的是报应与预防的统一，报应与预防的直接目的又统一于最终目的，即维护社会秩序，实现社会治理。刑事和解作为一种犯罪处置方式，其追求的最终价值目标是通过促进社会治理而实现社会和谐。我国建立刑事和解制度顺应了世界

① 李茂春：《构建我国刑事和解制度之探讨》，《学习论坛》2005 年第 12 期。

刑事司法改革的潮流。

刑事和解是恢复性司法的一种具体模式。刑事和解体现了恢复性司法的核心理念。按照主持者的不同，可分为社会型和解与司法型和解，在我国社会型刑事和解比较有代表性的是上海的"人民调解委员会调解模式"。自2002年以来，上海市杨浦区司法局先后与区公安分局、区检察院共同实行委托人民调解委员会调解轻伤害案件的做法，对于那些因民间纠纷而引发的轻伤害案件，在嫌疑人、被害人自愿接受的前提下，公安机关、检察机关可以委托街道（镇）的人民调解委员会进行调解。这是指司法人员通过与加害方、被害方的沟通、交流、教育、劝解工作，说服双方就经济赔偿标准、赔礼道歉等事项达成协议，从而促使被害方放弃追究刑事责任的纠纷解决方式。为保证人民调解工作的质量，人民调解委员会委派那些专职调解员负责轻伤害案件的调解工作。这种专职调解员将由那些受过法律专业教育、具有法律工作经历或者长期从事人民调解工作的退休法官、基层法律工作者来担任。3名专职调解员可组成一个调解工作室。[①] 可以说，这种组织保障为刑事和解打下了基础。在我国，司法型和解较有代表性的是山东烟台市检察机关的"平和司法程序"中的"和解会议"的司法调解方式。在这种会议上，主持会议的检察官促使加害方及其近亲属就有关犯罪行为给被害人造成的伤害进行赔礼道歉，请求被害方的谅解和宽容，并表达提供经济赔偿的愿望；检察官同时要给被害人及其近亲属提供发表意见的机会，使其倾诉自己因犯罪行为所受到的伤害后果和心理创伤，对加害人的犯罪行为进行谴责，并提出本方的经济赔偿及其他方面的要求。通常情况下，检察官会要求加害方当场赔礼道歉，双方当场签订和解协议，并就案件的善后事宜做出决定。[②]

实践中一些轻伤害案件的双方当事人有着自行达成和解的强烈愿望，加

---

① 贺同：《上海轻伤害案件将允许诉前调解》，《东方早报》2006年5月25日。

② 烟台：《走在"平和司法"的大道上》，《检察日报》2006年4月12日。

害方往往在案发后主动向被害方赔礼道歉，并愿意提供经济赔偿，检察机关通常是不参与的，只是对双方达成的和解协议予以接受而已。

刑事和解主要具有刑事性、参与性、对话性、补偿性、宽缓性、修复性等特征。刑事和解所针对的是犯罪问题，刑事性是刑事和解的一个基本性质。参与性，表现为个人参与和社会参与。刑事和解中，除了被害人、犯罪人有更多的参与活动外，还吸收其他人员参与到和解活动中来。在刑事和解中，通过充分的对话交流，有助于实现被害人精神慰藉、修复被害人心理创伤，增加其安全感。补偿性主要是指被害人得到补偿，包括精神补偿和物质补偿两方面。刑事和解强调犯罪人对被害人的补偿。精神补偿主要是通过对话交流活动实现的，但以犯罪人向被害人赔礼道歉表现出来。物质补偿是通过赔偿实现的，即犯罪人和被害人通过协商，就赔偿问题达成协议，加害人积极履行，使得被害人及时得到相对满意的经济补偿，解决生活、医疗等问题。刑事和解的宽缓性集中表现为刑事司法中的非刑罚化、刑罚轻缓化。修复性是在刑事和解目标方面体现出的重要特征，也是刑事和解的基本精神所在。任何犯罪的发生，必然对被害人、社会、国家以及犯罪人自身造成一定的损害，刑事和解的修复性特征是恢复性司法理念的充分体现。

刑事和解是宽严相济的实现方式。从国家角度看，刑事和解可以提高具体案件的办理效率，集中力量打击严重犯罪，间接提高刑事司法整体效率，符合诉讼经济原则的要求。从被害人角度看，通过刑事和解不但可以保障受害人的实质权益，而且还能弥补精神上的损害，有助于被害人之再社会化。从犯罪人的角度看，犯罪人因其实施犯罪行为，必然承担一定的责任。刑事和解在对犯罪人的教育感化方面完全不同于传统刑事司法方式，促进回归功能使犯罪人回归社会或者再社会化，是传统刑罚制度的重要目标。经过刑事和解，停止刑事追诉，犯罪人不被起诉或者起诉后被免予刑罚处罚，这就避免了进一步的侦查、起诉、审判及刑罚执行对其造成的"标签"式影响，加害人可以更加自然地实现再社会化。即使在对罪行较重的犯罪人判处刑罚的情况下，也充分考虑其因刑事和解的努力和结果，侧重于从人身危险性角度对其施以较轻的刑罚，特别是积极运用缓刑等措施，实现行刑社会化，从而有利于罪犯重返社会的目的。

然而，对于刑事和解在实践过程中，我们必须深思以下几个问题：一是刑事和解可能对刑法面前人人平等原则造成冲击。例如，当事人经济能力存在差异，影响和解协议的达成，进而又影响着案件的处理结果。即经济条件好，则易于达成和解协议，从而获得轻缓处理；而经济条件不好，则会严重妨碍协议的达成，处理结果可能是不打折扣的刑罚处罚。所以，刑事和解可能成为富人逃避法律追究的避风港。二是在刑事和解中，由于被害人拥有了决定加害人命运的权力，加害人及其社会关系网络对被害人的潜在危险也会随之增大。犯罪人一方可能会通过威胁、引诱、说情、用金钱买通等方式影响被害人以达到撤回控诉的目的。三是由于刑事和解缺乏对正当程序原则的关注，因而会不可避免地对犯罪人以及被害人的程序性权利和实体权益造成损害，比如在被告人缺乏经验而社区力量又相当强大时，极有可能导致被告人因恐惧而被迫承认自己是犯罪人。

另外，也会有被告人因为担心在正式刑事审判中被误判而违心地认罪。刑事和解免除或者减轻加害人的惩罚，降低了能够适用刑事和解的加害人的犯罪成本，因此可能诱导那些没有改过自新的犯罪者和其他潜在犯罪者在有足够的罪犯预期收益时实施更严重的犯罪并造成更大的社会损失。

二、进一步完善社会调查制度

社会调查制度，又称"全面审查制度""人格审查制度""品行调查制度"或者"判决前的调查制度"，设立社会调查制度的目的在于，司法机关通过对涉案未成年人开展全面的调查工作，综合评估其人身危险性、社会危害性、犯罪原因、重新犯罪的可能性及矫治后的社会融入性。这种社会调查主要是针对未成年的社会调查。另一种是指社区矫正中的裁决前社会调查，它由专门机构对拟适用社区矫正的人员的相关情况作专门调查与评估，以供裁决时参考的制度与活动。即对犯罪人的性格、特点、家庭环境、社会交往、成长经历、犯罪行为特征、事后表现等进行全方位的社会调查，最终对其人身危险性和责任程度进行评估，以此作为法院实施个别化处遇的参考。[①]

　　未成年人社会调查已经成为未成年人司法制度的重要组成部分，贯穿于未成年人司法过程，最大限度地保护涉案未成年人的合法权益，不仅是刑事诉讼活动和教育矫正工作的重要参考依据，也是教育、感化、挽救和预防未成年人违法犯罪工作的基础和重点。社会调查制度主要适用于未成年人刑事案件。2012 年 3 月，第十一届全国人大第五次会议通过关于修改《刑事诉讼法》的决定，在刑事诉讼法中增设了"未成年人刑事案件诉讼程序"，规定公安机关、人民检察院、人民法院办理未成年人刑事案件时，根据情况可以对未成年犯罪嫌疑人、被告人的成长经历、犯罪原因、监护教育等情形调查。社会调查制度正式进入基本法的视野。

　　社会调查制度完善了未成年人保护和预防犯罪的法律制度体系；社会调查有利于提高对未成年人犯罪在司法领域的"综合预防"效果，未成年人刑事案件社会调查贯穿于立案、侦查、起诉、审判和执行等刑事诉讼全过程，而不是仅局限于量刑前的社会调查，在制度要求上形成了"教育、感化、挽救"的合力，起到了"综合预防"未成年人再次失足、重新犯罪的效果；社会调查有利于重构社会和谐关系，避免产生新的犯罪双向保护原则是未成年人司法的一个基本原则，也是社会调查制度正确适用的一个重要原则。社会调查必须注意对未成年犯罪嫌疑人、被告人、罪犯和未成年被害人、证人及社会保护的恰当结合。

　　具体来讲，就是立案之前的初查阶段，它有助于解决未成年人案件是否应当立案的问题；立案之后，它可以对是否有必要对未成年犯罪嫌疑人采取

---

① 刘立霞、路海霞：《品格证据在刑事案件中的运用》，中国检察出版社 2008 年版。

强制措施及其种类提供参考；讯问时，它有助于有针对性地制定讯问提纲；在审查起诉阶段，它有助于决定是否对未成年犯罪嫌疑人提起诉讼或者不提起诉讼、附条件不起诉、暂缓起诉；在审判阶段，它对未成年被告人是否处以刑罚、处以何种刑罚提供重要依据；在刑罚执行阶段，它对如何有针对性地教育、挽救、感化未成年服刑人员，有差别地制订个性化的矫治方案，开展矫治活动，使之顺利回归社会，提供参考依据。简而言之，社会调查可为刑事案件的处断提供参考依据，如公安机关选择合适的刑事强制措施，检察机关决定是否批捕，人民法院是否判决缓刑；还可探究未成年犯罪嫌疑人违法犯罪行为的原因并起到预防和矫正犯罪的作用。

在未成年人司法案件中，对未成年人的社会调查内容主要包括未成年人的主观情况和客观情况。前者指未成年人的年龄、性别、身体状况、兴趣爱好、性格特征、犯罪原因、犯罪中的地位、心理状况、悔罪态度等，后者指未成年人生活的家庭状况、社区环境、学习情况、同伴交往状况等外在生活经历情况。一份完整的社会调查报告应该包含涉罪未成年人的上述基本情况，并根据上述基本情况，从客观、系统的视角，对涉罪未成年人的人身危险性、悔罪程度，提出调查主体对未成年人采取处理措施的合理建议。

社会调查报告是否具有证据的效力，目前没有定论，尽管绝大部分认为不具有证据效力，但也有相反的观点。例如，有些人认为社会调查报告对未成年犯罪嫌疑人具有重要的参考意义，但不具有证据效力；也有观点认为社会调查报告符合证据的相关性。①

目前，未成年社会调查主要存在社会调查主体问题、对象问题、程序问题、时限问题、调查报告的法律定位问题等。

在 2010 年 10 月 1 日起试行的"六部委"《关于规范量刑程序若干问题的意见（试行）》中，具体规定：一是社会调查报告的主体是"未成年犯罪嫌

---

① 吴燕、吴翎翎：《未成年人品格证据若干问题探析》，《青少年犯罪问题》2008 年第 5 期。

疑人、被告人户籍所在地或居住地的司法行政机关社区矫正工作部门"。二是确定社会调查报告的内容："性格特点、家庭情况、社会交往、成长经历、是否具备监护条件和社会帮教措施以及涉嫌犯罪前后表现等情况。"三是确定公安机关"及时通知司法行政机关社区矫正工作部门开展社会调查,收集有关犯罪嫌疑人办案期间表现或者具有逮捕必要性的证据"。四是确定检察机关"应当认真审查社会调查报告,作为教育和办案的参考"。五是确定人民法院"将社会调查报告作为教育和量刑的参考"。六是确定刑罚执行机关"根据社会调查报告等对未成年罪犯进行个别化矫治"。既然规定的这么明确,各相关部门,应摒弃利益纷争,相互配合协调,严格按规定办,一切问题就会化解。社会调查需要建立统一的工作程序是毋庸置疑的。尽管社会调查报告能否作为证据适用尚存争议,但社会调查报告至少作为一种"准证据",对人民法院最终公正裁判和教育、感化、挽救涉罪未成年人具有较大影响,社会调查的范围应当尽可能地缩小,尤其是对可能判处五年有期徒刑以下刑罚的未成年人,刑满以后还要依法对其犯罪记录进行封存。2012年1月10日最高人民法院、最高人民检察院、公安部、司法部颁布的《社区矫正实施办法》第三十三条对未成年人实施社区矫正做出了明确规定。

社区矫正中的裁决前社会调查,也称为社会调查评估。社区矫正中的裁决前调查,是指由专门机构对拟适用社区矫正人员的相关情况作专门调查与评估,以供裁决时参考的制度与活动。社区矫正裁决前调查制度主要包括量刑前调查、假释前调查和暂予监外执行前调查三类。[①]

2003年7月10日最高人民法院、最高人民检察院、公安部和司法部联合发布了《关于开展社区矫正试点工作的通知》,社区矫正的社会调查程序开始试点。2012年1月10日最高人民法院、最高人民检察院、公安部、司法部颁布的《社区矫正实施办法》第4条对社区矫正社会调查制度做出了明确规定:

---

① 王宏玉、张学超:《突破与完善:我国社区矫正社会调查制度探析》,《中国人民公安大学学报》(社会科学版)2013年第2期。

"人民法院、人民检察院、公安机关、监狱对拟适用社区矫正的被告人、罪犯，需要调查其对所居住社区影响的，可以委托县级司法行政机关进行调查评估。受委托的司法行政机关应当根据委托机关的要求，对被告人或者罪犯的居所情况、家庭和社会关系、一贯表现、犯罪行为的后果和影响、居住地村（居）民委员会和被害人意见、拟禁止的事项等进行调查了解，形成评估意见，及时提交委托机关。"2020 年 7 月 1 日《中华人民共和国社区矫正法》开始实施。2020 年 6 月《中华人民共和国社区矫正法实施办法》（司发通〔2020〕59 号）出台，规定社区矫正决定机关对拟适用社区矫正的被告人、罪犯，需要调查其社会危险性和对所居住社区影响的，可以委托拟确定为执行地的社区矫正机构或者有关社会组织进行调查评估。社区矫正机构或有关社会组织收到委托文书后应当及时通知执行地县级人民检察院。

刑事案件速裁程序社会调查。中央政法委在全国确定了 18 个城市开展刑事案件速裁程序试点后，各试点城市司法行政机关认真落实最高人民法院、最高人民检察院、公安部、司法部印发的《关于在部分地区开展刑事案件速裁程序试点工作的办法》（法〔2014〕220 号，以下简称"办法"）。各地按照"两院、两部"办法和司法部通知要求，严格把握评估期限，认真做好刑事速裁调查评估工作。郑州市启动刑事案件速裁社会调查评估快速办理机制，各县级司法行政机关接到委托函后，当日即由犯罪嫌疑人、被告人居住地的司法所开展调查评估，于三至五个工作日内提出评估意见。上海市开展试点工作以来，各级社区矫正工作部门接收检察部门委托的社会调查 773 件，并及时组织社会调查，完成社会调查评估意见后反馈至各级法院，反馈率达100%。北京市各区县司法局在接到人民检察院对可能宣告缓刑或者判处管制的犯罪嫌疑人的社会调查委托函后，引入专业社工力量，开展刑事案件速裁程序社会调查工作；广东省司法行政机关统一制作了刑事案件速裁程序工作有关社会调查评估等台账表格，并发放至各区、县级市社区矫正机构使用，要求及时记录、按月上报，促使刑事速裁工作更加精细化、规范化。

截至 2015 年 2 月，18 个刑事案件速裁程序试点城市共接受委托社会调查评估 1500 多件。社会调查制度作为社区矫正的前置程序，在刑事速裁程序案件中已经在实践中做了很多有益的尝试，并取得了效果。2018 年修订的《刑事诉讼法》在"第一审程序"中，增加了除普通程序和简易程序之外的程序——"速裁程序"，它突破了原有的诉讼制度设计，实现繁简诉讼案件的分流，缓解了司法程序中不断挤压的冗杂案件和司法人员配制不足所产生的矛盾。

我国社会调查作用和存在的问题。社区矫正社会调查的开展对于准确对犯罪嫌疑人、被告人适用刑罚措施、保护其合法权益以及做好对其矫正工作发挥了积极重要的作用，表现在：一是提高对涉罪未成年人适用刑罚，特别是非监禁刑罚措施的准确性。通过开展社会调查工作，了解涉罪未成年人的性格特征、一贯表现以及其在所居住的社区内的情况，以客观、真实的数据反映其品行、人身危险性及接受矫正的难易程度，为人民法院全面掌握犯罪嫌疑人、被告人的有关情况，综合衡量是否对其适用缓刑等刑罚措施提供了重要的参考依据，提高了刑事案件的审判质量和社会效果，也有效保护了未成年人的合法权益。二是为矫正工作奠定基础。一方面，司法行政机关在社区矫正前介入开展社会调查，提前了解了犯人的个性特点、家庭状况、社会交往、一贯表现等，对于实行社区矫正的，可以为制订矫正方案和针对性措施奠定基础；对于被人民法院判处监禁刑罚的，社会调查情况可以供执行机关对其进行教育改造提供重要参考。另一方面，社区矫正人员及其家属在前期接受调查过程中，已经对社区矫正有了一定认识，树立了自觉接受社区矫正的意识，有利于对其实施社区矫正。实践证明，对成年人、未成年人案件开展社会调查，有利于开展以人为本的个性化管理教育，建立集家庭保护、学校保护、社会保护和司法保护于一体的保护体系，有效促进社区矫正人员健康成长和融入社会。

我国社会调查工作取得了较好的法律效果和社会效果，但是也存在一定问题。一是发展不平衡。社区矫正工作开展早、发展快的省份，未成年人社会调查专业化水平高、效果好，而有的地区才刚刚起步。二是适用面过窄。人民法院委托的大部分是对拟宣告缓刑的未成年犯罪嫌疑人、被告人，而没有对所有未成年犯罪嫌疑人、被告人进行社会调查。三是在调查方法上有待丰富和完善，特别是人格测量方法的运用还应当大力推广，评估的质量和水平也有待提高。

今后，随着法制建设不断推进和各级党委和政府的重视，社会调查制度建设应从三个方面着手：一是加大刑事速裁案件社会调查评估综合保障力度。为了保障速裁案件社会调查工作的有效开展，应加大人、财、物的保障力度，为组织开展速裁案件的社会调查工作提供坚实保障。二是加强社会评估调查队伍建设。积极开展社会调查评估工作业务培训，提高调查人员的业务素质，适应社会调查的需要。建立社会调查评估人员才储备库，充实社会调查员工作队伍。三是加强信息化建设，提升衔接效能。建立本地区的刑事案件社会调查工作专用平台，法院、检察院的社会调查委托函可用多种信息化的方式，传输到相应的司法行政机关，及早委托司法行政机关进行核实并启动相关社会调查评估机制。同时委托机关应按照相关规定，及时反馈司法行政机关社会调查结果采纳情况，确保衔接工作到位。

三、构建监禁刑与非监禁刑协调统一的刑罚执行体系

监禁刑与非监禁刑是依照刑罚的执行是否需要对犯罪人进行羁押改造所做的分类。监禁刑，又称自由刑，即在监狱等羁押场所对犯罪人进行制裁的刑罚，犯罪人在受处罚期间人身自由被剥夺；非监禁刑，顾名思义是指不收监执行的刑罚，即在监狱等羁押场所外对犯罪人进行制裁的刑罚，既包括罚金、没收财产、资格限制等法定刑种，又包括缓刑、假释、监外执行等刑罚执行制度。《中华人民共和国刑法修正案（八）》《中华人民共和国刑事诉讼法修正案》明确规定了对判处管制、缓刑、裁定假释以及暂予监外执行的罪犯依法实行社区矫正，标志着我国社区矫正法律制度的确立，为改革完善我

国刑罚执行制度奠定了重要基础。

随着社区矫正工作的深入推进，建立监禁刑与非监禁刑协调统一的刑罚执行体系，对于深化司法体制改革，最大限度地发挥刑罚功能，提高罪犯改造质量，促进社会和谐稳定具有重要意义。在实践中，由于受重刑主义思想影响，还存在社区矫正的法律体系不完备、分类分级制度不完善、适用范围较小、监禁刑与非监禁刑之间的衔接不够紧密等问题。刑罚的轻缓化、人性化是现代刑罚执行的发展方向，为此，亟须建立监禁刑与非监禁刑协调统一的刑罚执行体系。

第一，监禁刑与非监禁刑监管目的的一致性。

监禁刑是将罪犯集中在监禁场所，有组织地监禁隔离起来，让他们暂时或在一个较长的时期里与社会和受害人严格隔离，可使犯罪人在一定时间里不再危害社会和保护犯罪人不受他人的伤害，然后由专业的教育改造人员对他们进行封闭的、系统的、严格的形势、政策、法制、道德等思想教育，教育引导他们认罪悔罪，唤醒罪犯重新做人的勇气。

非监禁刑是将罪犯放入社区，由专门的社区矫正机构和工作人员，对其进行分阶段教育，实施日常监管，组织社区服务，开展心理咨询，严格考核奖惩，教育罪犯认罪服法，增强法律意识和社会责任感，改掉不良心理和恶习，消除回归社会的心理障碍和行为障碍，加速再社会化进程，预防和防止其重新违法犯罪。

综上所述，监禁刑与非监禁刑，虽然在内容和形式有所不一，但是，其根本目的是一致的，主要是惩治犯罪，彰显法律的尊严，维护社会公平，保护国家利益和个人生命财产的安全，预防犯罪，维护社会稳定，实现国家的长治久安。教育引导罪犯树立正确的世界观、人生观、价值观，树立生活信心，促使其顺利回归家庭和社会，做一个守法公民。

第二，监禁刑与非监禁刑执行主体的一致性。

监禁刑与非监禁刑都是刑罚执行机关根据审判机关做出的已经发生法律

效力的刑事判决或者裁定，依照法律规定的程序，将确定的刑罚付诸实施的刑事司法活动。监禁刑由人民法院、公安机关、监狱管理机关等部门组成的特定部门履行监禁刑职能。非监禁刑的执行主体是由司法行政机关、人民法院、公安机关、监狱管理机关等部门和人员组成的特定的国家机关，履行社区非监禁刑职能。两者的实施必须且只能以人民法院、公安机关、监狱管理机关做出的发生法律效力的判决、裁定和决定为依据，其具体体现为生效的法律文书。非监禁刑的罪犯身份并没有改变，所判处的刑罚也没有改变，虽在社区中服刑，但必须遵守相关法律和有关管理规定，如不予遵守，就要承担治安处罚、重新收监等消极的法律后果。因此，由执行依据的法定性和执行方式的强制性，确定了监禁刑与非监禁刑执行主体的一致性。

第三，矫正体系的一致性。

自由刑在执行中的最常见形式是监禁刑。不可否认，监禁刑在预防犯罪方面发挥了巨大的作用。但随着刑法理论的不断发展和人权思想的逐渐深入，人们逐渐认识到监禁矫正有其局限性，因此刑罚种类的轻缓化、处罚的轻刑化和开放化成为刑法发展进步的必然结果。在这种情形下，社区矫正随着行刑社会化的浪潮在世界各国广泛展开。如果说以自由刑取代肉体刑是刑罚执行方式的第一次飞跃，那么，社区矫正制度又向人类社会的文明进步迈出了一大步，实现了刑罚执行方式由监禁刑向非监禁刑发展的第二次飞跃。社区矫正相对于监禁矫正来说有巨大优越性。但这并不说明社区矫正可以取代监禁矫正。实际上，社区矫正与监禁矫正二者是相辅相成的关系。在我国刑事立法中明确规定社区矫正，必将促进两大矫正体系的进一步协作，从而在共同预防犯罪上取得重大效果。

第四，监禁刑与非监禁刑功能相同。

监狱的功能包括惩罚功能、改造功能、防卫功能。惩罚功能是指国家使受刑人的身心置于刑罚的条件下，限制其精神和物质生活而产生的心理痛苦效应的总和；改造功能是指监狱依据刑罚目的转变罪犯的犯罪思想，培养其成为遵纪守法的教育效应的总和；防卫功能是指监狱通过对罪犯执行刑罚防止其再犯罪，同时警戒、威慑、教育社会上其他可能犯罪的人，使他们不至于走上犯罪道路的效应的总和。社区矫正惩罚功能作为刑罚执行的过程，首先体现为对犯罪人的惩罚，就是将确定的刑罚义务落实到犯罪人身上。对于矫正对象而言，不能享有被法律所剥夺或限制的一定权利，必须服从矫正组织的管理和教育，必须遵守各项矫正制度并参加公益劳动，使其感受到犯罪之后所受到的否定性的法律评价，切实感受到刑罚痛苦和国家法律的威严，不敢再以身试法，从而矫正其不良的思想和行为习惯；社区矫正的改造功能主要指通过矫正活动的连续实施，促进矫正对象公民人格的最终塑造。罪犯虽然触犯了国家刑律，实施了犯罪行为，但他们作为人的基本属性并不因此而完全泯灭，仍不同程度的具有人的善良、责任、尊严、荣誉、对成功与成就的追求等基本属性。社区矫正将罪犯置于社会化交际生活，使其能够最大可能地承担家庭和社会责任，并在此基本上进行心理引导和行为规范，促进矫正对象的再社会化，形成健康人格，最终能够以普通社会成员的身份，顺利回归社会，避免监禁矫正可能出现的以消极服从、自信心与进取心丧失为特征的"监狱人格""囚犯人格"的出现；社区矫正的防卫功能实施过程中，矫正对象始终处于社区矫正组织和人民群众的视野之内，其行为置于监督管理之下，其行踪由矫正组织及时掌握。因此，矫正对象的人身自由虽未被剥夺，但其行为受到一定的控制，有利于防止其重新犯罪或从事其他违法活动。两者的功能教育改造相似。

第五，社区矫正与监禁刑不仅具有一致性，两者之间还具有互为补充性。

其一，社区矫正可以弥补监禁矫正的不足。从长远来看，监狱的建设是有限的，而人口是不断增长的，处于人口增长中的罪犯也是逐渐增多的，监狱矫正不可能成为预防犯罪的最终选择；从短期来看，社会某一时期，国家用于监狱投入的成本是有限的，仅就经济成本而言，社区矫正的相应成本一般不超过监狱关押的20%。实施社区矫正更加节约司法资源。

社会法学派认为罪犯之所以犯罪是社会因素和个人因素所决定的。社会本身即是犯罪产生的一个诱因，选择将罪犯投入社会，运用社会力量进行矫正正是"对症下药"，实现了对罪犯的社会内部消化，有效解决了行刑资源有限性的难题。以矫正工作人员的队伍建设为例，矫正要求工作人员具备矫正罪犯心理与行为的矫正知识、矫正技术和矫正能力，但是，国家刑事执行的专门矫正官、缓刑官和假释官的资源是有限的。因此，实施社区矫正，可以依托和借助社区的各种矫正资源和服务力量，有效应对犯罪，这既是社区矫正与监狱矫正的根本区别，也是社区矫正较之监狱矫正的最大优势。把罪犯放在社区进行矫正不仅可以减少监狱的人力和财力负担，而且可以减少国家对监狱的经济投入，降低监禁行刑的成本，缓解监狱矫正的压力，使监狱能够集中人力、财力、物力去矫正那些主观恶性较大、社会危害性较大的罪犯。

其二，社区矫正是监狱社会化变革的必然要求。现代犯罪学研究成果表明，犯罪人之所以犯罪是由于其社会化进程未全面完成，而传统的监禁矫正，将罪犯投入监狱，使其隔离于社会之外，大大削弱了社会化的基本条件和环境，反而使得罪犯的社会化速度远远滞后于正常社会成员。不仅如此，将犯罪人囚禁于监狱中，还会使犯罪人无形中学到犯罪技术和技能，传播监狱亚文化，从而形成"交叉感染"。例如，有些初犯经过一段时间的关押，人身危险性反而有增无减。

由此看出，虽然监狱的隔离功能对于具有高度社会危险性的罪犯而言是有积极作用的，但这种隔离并不能作为预防犯罪的最终手段，因为罪犯除判处死刑立即执行者外，最终仍然要回归社会。对罪犯而言，隔离的时间越长，隔离的程度越高，其再社会化的可能无疑越低，再次进入社会后犯罪的可能性更大。而社区矫正正好克服了监禁矫正的这一缺陷。社区矫正将罪犯置于社会化环境下生活，使罪犯能够最大可能地承担家庭和社会责任，并在此基础上对罪犯进行有针对性的心理引导和行为规范，促进罪犯形成健康的社会人格，实现再社会化，使罪犯最终能够以普通社会成员的身份，顺利回归社会，避免监禁矫正可能带来的以消极服从、自信心与进取心重度丧失为特征的"监狱人格""囚犯人格"的出现。

其三，监禁矫正是社区矫正的后盾和保障。社区矫正确有优点，但适用上也有局限性。这是因为将罪犯放于社区，必然需要考虑社区的安全，只有在罪犯本身罪行较轻、人身危险性较小的前提下，才具有适用的可能。反之，如果将一些暴力犯罪等人身危险性较高的罪犯也放于社区，不但不能预防犯罪，反而是对犯罪的纵容。另外，为了保障社区矫正的效果，有必要建立起社区矫正与监禁矫正之间的桥梁，比如我国刑法对缓刑、假释罪犯违反规定的重新收监执行的规定。这不仅可以促进罪犯积极改造，而且可以使得社区矫正在适用中无"后顾之忧"，大胆适用。

其四，社区矫正与监禁矫正相辅相成、相得益彰。矫正是理念，而矫正场所、矫正内容的选择直接体现着刑罚由重到轻的适用序列，存在着一个矫正方式上逐渐过渡的转移序列。社区矫正不是一个孤立的系统，也不是一个孤立发挥其矫正功能的措施，矫正目标的相同性显示社区行刑与监狱行刑是相关联的统一体。建立与监禁矫正相对的社区矫正，可以为预防犯罪提供更加广阔的空间。从监禁矫正和社区矫正的特点来看，监禁矫正是为罪犯关上了社会的大门，而社区矫正是给罪犯打开了社会的大门。这一关一开之间，必须考虑到矫正的系统性和延续性，使两大矫正体系之间相衔接，通过二者相辅相成的共同作用，使得行刑资源得到合理的配置，刑罚效能得以增强，行刑成本得以降低。

总之，刑罚理念及其制度、刑罚执行方式的变革与发展，实际上就是一个平衡国家利益、社会利益、社区利益、被害人利益和罪犯利益的过程。在这个平衡的过程中，司法的价值也在不断地自我平衡着，法律价值的选择也随之调整，这主要表现在两方面：从宏观上看，社会的秩序、正义、安全的建构，是靠"严厉的惩罚"还是"轻缓的矫正"，这是从各国、各地区社会法制状况、监狱运行机制、人权保障力度等多方面来考察的，每个国家或地区都有适合"本土化"的发展实际。随着世界社会生活交流的日益加强，刑事执法的理念也逐渐由低级走向高级，由野蛮走向文明，人权保障思想是法治社会、法治世界最高的目的。从微观上看，社区矫正的惩罚性和刑罚的社会化孰轻孰重，也在考验着社会的人道主义和法治建设。虽然社区矫正有一定的刑法惩罚性，但它毕竟和一般的刑罚不一样，而是一种恢复性司法指导下的刑罚理念，注重的是罪犯的再社会化。因此，从社区矫正的法律价值和正义的取向来看，它是以惩罚为基础，以矫正（恢复）为主的刑罚制度，应当以平衡上述利益冲突，修复被犯罪破坏的社会关系，恢复公平正义，最终实现社会的和谐作为基本价值目标。和谐意味着合理地界定利益关系，合理地分配利益主体的权利与义务，切实保障各个利益主体合理的利益，平衡各个利益主体之间的利益关系。社区矫正要实现上述目标，就必须兼顾罪犯、被害人、社区、社会和国家的利益，满足上述各个主体各自的利益需求。

另外，一些患病罪犯的改造和重新犯罪问题值得关注。这部分罪犯占总服刑人数的比例虽不是特别大，但是管控和改造这类罪犯花费的成本却很大。笔者在中南地区某监狱访谈时，从监狱长那了解到，以血液透析罪犯为例，监狱购置透析设备、药品及相关器材一次性花费300多万元，每个月用于血液透析罪犯的治疗费用约为1万元。对于患病罪犯的教育改造工作又难于开展，监狱还面临很大的责任风险。按照现有法律关于规定保外就医设定的条件而言，一些病犯在病情和服刑时间的条件上符合保外就医条件，但是有一些疾病的治疗费用高昂，很多罪犯家属不愿意或者没能力为罪犯办理保外就医，将"包袱"留给监狱，为监狱增加负担的同时，也将风险留给了监狱。病犯一旦在监狱遇到病危、死亡等情况，家属往往会将责任推给监狱，甚至到监狱大肆"闹狱"，向监狱提条件，让监狱承担风险。对一些病犯而言，对亲人在保外就医方面的做法，病犯往往是兼具失望与谅解的矛盾心态。有些病犯出狱或保外就医后，因为负担不起治疗疾病的费用，选择重新犯罪，重进监狱。鉴于此，随着国家医疗体制的不断改革和完善，监狱应该不断提高病犯医疗社会化的水平。一方面监狱可以加强与地方医院的合作关系，签订医疗合作协议，开通罪犯急诊通道等，还可以选派监狱医护人员到协作医院进修，不断提高医疗技术水平。另一方面可以从国家拨付的罪犯医疗费用中提取一部分，为罪犯购买城镇居民医疗保险或参加新型农村合作医疗。罪犯加入社会医保后，不仅医疗费用不足的问题可以得到部分解决，还可以使罪犯在狱内以及刑释后都能享受到国家医疗保障，不仅实现了医疗保障的"无缝对接"，同时还实现了罪犯医疗卫生管理水平与社会同步发展。总之，病犯的医疗的解决，有利于监狱改造质量的提高，对减少社会矛盾和重新犯罪将大有裨益。

笔者在监狱调研期间，有些监区一线工作的干警坦言，某些类型的罪犯很难改造和矫正，甚至无法改造好。例如，盗窃犯罪中间有一些"惯偷"，有的属于"七进宫""八进宫"，你给他们讲道理，他们什么都明白，但是就是改正不了自己这种犯罪行为。笔者在华北地区某监狱曾单独访谈过一名"七进宫"的盗窃犯，该犯人现年56岁，从未成年时期就开始偷盗。他很直白地告诉我，他如果出去，肯定还会去偷盗。他就像吸毒有毒瘾一样，自己管不住自己。惯习理论对该类型犯罪有着很强的解释力。类似这样类型的重新犯罪的改造问题值得我们关注和反思。

总之，对重新犯罪的防控要提高刑罚执行的效率和效果，努力提高犯罪改造质量和矫正技术，降低罪犯重新犯罪率。大力推进行刑社会化，不断完善社区矫正制度，使罪犯在正常的社会环境下得到矫正，为将来能适应社会、顺利回归社会打下基础。创新社会管理，不断提高对刑释人员的安置帮教水平，进一步巩固对刑释人员的改造和矫正效果。最根本的是加强社会建设，关注民生，化解社会矛盾，优化社会结构，改善社会环境，合理配置社会资源，实现社会的公平正义。只有这样，社会才能减少犯罪，降低重新犯罪率，使社会真正步入良性运行和协调发展的状态。刑罚规制是犯罪预防的最后一道防线，社会治安综合治理作为社会预防和控制的一部分，是先于刑罚规制的重要防线，其基础性、重要性不言而喻。党的十九大报告指出，加快社会治安防控体系建设，依法打击和惩治、黄、赌、毒、黑、拐骗等违法犯罪活动，保护人民人身权、财产权、人格权。犯罪对于和重新犯罪治理是我国社会治理的重要组成部分。党的十九届四中全会提出："坚持和完善共建共治共享的社会治理制度，保持社会稳定、维护国家安全。"共建共治共享从主体、路径、目标三个维度指明了我国今后重新犯罪治理的内在逻辑和要素构成，对于实现重新犯罪治理理念科学化、结构合理化、方式精细化，彰显我国社会治理制度的优势，对于重新犯罪防控具有十分重要的意义。

参 考 文 献

[1] 安徽省监狱学会课题组：《中国传统文化与服刑人员的改造》，《犯罪与改造研究》2013 年第 3 期。

[2] ［意］贝卡利亚：《论犯罪与刑罚》，黄风译，中国大百科全书出版社 1997 年版。

[3] 蔡应明：《犯罪预防学》，上海三联书店 2010 年版。

[4] 陈文峰：《论宽严相济的刑事政策在监狱刑罚执行中的运用》，《贵州警官职业学院学报》2011 年第 4 期。

[5] 陈小彪：《论单位累犯立法的模式选择及理论构建》，《江苏警官学院学报》2008 年第 3 期。

[6] 陈兴良：《中国刑事政策检讨》，中国检察出版社 2004 年版。

[7] 陈妍：《"首要标准"视野下重新犯罪率攀高的反思与新加坡经验的启示》，《中国监狱学刊》2010 年第 1 期。

[8] 储槐植：《刑事一体化与关系刑法论》，中国人民大学出版社 1997 年版。

[9] 丛梅：《暴力重新犯罪行为特点及成因实证分析》，《社会工作》（学术版）2011 年第 6 期。

[10] 丛梅：《未成年人重新犯罪实证研究》，《河南警察学院学报》2011

年第 5 期。

[11] 丛梅：《我国重新犯罪现状与发展趋势研究》，《社会工作》（学术版）2011 年第 1 期。

[12] 丛梅：《重新犯罪实证研究》，天津社会科学院出版社 2011 年版。

[13] 戴艳玲：《中国监狱制度的改革与发展》，中国人民公安大学出版社 2004 年版。

[14] 单勇：《犯罪的文化研究》，吉林大学 2007 年博士学位论文。

[15] 单勇：《犯罪的文化研究——从文化的规范性出发》，法律出版社 2010 年版。

[16] 狄小华：《论行刑社会化——兼谈我国的重新犯罪预防》，《南京大学学报》（哲学·人文科学·社会科学）2003 年第 4 期。

[17] 狄小华：《罪犯心理评估初探》，《犯罪与改造研究》2004 年第 11 期。

[18] ［法］迪尔凯姆：《社会学方法的准则》，狄玉明译，商务印书馆 1995 年版。

[19] 丁琼：《福州市社区矫正工作现状及对策》，《福州党校学报》2013 年第 4 期。

[20] 冯卫国：《对完善我国出狱人保护制度的思考》，《政法论丛》2003 年第 3 期。

[21] 冯卫国：《行刑社会化论纲》，北京大学 2002 年博士学位论文。

[22] 高小勇：《有的放矢预防未成年人重新犯罪》，《检察日报》2007 年 11 月 11 日。

[23] 耿峰：《论我国监狱的行刑社会化》，《辽宁警专学报》2006 年第 3 期。

[24] 耿光明、吴镝飞：《行刑法治机理剖析》，《河北法学》2005 年第 5 期。

[25] 耿光明：《罪犯处遇论》，中国市场出版社 2009 年版。

［26］顾永忠：《论看守所职能的重新定位——以新〈刑事诉讼法〉相关规定为分析背景》，《当代法学》2013 年第 4 期。

［27］郭建安：《犯罪被害人学》，北京大学出版社 1997 年版。

［28］郭理蓉：《刑罚政策研究》，中国人民公安大学出版社 2008 年版。

［29］郭明：《中国监狱学史纲》，中国方正出版社 2005 年版。

［30］郭星华：《从"他者"到"主体"：一项关于犯罪人自我归因的实证研究》，《中国人民大学学报》2010 版第 4 期。

［31］韩玉胜等：《宽严相济刑事司法政策与监狱行刑改革研究》，中国检察出版社 2010 年版。

［32］何成兵：《论单位重新犯罪的定性》，《政治与法律》2009 年第 8 期。

［33］何雷：《论监狱人数与中国刑法改革》，《中国刑事法杂志》2013 年第 8 期。

［34］胡善平、王鹏：《安置帮教社区矫正面临的困境及社会学分析》，《长江师范学院学报》2011 年第 4 期。

［35］焦俊峰：《犯罪控制与研究》，中国人民公安大学出版社 2012 年版。

［36］康树华、王岱、冯树梁：《犯罪学大辞书》，甘肃人民出版社 1995 年版。

［37］赖修桂：《犯罪与矫治综论》，法律出版社 2010 年版。

［38］李春雷、靳高风：《犯罪预防理论与实务》，北京大学出版社 2006 年版。

［39］李迎生、张志远：《中国社会政策的城乡统筹发展问题》，《河北学刊》2011 年第 5 期。

［40］李均仁：《中国重新犯罪研究》，法律出版社 1992 年版。

［41］李其宏、李心春：《未成年人犯抢劫罪量刑问题研究——以河南省驻马店市中级人民法院审判实践为视角》，《预防青少年犯罪研究》2012 年第 3 期。

［42］李卫华：《社区服刑人员重新犯罪原因分析及对策研究》，《中国司

法》2010 年第 3 期。

［43］李蛟龙：《克拉玛依市刑释解教人员安置帮教情况调查报告》，《克拉玛依学刊》2012 年第 3 期。

［44］李建国：《试谈检察环节化解社会矛盾工作机制之完善》，《河北法学》2011 年第 9 期。

［45］李锡海：《论犯罪发生的文化原因》，《法学论坛》2007 年第 2 期。

［46］李锡海：《文化传播与犯罪》，《山东社会科学》2005 年第 8 期。

［47］李锡海：《文化与犯罪研究》，中国人民公安大学出版社 2006 年版。

［48］李学斌：《重新犯罪控制研究》，河北人民出版社 1999 年版。

［49］李永升：《〈刑法修正案（八）〉内容解析》，《刑法论丛》2011 年第 2 期。

［50］李豫黔：《关于监狱体制改革若干问题的思考》，《中国司法》2004 年第 1 期。

［51］李蕴辉、辛科：《刑事政策与社会政策初论》，中国民主与法制出版社 2012 年版。

［52］廖会文：《监狱服刑人员就业技能培训面临的困难及对策》，《法制与社会》2012 年第 31 期。

［53］林立超：《经济学视野下的犯罪防控研究》，西南政法大学 2011 年硕士学位论文。

［54］刘朝捷：《刑释人员重新犯罪的特点与防治措施》，《广州市公安管理干部学院学报》2010 年第 2 期。

［55］刘俊岩：《论狱内重新犯罪的原因及对策》，《才智》2011 年第 13 期。

［56］刘强：《刑罚适用模式的比较研究》，《中国监狱学刊》2001 年第 4 期。

［57］刘少杰：《中国社会学的发端与扩展》，中国人民大学出版社 2007 年版。

［58］刘晓丽：《浅议用中国优秀传统文化改造罪犯思想》，《学理论》2011 年第 17 期。

［59］刘晓梅：《中国构建和谐社会进程中犯罪防控研究》，天津社会科学院出版社 2007 年版。

［60］刘旭东：《累犯制度研究》，中国政法大学出版社 2012 年版。

［61］刘元璋、孙承松：《社区矫正的二元价值思考》，《贵州社会科学》2008 年第 12 期。

［62］柳忠卫：《监禁刑执行基本问题研究》，中国人民公安大学出版社 2008 年版。

［63］卢山、董星：《社区矫正制度：困境探析与路径探索》，《内蒙古农业大学学报》2010 年第 1 期。

［64］鲁兰：《论推进社区矫正试点之制约因素》，《法学评论》2007 年第 6 期。

［65］吕应元、王震黎、蒋卢宁：《对当前刑满释放人员再犯罪的调查分析》，《犯罪与改造研究》2005 年第 12 期。

［66］骆群：《"社区矫正"再界定》，《南通大学学报》2010 年第 2 期。

［67］马克昌：《犯罪通论》，武汉大学出版社 2001 年版。

［68］马克昌：《近代西方刑法学说史略》，中国检察出版社 2004 年版。

［69］［德］马克斯·韦伯：《社会学的基本概念》，顾忠华译，广西师范大学出版社 2005 年版。

［70］梅传强：《犯罪心理生成机制研究》，西南政法大学 2004 年博士学位论文。

［71］缪伟君：《重新犯罪成因实证调查研究》，《宁夏大学学报》（人文社会科学版）2012 年第 3 期。

［72］邱兴隆：《刑罚的哲理与法理》，法律出版社 2003 年版。

［73］任华哲：《社区矫正中重新犯罪的风险与控制刍议》，《理论月刊》

2011 年第 8 期。

[74] 邵卫锋：《刑种与替刑制度》，云南人民出版社 2007 年版。

[75] 舒国滢：《从司法的广场化到司法的剧场化：一个符号学的视角》，《政法论坛》1999 年第 3 期。

[76] 苏力：《送法下乡——中国基层司法制度研究》，中国政法大学出版社 2000 年版。

[77] 孙昌军、徐绫泽：《犯罪类型学研究》，湖南人民出版社 2007 年版。

[78] 汪明亮：《定罪量刑社会学模式》，中国人民公安大学出版社 2007 年版。

[79] 汪明亮：《宽严相济刑事政策研究——理论与基层检察实践的双重考察》，中国人民公安大学出版社 2010 年版。

[80] 王宝来：《我国预防未成年人重新犯罪立法思考》，《青少年犯罪问题》2000 年第 3 期。

[81] 王发曾：《我国城市犯罪空间防控研究二十年》，《人文地理》2010 年第 4 期。

[82] 王飞：《民族文化背景下的犯罪与矫正——对两所监狱少数民族服刑人员的法律人类学考察》，中央民族大学出版社 2012 年版。

[83] 王宏玉：《刑事政策学》，中国人民公安大学出版社 2011 年版。

[84] 王健杨、韦寿华：《拓展刑释人员就业安置途径的若干思考》，《犯罪与改造研究》2005 年第 12 期。

[85] 王金玲：《社会转型中的妇女犯罪》，浙江人民出版社 2003 年版。

[86] 王新兰：《重新犯罪的原因分析及对策研究》，《湖南科技学院学报》2010 年第 10 期。

[87] 王增铎、兰洁、徐浚刚、杨诚：《中加矫正制度比较研究》，法律出版社 2001 年版。

[88] 王志强：《关于设立预防重新犯罪法的思考》，《天津政法管理干部

学院学报》2002 年第 3 期。

[89] 王志强：《重新犯罪实证研究》，《中国人民公安大学学报》（社会科学版）2010 年第 5 期。

[90] 吴鹏森：《犯罪社会学》，社会科学文献出版社 2008 年版。

[91] 吴亚甫：《未成年人重新犯罪问题的现状与反思》，《犯罪与改造研究》2013 年第 4 期。

[92] 吴宗宪：《罪犯改造论——罪犯改造的犯因性差异理论初探》，中国政法大学 2006 年博士学位论文。

[93] 谢勇：《宏微之际犯罪研究的视界》，中国检察出版社 2005 年版。

[94] 谢振江、王威宇：《论刑满释放人员的社会保护》，《黑龙江省政法管理干部学院学报》2003 年第 4 期。

[95] 徐万富、郑齐猛：《拘役刑执行改革研究》，《犯罪与改造研究》2012 年第 4 期。

[96] 许发民：《论犯罪的社会文化分析》，《河南师范大学学报》2004 年第 1 期。

[97] 许桂敏：《犯罪学》，郑州大学出版社 2012 年版。

[98] ［澳］亚当·苏通、阿德里恩·切尼、罗伯·怀特等著：《预防犯罪原理、观点与实践》，赵赤译，中国政法大学出版社 2012 年版。

[99] 严景耀著：《中国犯罪问题与社会变迁的关系》，吴桢译，北京大学出版社 1986 年版。

[100] 杨敏：《社会行动的意义效应——社会转型加速期现代性特征研究》，中国人民大学出版社 2006 年版。

[101] 杨敏：《现代性的新发展与社会互构的时代——社会互构导论：中国特色社会学理论的新探索之三》，《广西民族学院学报》（哲学社会科学版）2004 年第 1 期。

[102] 杨亚丽：《对我国刑法中累犯制度的反思》，《新乡学院学报》（社

会科学版）2010 年第 4 期。

[103] 杨英仓：《青少年重新犯罪问题研究及其预防措施》，《贵州民族学院学报》（哲学社会科学版）2008 年第 1 期。

[104] 翟中东：《国际视阈下的重新犯罪防治政策》，北京大学出版社 2010 年版。

[105] ［英］詹·弗雷泽著：《金枝精要——巫术与宗教之研究》，刘魁立译，上海文艺出版社 2001 年版。

[106] 张长站：《保安处分与重新犯罪控制》，《河北法学》1995 年第 3 期。

[107] 张荆：《现代社会的文化冲突与犯罪》，知识产权出版社 2009 年版。

[108] 张珂：《论宽严相济刑事政策下我国拘役刑的完善》，《黑龙江省政法管理干部学院学报》2012 年第 4 期。

[109] 张亚春：《对重新犯罪问题的初步思考》，《中国监狱学刊》2012 年第 2 期。

[110] 张远煌等：《犯罪学专题研究》，北京师范大学出版社 2011 年版。

[111] 张远煌：《犯罪学》，中国人民大学出版社 2011 年版。

[112] 章友德：《犯罪社会学理论与转型时期的犯罪问题研究》，广西师范大学出版社 2008 年版。

[113] 赵国玲、张晓秦：《当代中国的犯罪与治理》，北京大学出版社 2001 年版。

[114] 郑杭生、杨敏：《社会互构论：世界眼光下的中国特色社会学理论的新探索——当代中国“个人与社会关系研究”》，中国人民大学出版社 2010 年版。

[115] 郑杭生：《不断提高社会管理科学化水平》，《人民日报》2011 年 4 月 21 日。

[116] 郑杭生：《更加合理地配置社会资源大力改善民生》，《群言》2013 年第 2 期。

［117］郑杭生：《社会和谐——战略机遇期中国社会的主调》，《华中科技大学学报》（社会科学版）2003 年第 6 期。

［118］郑杭生：《我国社会建设社会管理的参照系及其启示——一种中西比较的视角》，《国家行政学院学报》2011 年第 6 期。

［119］郑杭生：《抓住社会资源和机会公平配置这个关键——党的十八大报告社会建设论述解读》，《求是》2013 年第 7 期。

［120］郑杭生：《社会体制机制改革的新理念新思路》，《光明日报》2013 年 12 月 11 日。

［121］郑祥：《论扼制重新犯罪与刑罚执行改革》，《犯罪与改造研究》2008 年第 6 期。

［122］周斌：《贯彻党的十八届三中全会精神推动中国特色社区矫正工作新发展》，《法制日报》2013 年 12 月 9 日。

［123］周东平：《犯罪学新论》，厦门大学出版社 2004 年版。

［124］周建国：《析女性重新犯罪》，《中共贵州省委党校学报》2006 年第 1 期。

［125］周路：《当代实证犯罪学新编——犯罪规律研究》，人民法院出版社 2004 年版。

［126］周勇：《重新犯罪率及其统计方法析疑》，《犯罪与改造研究》2003 年第 12 期。

［127］朱孜：《承实证主义之雄风，启科际整合之大势——对迪尔凯姆、默顿、赫希犯罪学研究之解读》，《铁道警官高等专科学校学报》2011 年第 5 期。

［128］庄劲、廖万里：《情境犯罪预防的原理与实践》，《山西警官高等专科学校学报》2005 年第 1 期。

［129］最高人民法院、最高人民检察院、公安部、司法部：《关于开展社区矫正试点工作的通知》2003 年 7 月 10 日。

［130］曾永忠、颜泳涛、孙建书：《现代社会治理视域下的重新犯罪研究》，《犯罪与改造研究》2019 年第 12 期。

［131］张丽欣：《重新犯罪研究未来之路径选择》，《铁道警察学院学报》2017 年第 1 期。

［132］郑祥、晏玲、叶绍炯：《重新犯罪的有效控制研究》，《犯罪与改造研究》2018 年第 4 期。

［133］张崇脉：《我国重新犯罪研究的内容分析——以期刊论文为样本》，《预防青少年犯罪研究》2015 年第 6 期。

［134］刘绍军：《社区矫正人员再犯罪情况分析》，《人民检察》2016 年第 8 期。

［135］周勇：《开展重新犯罪问题调查研究的价值意义与思路构想》，《犯罪与改造研究》2019 年第 7 期。

［136］陈宝友、陈宏健：《监狱行刑社会化之重新犯罪治理功能分析》，《中国司法》2018 年第 11 期。

［137］周勇：《关于监狱释放罪犯重新犯罪问题的调查报告——对全国 1997 年–2001 年监狱释放罪犯重新犯罪的考察》，《犯罪与改造研究》2019 年第 5 期。

［138］王嘉：《地域性犯罪人员重新犯罪问题研究》，《云南警官学院学报》2016 年第 4 期。

［139］赵大程：《以习近平法治思想为指导　着力推动刑事执行和预防犯罪理论研究工作迈上新台阶》，《犯罪与改造研究》2021 年第 1 期。

［140］邓翠平：《我国刑满释放人员重新犯罪防控问题研究》，《江西警察学院学报》2021 年第 1 期。

［141］Carlson. P. M, Something to Lose：A Balanced and Reality-Based Rationale for Institutional Programming, 4 *Corrections Management Quarterly*, 2001.

［142］David Rowe, *The Limits of Family Influence：Genes, Experiences and*

Behavior, New: Guilford Press, 1995.

[143] Freedman, Maurice, A Chinese Phase in Social Anthropology, *British Journal of Sociology*, No.1, 1963.

[144] Gary La Free, *Losing Legitimacy*, *Street Crime and Decline of Social Institutions in America*, Boulder, Colo: West view Press, 1998.

[145] Jeremy Bentham, *An introduction to the Principles of Morals and Legislation*, London: New edition, 1823.

[146] Kathleen Maguire and Ann Pastore, *Source book of Criminal Justice Statistics*, 1996.

[147] Mitchell Chamlin and John Cochran, *Social Altruism and Crime*, *Criminology* 35, 1997.

[148] Robert J. Sampson and John H. Laub, *Understanding Variability in Lives through Time: Contributions of Life −Course Criminology*, *Studieson Crime and Crime Prevention* 4, 1995.

[149] Ronald Clarke, Situational Crime prevention *A Review of Research of Crime and Justice*, Chicago : University of Chicago Press, 1995.

[150] S. Maruna, R. Immarigeon, T. P. Lebel, *Ex − offender Reintegration: Theory and Practice*, *After Crime and Punishment*, 2004.

[151] Lewis A. Coser:, *The Function of Social Conflict.. London*: Free Press, 1956.

[152] Wolfgang, M. T. Sellin, and R. Figlio, Delinquency in a Birth Cohort, Chicago: University of Chicago Press, 1972.

附　　录

社会、家庭情况调查问卷

编号：□□□□□

朋友：

你好！为了更好地了解你家庭和个人的一些基本信息，有助于日后更好地帮助你事业发展，特组织开展此项调研。本次调查获得的信息仅用于统计分析，无须填写自己的姓名，我们承诺不对外公开你的个人信息。你的真实回答对我们很重要，请根据你的实际情况填写。

感谢你对本次调研的参与和支持！

2013 年 7 月

填答说明：

1. 请你按照每道题目后的要求在所列答案中选择出最符合你情况的答案。（请在选项前的"□"上打"√"或在指定处填写相应内容）。

2. 遇到需要填写的题目或选项，请在"_____"上或空白处填写，每个问题的解释说明要写清楚。

个人基本情况

1. 你的性别是：（单选）

（1）□男　　（2）□女

2. 你的年龄是：_____ (周岁)。

3. 你的文化程度是：(单选)

(1) □没有上过学　　　(2) □小学　　　(3) □初中

(4) □高中/中专/技校　(5) □大专　　　(6) □大学本科及以上

4. 在你家庭所在社区 (或村庄) 内，你认为你家的经济状况属于哪种水平：(单选)

(1) □挺好　　(2) □一般　　(3) □不好　　(4) □很差

5. 你有几个兄弟姐妹_____个 (0 表示没有兄弟姐妹)

(1) □0 个　(2) □1 个　(3) □2 个　(4) 3 个　(5) 4 个及以上

6. 你的婚姻状况? (单选)

(1) □未婚　(2) □已婚　(3) □离婚　(4) □丧偶　(5) □再婚

7. 你是否有子女? (单选)

(1) □是　　　(2) □否

8. 在你被监押之前，你是否有固定的住所?

(1) □是　　　(2) □否

9. 你现在是第几次犯罪? (单选)

(1) □第一次　　(2) □第二次　　(3) □第三次　　(4) □第四次

(5) □第五次以上

10. 你最崇拜的人是_____

初次犯罪的基本情况

1. 初次犯罪时你的年龄是：_____ (周岁)。

2. 你初次犯罪时的户口是：(单选)

(1) □农村　　(2) □城镇　　(3) □没有户口

3. 你初次犯罪具体发生在什么地点? (可多选)

(1) □出租屋　　　　　(2) □车站码头机场　　(3) □网吧

(4) □KTV 等娱乐场所　(5) □宾馆饭店　　　　(6) □街道、里巷

（7）□工厂、企业内部　　（8）□商场、集市

（9）□其他（请写明）_____

4. 你初次犯罪的地点是在？

（1）□本地　　　（2）□外地

5. 你初次犯罪时的季节？

（1）□春天　　　（2）□夏天　　　（3）□秋天　　　（4）□冬天

6. 你初次犯罪时间是？

（1）□白天　　　（2）□傍晚　　　（3）□晚上

7. 初次犯罪时你是否有同伙？（单选）

（1）□否　　　（2）□是

8. 如果有同伙，他们和你是什么关系？（可多选，如没有可不选）

（1）□家人　　（2）□同学　　　　（3）□同乡　　（4）□邻居

（5）□朋友　　（6）□同事或工友　　（7）□恋人　　（8）□亲戚

（9）□网友　　（10）□其他（请写明）_____

9. 初次犯罪时你侵害的对象是：（单选）

（1）□陌生人　　（2）□熟悉的人　　（3）□仅仅是认识的人

（4）□其他（请写明）_____

10. 你对你犯罪时侵害的对象感到愧疚吗？

（1）□从不愧疚　　（2）□当时不，后来感到愧疚　　（3）□现在感到愧疚

11. 你初次犯罪是否有预谋？（单选）

（1）□是　　　（2）□否

12. 你初次犯罪时是否想到会被抓获？

（1）□想到了　　　（2）□没想过　　　（3）□想过但认为不会被抓

13. 你初次犯罪前，与你一起生活的成员有谁？（可多选）

（1）□父亲　　（2）□继父　　（3）□养父　　（4）□母亲

（5）□继母　　（6）□养母　　（7）□配偶　　（8）□子女

（9）□兄弟姐妹　　　（10）□爷爷/外公　　　（11）□奶奶/外婆

（12）□其他亲属　　　（13）□同学、朋友、邻居等

（14）□自己单独生活　（15）□其他（请写明）＿＿＿＿＿

14. 你初次犯罪时父母的职业：

a. 父亲	（1）□农民	（2）□公务员	（3）□企事业单位职工
	（4）□个体工商户	（5）□无业	（6）□其他（请写明）＿＿＿＿
b. 母亲	（1）□农民	（2）□公务员	（3）□企事业单位职工
	（4）□个体工商户	（5）□无业	（6）□其他（请写明）＿＿＿＿

15. 你初次犯罪时处于什么状态：（单选）

（1）□上学　　（2）□失学　　　（3）□工作

（4）□无业　　（5）□流浪乞讨　（6）□其他（请写明）＿＿＿＿＿

16. 初次犯罪时你的职业是：（单选）

（1）□公务人员　　　　　　（2）□工人、企业管理人员或技术人员

（3）□教师、医生或科研人员　（4）□私营业主或自由职业者

（5）□个体商户　　　　　　（6）□农民或打工者

（7）□无业　　　　　　　　（8）□其他，请写明＿＿＿＿＿

17. 你初次犯罪前曾在下列哪些机构被羁押过：（可多选，没有可以不选）

（1）□劳动教养所　　（2）□戒毒所　　（3）□行政或治安拘留所

18. 你初次犯罪的类型是：（单选）

（1）□盗窃　　　　（2）□故意伤害　（3）□抢劫　　（4）□抢夺

（5）□赌博　　　　（6）□猥亵妇女　（7）□诈骗　　（8）□敲诈

（9）□寻衅滋事　　（10）□贩毒　　　（11）□强奸　（12）□组织卖淫

（13）□拐卖妇女儿童　　　　　　　（14）□其他（请写明）＿＿＿＿＿

19. 你初次犯罪时，被判刑期是：＿＿＿＿＿（多少年多少月）

20. 出狱时实际服刑期是：＿＿＿＿＿（多少年多少月）

21. 你认为导致自己犯罪的主要原因是？（可多选）

（1）□为了钱财　　（2）□一时冲动　　（3）□寻求刺激

（4）□过失　　　　（5）□为了报复　　（6）□受他人鼓动

（7）□为了朋友　　（8）□为了性满足　（9）□其他，请写明_____

22. 你初次犯罪所在的羁押机构是：（可多选）

（1）□未成年管教所　　（2）□看守所　　（3）□拘役所

（4）□社区矫正　　　　（5）□监狱　　　（6）□其他，请写明

23. 你初次服刑的羁押机构在？

（1）□本地　　（2）□外地

24. 你认为受到的处罚是否严厉：（单选）

（1）□是　　　（2）□否

25. 你认为受到的处罚是否公正：（单选）

（1）□是　　　（2）□否

26. 你初次服刑和出狱后情况

1. 初次服刑期间你的通信（包括家人、亲戚、朋友）情况是：（单选） （1）□经常有　　（2）□很少有　　（3）□没有
2. 初次服刑期间你的探视情况是：（单选） （1）□经常有　　（2）□很少有　　（3）□没有
3. 初次服刑期间你是否被关过禁闭：（单选） （1）□是　　　（2）□否
4. 初次服刑期间你是否被加刑：（单选） （1）□是　　　（2）□否
5. 初次服刑期间你是否被减刑：（单选） （1）□是　　　（2）□否
6. 初次服刑期间你是否获得专业技术证书：（单选） （1）□是　　　（2）□否

7. 初次释放前你的管理级别是：（单选）

（1）□一级宽管　　　（2）□二级宽管　　　（3）□普通管理

（4）□预进级　　　　（5）□严管　　　　　（6）□其他（请写明）＿＿＿＿＿

8. 初次犯罪回归社会后的状态：（单选）

（1）□上学　　（2）□失学　　　（3）□工作　　（4）□偶尔工作

（5）□无业　　（6）□流浪乞讨　（7）□其他（请写明）＿＿＿＿＿

9. 初次出狱 12 个月后，你的婚姻状况：（单选）

（1）□未婚　　（2）□已婚　　（3）□丧偶　　（4）□离婚

10. 初次出狱 12 个月内，你的家庭关系如何：（单选）

（1）□很好　　（2）□较好　　（3）□一般　　（4）□较差　　（5）□很差

11. 初次出狱 12 个月后，你的家庭的经济状况：（单选）

（1）□很好　　（2）□较好　　（3）□一般　　（4）□较差　　（5）□很差

12. 初次出狱 12 个月内，你的就业情况：（单选）

（1）□全年有工作　　（2）□工作了 6 个月以上，但不到一年

（3）□有时有工作，但有工作时间不到 6 个月　　　（4）□全年失业

13. 初次出狱后，你的朋友主要是：（可多选）

（1）□以前的伙伴　　（2）□服刑时的狱友　　　（3）□同学　　（4）□同乡

（5）□工作上的同事　（6）□玩耍时新结识的朋友　（7）□其他（请写明）＿＿＿＿＿

14. 初次出狱后的家庭态度是：（单选）

（1）□热情帮助　　　（2）□冷淡歧视

（3）□放任不管　　　（4）□其他（请写明）＿＿＿＿＿

27. 你在初次服刑期间主要收获有哪些？（可多选）

（1）□增长了法律知识　　　　　　　　　（2）□提高了文化水平

（3）□学会了用法律维护自己的合法权益　　（4）□学到了一些职业技能

（5）□结交了一些狱友　　　　　　　　　（6）□没有任何收获

28. 初次服刑结束后，你当时打算出去后？

（1）□绝不再犯罪　　（2）□不再犯罪　　（3）□可能再犯罪

（4）□继续再犯罪

29. 初次出狱后是否到公安户籍部门办理落户手续？

（1）□是　　　（2）□否

30. 初次出狱后是否有司法所或安置帮教工作人员对你进行如下内容帮教：（可多选，如没有可不选）

（1）□了解情况和谈话　　　　（2）□帮助解决就业

（3）□帮助解决生活困难　　　　（4）□鼓励参加就业培训

（5）□定期找你谈话

31. 回归社会后你遇到的难题，在你认为最重要的是什么？（请在选项"□"上打"√"。限选三项）

（1）□缺少技能　　　　　　　　（2）□受到冷淡、歧视

（3）□难以脱离以前的朋友圈子　（4）□找不着工作

（5）□缺少家庭关爱　　　　　　（6）□缺乏心理辅导

（7）□不知道该干些什么

第二次犯罪的情况

1. 你第二次犯罪时的年龄是：_____周岁；

2. 你第二次犯罪的被判刑期是：_____（多少年多少月）

3. 你第二次犯罪的地点是在？

（1）□本地　　（2）□外地

4. 你第二次犯罪时的季节？

（1）□春天　　（2）□夏天　　（3）□秋天　　（4）□冬天

5. 你第二次犯罪时间是？

（1）□白天　　（2）□傍晚　　（3）□晚上

6. 第二次犯罪时你的职业是：（单选）

（1）□工人、企业管理人员或技术人员　　（2）□私营业主或自由职业者

（3）□个体商户　　　　　　　　　　　　（4）□打工者或务农

（5）□无业　　　　　　　　　　　　　　（6）□其他，请写明_____

7. 你第二次犯罪与初次犯罪相隔多长时间：_____（请把具体数字填在横线上）

8. 你第二次犯罪时处于什么状态：（可多选）

（1）□缓刑期内　　　（2）□社区矫正期内　　　（3）□假释期内

（4）□在监狱服刑期间　（5）□服刑结束 1 年之内

（6）□服刑结束 1 年之后　（7）□其他（请写明）_____

9. 第二次犯罪前你交往的朋友主要是：（可多选）

（1）□以前的伙伴　（2）□服刑时的狱友　　（3）□同学

（4）□老乡　　　　（5）□工作上的同事　　（6）□玩耍时新结识的朋友

（7）□其他（请写明）_____

10. 你第二次犯罪的类型是：（可多选）

（1）□盗窃　　　　（2）□故意伤害　（3）□抢劫　　（4）□抢夺

（5）□赌博　　　　（6）□猥亵妇女　（7）□诈骗　　（8）□敲诈

（9）□寻衅滋事　　（10）□贩毒　　（11）□强奸　　（12）□组织卖淫

（13）□拐卖妇女儿童　　　　　　（14）□其他（请写明）_____

11. 你第二次犯罪的目的是：（可多选）

（1）□为了谋取钱财　（2）□为了维护权益　（3）□为了报复、泄愤

（4）□为了性满足　　（5）□出于好奇　　　（6）□为了朋友

（7）□第一次入狱的补偿心理　（8）□其他（请写明）_____

12. 你认为导致自己第二次犯罪的主要原因是：（可多选）

（1）□面对诱惑，克制不住内心追求的欲望

（2）□不良朋友和社交圈，受其他人拉拢，经不住劝说

(3) □社会的排斥和不接受，受到歧视

(4) □第一次犯罪后处罚得不够严重，没有感受到犯罪的严重后果

(5) □很难适应社会

(6) □生活困难

(7) □不愿吃苦

(8) □精神空虚

(9) □侥幸心理强

(10) □家庭和婚姻的变故

(11) □其他（请写明）_____

13. **你第二次犯罪是否有预谋？（单选）**

(1) □是　　　(2) □否

14. **你在实施犯罪行为时是否意识到是在犯罪？（单选）**

(1) □没想到　　　(2) □想到过，但没想到有这么严重

(3) □想到过，而且清楚行为的严重性

15. **你第二犯罪时是否想到被抓获？**

(1) □想到了　　　(2) □没想过　　　(3) □想过但认为不会被抓

16. **第二次犯罪，你是否有同伙？（单选）**

(1) □否　　　(2) □是

17. **如果有同伙，你在犯罪中的作用是：（没有同伙不选，单选）**

(1) □起主要作用　　　(2) □起次要或辅助作用

(3) □被胁迫参加犯罪　　　(4) □教唆他人实行犯罪

18. **如果有同伙，他们和你是什么关系？（没有同伙不选，可多选）**

(1) □家人　(2) □同学　　　(3) □同乡　(4) □邻居

(5) □朋友　(6) □同事或工友　(7) □恋人　(8) □亲戚

(9) □网友　(10) □监狱服刑中认识的朋友

(11) □其他（请写明）_____

19. 第二次犯罪发生在什么地点？（可多选）

（1）□出租屋　　　　　　（2）□车站码头机场　　（3）□网吧

（4）□KTV 等娱乐场所　　（5）□宾馆饭店　　　　（6）□街道、里巷

（7）□工厂、企业内部　　（8）□商场、集市

（9）□其他（请写明）＿＿＿＿＿

20. 第二次犯罪时你侵害的对象是：（单选）

（1）□陌生人　　（2）□熟悉的人　　（3）□其他人（请写明）＿＿＿＿＿

21. 你对你犯罪时侵害的对象感到愧疚吗？（单选）

（1）□从不愧疚　（2）□当时不，后来感到愧疚　（3）□现在感到愧疚

22. 第二次犯罪受到了什么样的处罚：（可多选）

（1）□免于刑事处罚　　（2）□缓刑　　（3）□管制　　（4）□拘役

（5）□有期徒刑 3 年以下（实刑）　　（6）□有期徒刑 3 年以上

23. 你认为第二次犯罪后受到的处罚是否严厉：（单选）

（1）□是　　（2）□否

24. 你认为第二次犯罪后受到的处罚是否公正：（单选）

（1）□是　　（2）□否

25. 你这次受处罚后的心理感受是：（可多选）

（1）□悔恨　　（2）□无所谓　　　　　　（3）□郁闷

（4）□愤怒　　（5）□希望有改过自新的机会　（6）□绝望

（7）□其他（请写明）＿＿＿＿＿

26. 当你重新回到社会后，你认为最需要哪些帮助：（限选三个选项）

（1）□家庭关爱　（2）□参加技能培训　（3）□帮助解决婚恋问题

（4）□帮助找工作（5）□帮助拒绝以前的朋友，并结交新朋友

（6）□帮助去除社会和别人的歧视

27. 这次服刑结束后，你打算？（单选）

（1）□绝不再犯罪　　（2）□不再犯罪

(3) □可能再犯罪　　　(4) □继续再犯罪

28. 你在服刑期间最牵挂的人？（单选）

(1) □父母　　(2) □子女　　(3) □妻子或恋人　　(4) □朋友

(5) □其他亲人或恩人　　　(6) □没有要牵挂的人

问卷到此结束，衷心感谢你的支持！